«Escritores de América»

Colección fundada por Claudio Guillén

Director:

Teodosio Fernández

En cubierta:

Mapa de la isla de Cuba (1658)

Esta edición de
Ensayos y crónicas
al cuidado de Antonio Gil Ambrona
con la colaboración de Silvia Caunedo, Eloísa Cancio,
José Luis de Hijes y Julia Llena
compuesta en tipos Garamond de 10,5 puntos en el ordenador de la
editorial, se terminó de imprimir en los talleres de
Closas-Orcoyen, S.L. Polígono Igarsa.
Paracuellos de Jarama (Madrid),
y se terminó de encuadernar en los talleres de Guijarro, S.A.
Valentín Llaguno, 32. 28019 Madrid,
el 25 de marzo de 1995
Impreso en España — Printed in Spain

José Martí

Ensayos y crónicas

Edición de José Olivio Jiménez

Anaya **&** Mario Muchnik

Liminar

De *Españoles de tres mundos* (1942), de Juan Ramón Jiménez

Hasta Cuba, no me había dado cuenta exacta de José Martí. El campo, el fondo. Hombre sin fondo suyo o nuestro, pero con él en él, no es hombre real. Yo quiero siempre los fondos de hombre o cosa. El fondo me trae la cosa o el hombre en su ser y estar verdaderos. Si no tengo el fondo, hago el hombre trasparente, la cosa trasparente.

Y por esta Cuba verde, azul y gris, de sol, agua o ciclón, palmera en soledad abierta o en apretado oasis, arena clara, pobres pinillos, llano, viento, manigua, valle, colina, brisa, bahía o monte, tan llenos todos del Martí sucesivo, he encontrado al Martí de los libros suyos y de los libros sobre él. Miguel de Unamuno y Rubén Darío habían hecho mucho por Martí, porque España conociera mejor a Martí (su Martí, ya que el Martí contrario a una mala España inconciente era el hermano de los españoles contrarios a esa España contraria a Martí). Darío le debía mucho, Unamuno bastante; y España y la América española le debieron, en gran parte, la entrada poética de los Estados Unidos. Martí, con sus viajes de destierro (Nueva York era a los desterrados cubanos lo que París a los españoles), incorporó los Estados Unidos a Hispanoamérica y España, mejor que ningún otro escritor de lengua española, en lo más vivo y más cierto. Whitman, más americano que Poe, creo yo que vino a nosotros, los españoles todos, por Martí. El ensayo de Martí sobre Whitman, que inspiró, estoy seguro, el soneto de Darío al "Buen viejo", en *Azul*, fue la noticia primera que yo tuve del dinámico y delicado poeta de *Arroyuelos de otoño*. (Si Darío había pasado ya por Nueva York, Martí había estado.) Además de su vivir en sí propio, en sí solo y mirando a su Cuba, Martí vive (prosa y verso) en Darío, que reconoció con nobleza, desde el primer instante, el legado. Lo que le dio me asombra hoy que he leído a los dos enteramente. ¡Y qué bien dado y recibido!

Desde que, casi niño, leí unos versos de Martí, no sé yo dónde:

> *Sueño con claustros de mármol*
> *donde en silencio divino*
> *los héroes, de pie, reposan:*
> *¡de noche, a la luz del alma,*
> *hablo con ellos: de noche!,*

"pensé" en él. No me dejaba. Lo veía entonces como alguien raro y distinto, no ya de nosotros los españoles sino de los cubanos, los hispanoamericanos en jeneral. Lo veía más derecho, más acerado, más directo, más fino, más secreto, más nacional y más universal. Ente muy otro que su contemporáneo Julián del Casal (tan cubano, por otra parte, de aquel momento desorientado, lo mal entendido del modernismo, la pega), cuya obra artificiosa nos trajo también a España Darío, luego Salvador Rueda, y Francisco Villaespesa después. Casal nunca fue de mi gusto. Si Darío era muy francés, de lo decadente, como Casal, el profundo acento indio, español, elemental, de su mejor poesía, tan rica y gallarda, me fascinaba. Yo he sentido y espresado, quizás, un preciosismo interior, visión acaso esquisita y tal vez difícil de un proceso psicolójico, "paisaje del corazón", o metafísico, "paisaje del cerebro"; pero nunca me conquistaron las princesas exóticas, los griegos y romanos de medallón, las japonerías "caprichosas" ni los hidalgos "edad de oro". El modernismo, para mí, era novedad diferente, era libertad interior. No, Martí fue otra cosa, y

Martí estaba, por esa "otra cosa", muy cerca de mí. Y, cómo dudarlo, Martí era tan moderno como los otros modernistas hispanoamericanos.

Poco había leído yo entonces de Martí; lo suficiente, sin embargo, para entenderlo en espíritu y letra. Sus libros, como la mayoría de los libros hispanoamericanos no impresos en París, era raro encontrarlos por España. Su prosa, tan española, demasiado española acaso, con esceso de jiro clasicista, casi no la conocía. Es decir la conocía y la gustaba sin saberlo porque estaba en la "crónica" de Darío. El *Castelar* de Darío, por ejemplo, podía haberlo escrito Martí. Sólo que Martí no sintió nunca la atracción que Darío por lo español vistoso, que lo sobrecojía, fuera lo que fuera, sin considerarlo él mucho, como a un niño provinciano absorto. Darío se quedaba en muchos casos fuera del "personaje", rey, obispo, jeneral o académico, deslumbrado por el rito. Martí no se entusiasmó nunca con el aparato esterno ni siquiera de la mujer, tanto para Martí (y para Darío, aunque de modo bien distinto). El único arcaísmo de Martí estaba en la palabra, pero con tal de que significara una idea o un sentimiento justos. (Este paralelo entre Martí y Darío no lo hubiera yo sentido sin venir a Cuba.) Y no pretendo, cuidado, disminuir en lo más mínimo, con esta justicia a Martí, el Darío grande, que por otros lados, y aun a veces por los mismos, tanto admiro y quiero, y que admiró, quiso y confesó tanto (soy testigo de su palabra hablada) a su Martí. La diferencia, además de residir en lo esencial de las dos existencias, estaba en lo más hondo de las esperiencias, ya que Martí llevaba dentro una herida española que Darío no había recibido de tan cerca.

Este José Martí, este "Capitán Araña", que tendió su hilo de amor y odio nobles entre rosas, palabras y besos blancos, para esperar al destino, cayó en su paisaje, que ya he visto, por la pasión, la envidia, la indiferencia quizás, la fatalidad sin duda, como un caballero andante enamorado, de todos los tiempos y países, pasados, presentes y futuros. Quijote cubano, compendia lo espiritual eterno, y lo ideal español. Hay que escribir, cubanos, el *Cantar* o el *Romancero de José Martí*, héroe más que ninguno de la vida y la muerte, ya que defendía "esquisitamente", con su vida superior de poeta que se inmolaba, su tierra, su mujer y su pueblo. La bala que lo mató era para él, quién lo duda, y "por eso". Venía, como todas las balas injustas, de muchas partes feas y de muchos siglos bajos, y poco español y poco cubano no tuvieron en ella, aun sin quererlo, un átomo inconciente de plomo. Yo, por fortuna mía, no siento que estuviera nunca en mí ese átomo que, no correspondiéndome, entró en él. Sentí siempre por él y por lo que él sentía lo que se siente en la luz, bajo el árbol, junto al agua y con la flor considerados, comprendidos. Yo soy de lo estático que cree en la gracia perpetua del bien. Porque el bien (y esto lo dijo de otro modo Bruno Walter, el músico poeta, puro y sereno, desterrado libre, hermano de Martí y, perdón por mi egoísmo, mío) lo destrozan "en apariencia" los otros; pero no se destroza "seguramente", como el mal, a sí mismo.

Ensayos y crónicas

Una página precursora

EL CARÁCTER DE LA *REVISTA VENEZOLANA*[1]

De esmerado y de pulcro han motejado algunos el estilo de alguna de las sencillas producciones que vieron la luz en nuestro número anterior. No es defensa, sino aclaración, la que aquí hacemos. Uno es el lenguaje del gabinete: otro el del agitado parlamento. Una lengua habla la áspera polémica: otra la reposada biografía. Distintos goces nos produce, y diferentes estilos ocasiona, el deleite de crepúsculo que viene de contemplar cuidadosamente lo pasado, y el deleite de alba que origina el penetrar anhelante y trémulo en lo por venir. Aquél es ocasionado a regocijos de frase, donaire y discreteo; éste a carrera fulgurosa y vívida, donde la frase suene como escudo, taje como espada y arremeta como lanza. De lo uno son condiciones esenciales el reposo, la paciencia: de lo otro, el ansia y el empuje. De aquí que un mismo hombre hable distinta lengua cuando vuelve los ojos ahondadores a las épocas muertas, y cuando, con las angustias y las iras del soldado en batalla, esgrime el arma nueva en la colérica lid de la presente. Está además cada época en el lenguaje en que ella hablaba como en los hechos que en ella acontecieron, y ni debe poner mano en una época quien no la conozca como a cosa propia, ni conociéndola de esta manera es dable esquivar el encanto y unidad artística que lleva a decir las cosas en el que fue su natural lenguaje. Este es el color, y el ambiente, y la gracia, y la riqueza del estilo. No se ha de pintar cielo de Egipto con brumas de Londres; ni el verdor juvenil de nuestros valles con aquel verde pálido de Arcadia, o verde lúgubre de Erin. La frase tiene sus lujos, como el vestido, y cuál viste de lana y cuál de seda, y cuál se enoja porque siendo de lana su vestido no gusta de que sea de seda el de otro. Pues ¿cuándo empezó a ser condición mala el esmero? Sólo que aumentan las verdades con los días, y es fuerza que se abra paso esta verdad acerca del estilo: el escritor ha de pintar, como el pintor. No hay razón para que el uno use de diversos colores, y no el otro. Con las zonas se cambia de atmósfera, y con los asuntos de lenguaje. Que la sencillez sea condición recomendable, no quiere decir que se excluya del traje un elegante adorno. De arcaico se tachará unas veces, de las raras en que escriba, al director de la *Revista Venezolana*; y se le tachará en otras de neólogo; usará de lo antiguo cuando sea bueno, y creará lo nuevo cuando sea necesario: no hay por qué invalidar vocablos útiles, ni por qué cejar en la faena de dar palabras nuevas a ideas nuevas.

Queda con esto, agradecido tiernamente el amoroso concepto que a mucho merecemos, respondida sin vacilación la extrañeza que a otros hemos causado, y determinado con fijeza el carácter de la *Revista Venezolana*. La sinceridad: he aquí su fuerza. El estudio: he aquí su medio. Y un derecho solo recaba para sí: su derecho a lo grande.

Ensayos y artículos

PRÓLOGO AL "POEMA DEL NIÁGARA" DE JUAN A. PÉREZ BONALDE[2]

¡Pasajero, detente! ¡Éste que traigo de la mano no es zurcidor de rimas, ni repetidor de viejos maestros —que lo son porque a nadie repitieron—, ni decidor de amores, como aquellos que trocaron en mágicas cítaras el seno tenebroso de las traidoras góndolas de Italia, ni gemidor de oficio, como tantos que fuerzan a los hombres honrados a esconder sus pesares como culpas, y sus sagrados lamentos como pueriles futilezas! Este que viene conmigo es grande, aunque no lo sea de España, y viene cubierto: es Juan Antonio Pérez Bonalde, que ha escrito el "Poema del Niágara". Y si me preguntas más de él, curioso pasajero, te diré que se midió con un gigante[3] y no salió herido, sino con la lira bien puesta sobre el hombro —porque éste es de los lidiadores buenos, que lidian con la lira—, y con algo como aureola de triunfador sobre la frente. Y no preguntes más, que ya es prueba sobrada de grandeza atreverse a medirse con gigantes; pues el mérito no está en el éxito del acometimiento, aunque éste volvió bien de la lid, sino en el valor de acometer.

¡Ruines tiempos, en que no priva más arte que el de llenar bien los graneros de la casa, y sentarse en silla de oro, y vivir todo dorado; sin ver que la naturaleza humana no ha de cambiar de como es, y con sacar el oro afuera, no se hace sino quedarse sin oro alguno adentro! ¡Ruines tiempos, en que son mérito eximio y desusado el amor y el ejercicio de la grandeza! ¡Son los hombres ahora como ciertas damiselas, que se prendan de las virtudes cuando las ven encomiadas por los demás, o sublimadas en sonante prosa o en alados versos, mas luego que se han abrazado a la virtud, que tiene forma de cruz, la echan de sí con espanto, como si fuera mortaja roedora que les comiera las rosas de las mejillas, y el gozo de los besos, y ese collar de mariposas de colores que gustan de ceñirse al cuello las mujeres! ¡Ruines tiempos, en que los sacerdotes no merecen ya la alabanza ni la veneración de los poetas, ni los poetas han comenzado todavía a ser sacerdotes!

¡Ruines tiempos! –¡no para el hombre en junto, que saca, como los insectos, de sí propio la magnífica tela en que ha de pasear luego el espacio; sino para estos jóvenes eternos; para estos sentidores exaltables reveladores y veedores, hijos de la paz y padres de ella, para estos creyentes fogosos, hambrientos de ternura, devoradores de amor, mal hechos a los pies y a los terruños, henchidos de recuerdos de nubes y de alas, buscadores de sus alas rotas, pobres poetas! Es su natural oficio sacarse del pecho las águilas que en él les nacen sin cesar –como brota perfumes una rosa, y da conchas la mar y luz el sol–, y sentarse, a par que con sonidos misteriosos acompañan en su lira a las viajeras, a ver volar las águilas: –pero ahora el poeta ha mudado de labor, y anda ahogando águilas. ¿Ni en qué vuelta irán, si con el polvo del combate que hace un siglo empezó y aún no termina, están oscurecidas hoy las vueltas? ¿Ni quién las seguirá en su vuelo, si apenas tienen hoy los hombres tiempo para beber el oro de los vasos, y cubrir de él a las mujeres, y sacarlo de las minas?

Como para mayor ejercicio de la razón, aparece en la naturaleza contradictorio todo lo que es lógico; por lo que viene a suceder que esta época de elaboración y transformación espléndidas, en que los hombres se preparan, por entre los obstáculos que preceden a toda grandeza, a entrar en el goce de sí mismos, y a ser reyes de reyes, es para los poetas –hombres magnos–, por la confusión que el cambio de estados, fe y gobiernos acarrea, época de tumulto y de dolores, en que los ruidos de la batalla apagan las melodiosas profecías de la buena ventura de tiempos venideros, y el trasegar de los combatientes deja sin rosas los rosales, y los vapores de la lucha opacan el brillo suave de las estrellas en el cielo. Pero en la fábrica universal no hay cosa pequeña que no tenga en sí todos los gérmenes de las cosas grandes, y el cielo gira y anda con sus tormentas, días y noches, y el hombre se revuelve y marcha con sus pasiones, fe y amarguras; y cuando ya no ven sus ojos las estrellas del cielo, los vuelve a las de su alma. De aquí esos poetas pálidos y gemebundos; de aquí esa nueva poesía atormentada y dolorosa; de aquí esa poesía íntima, confidencial y personal, necesaria consecuencia de los tiempos, ingenua y útil, como canto de hermanos, cuando brota de una naturaleza sana y vigorosa, desmayada y ridícula cuando la ensaya en sus cuerdas un sentidor flojo, dotado, como el pavón del plumaje brillante, del don del canto.

Hembras, hembras débiles parecerían ahora los hombres, si se dieran a apurar, coronados de guirnaldas de rosas, en brazos de Alejandro y Cebetes[4], el falerno meloso que sazonó los festines de Horacio. Por sensual queda en desuso la lírica pagana; y la cristiana, que fue hermosa, por haber cambiado los humanos el ideal de Cristo, mirado ayer como el más pequeño de los dioses, y amado hoy como el más grande, acaso, de los hombres. Ni líricos ni épicos pueden ser hoy con naturalidad y sosiego los poetas; ni cabe más lírica que la que saca cada uno de sí propio, como si fuera su propio ser el asunto único de cuya existencia no tuviera dudas, o como si el problema de la vida humana hubiera sido con tal valentía acometido y con tal ansia investigado, que no cabe motivo mejor, ni más estimulante, ni más ocasionado a profundidad y grandeza que el estudio de sí mismo. Nadie tiene hoy su fe segura. Los mismos que lo creen se engañan. Los mismos que escriben fe se muerden, acosados de hermosas fieras interiores, los puños con que escriben. No hay pintor que acierte a colocar con la novedad y transparencia de otros tiempos la aureola luminosa de las vírgenes, ni cantor religioso o predicador que ponga unción y voz segura en sus estrofas y anatemas. Todos son soldados del ejército en marcha. A todos besó la misma maga. En todos está hirviendo la sangre nueva. Aunque se despedacen las entrañas, en su rincón más callado están, airadas y hambrientas, la Intranquilidad, la Inseguridad, la Vaga Esperanza, la Visión Secreta. ¡Un inmenso hombre pálido, de rostro enjuto, ojos llorosos y boca seca, vestido de negro, anda con pasos graves, sin reposar ni dormir, por toda la tierra, y se ha sentado en todos los hogares, y ha puesto su mano trémula en todas las cabeceras! ¡Qué golpeo en el cerebro! ¡Qué susto en el pecho! ¡Qué demandar lo que no viene! ¡Qué no saber lo que se desea! ¡Qué sentir a la par deleite y náusea en el espíritu, náusea del día que muere, deleite del alba!

No hay obra permanente, porque las obras de los tiempos de reenquiciamiento y remolde son por esencia mudables e inquietas; no hay caminos constantes, vislúmbranse apenas los altares nuevos, grandes y abiertos como bosques. De todas partes solicitan la mente ideas diversas –y las ideas son como los pólipos, y como la luz de las estrellas, y como las olas de la mar. Se anhela incesantemente saber algo que confirme, o se teme saber algo que cambie las creencias actuales. La elaboración del nuevo estado social hace insegura la batalla por la existencia personal y más recios de cumplir los deberes diarios que, no hallando vías anchas, cambian a cada instante de forma y vía, agitados del susto que produce la probabilidad o vecindad de la miseria. Partido así el espíritu en amores contradictorios e intranquilos; alarmado a cada instante el concepto literario por un evangelio nuevo; desprestigiadas y desnudas todas las imágenes que antes se reverenciaban; desconocidas aún las imágenes futuras, no parece posible, en este desconcierto de la mente, en esta revuelta vida sin vía fija, carácter definido, ni término seguro, en este miedo acerbo de las pobrezas de la casa, y en la labor varia y medrosa que ponemos en evitarlas, producir aquellas luengas y pacientes obras, aquellas dilatadas historias en verso, aquellas celosas imitaciones de gentes latinas que se escribían pausadamente, año sobre año, en el reposo de la celda, en los ocios amenos del pretendiente en corte, o en el ancho sillón de cordobán de labor rica y tachuelas de fino oro, en la beatífica calma que ponía en el espíritu la certidumbre de que el buen indio amasaba el pan, y el buen rey daba la ley, y la madre Iglesia abrigo y sepultura. Sólo en época de elementos constantes, de tipo literario general y determinado, de posible tranquilidad individual, de cauces fijos y notorios, es fácil la producción de esas macizas y corpulentas obras de ingenio que requieren sin remedio tal suma de favorables condiciones. El odio acaso, que acumula y concentra, puede aún producir naturalmente tal género de obras, pero el amor rebosa y se esparce; y éste es tiempo de amor, aun para los que odian. El amor entona cantos fugitivos, mas no produce –por sentimiento culminante y vehemente, cuya tensión fatiga y abruma– obras de reposado aliento y laboreo penoso.

Y hay ahora como un desmembramiento de la mente humana. Otros fueron los tiempos de la vallas alzadas; éste es el tiempo de las vallas rotas. Ahora los hombres empiezan a andar sin tropiezos por toda la tierra; antes, apenas echaban a andar, daban en muro de solar de señor o en bastión de convento. Se ama a un Dios que lo penetra y lo prevale todo. Parece profanación dar al Creador de todos los seres y de todo lo que ha de ser la forma de uno solo de los seres. Como en lo humano todo el progreso consiste acaso en volver al punto de que se partió, se está volviendo al Cristo, al Cristo crucificado, perdonador, cautivador, al de los pies desnudos y los brazos abiertos, no un Cristo nefando y satánico, malevolente, odiador, enconado, fustigante, ajusticiador, impío. Y estos nuevos amores no se incuban, como antes, lentamente en celdas silenciosas en que la soledad adorable y sublime empollaba ideas gigantescas y radiosas; ni se llevan ahora las ideas luengos días y años luengos en la mente, fructificando y nutriéndose, acrecentándose con las impresiones y juicios análogos, que volaban a agruparse a la idea madre, como los abanderados en tiempo de guerra al montecillo en que se alza la bandera; ni de esta prolongada preñez mental nacen ahora aquellos hijos ciclópeos y desmesurados, dejo natural de una época de callamiento y de repliegue, en que las ideas habían de convertirse en sonajas de bufón de rey, o en badajo de campana de iglesia, o en manjar de patíbulo; y en que era forma única de la expresión del juicio humano el chismeo donairoso en una mala plaza de las comedias en amor trabadas entre las cazoletas de la espada y vuelos del guardainfante de los cortejadores y hermosas de la villa. Ahora los árboles de la selva no tienen más hojas que lenguas las ciudades; las ideas se maduran en la plaza en que se enseñan, y andando de mano en mano, y de pie en pie. El hablar no es pecado, sino gala; el oír no es herejía, sino gusto y hábito, y moda. Se tiene el oído puesto a todo; los pensamientos, no bien germinan, ya están cargados de flores y de frutos, y saltando en el papel, y entrándose, como polvillo sutil, por todas las mentes: los ferrocarriles echan abajo la selva; los diarios la selva humana. Penetra el sol por las hendiduras de los árboles viejos. Todo es expansión, comunicación, florescencia, contagio, esparcimiento. El periódico desflora las ideas grandiosas. Las ideas no hacen familia en la mente, como antes, ni casa, ni larga vida. Nacen a caballo, montadas en relámpago, con alas. No crecen en una mente sola, sino por el comercio de todas. No tardan en beneficiar, después de salida trabajosa, a número escaso de lectores; sino que, apenas nacidas, benefician. Las estrujan, las ponen en alto, se las ciñen como corona, las clavan en picota, las erigen en ídolo, las vuelcan, las mantean. Las ideas de baja ley, aunque hayan comenzado por brillar como de ley buena, no soportan el tráfico, el vapuleo, la marejada, el duro tratamiento. Las ideas de ley buena surgen a la postre, magulladas, pero con virtud de cura espontánea, y compactas y enteras. Con un problema nos levantamos; nos acostamos ya con otro problema. Las imágenes se devoran en la mente. No alcanza el tiempo para dar forma a lo que se piensa. Se pierden unas en otras las ideas en el mar mental, como cuando una piedra hiere el agua azul, se pierden unos en otros los círculos del agua. Antes las ideas se erguían en silencio en la mente como recias torres, por lo que, cuando surgían, se las veía de lejos: hoy se salen en tropel de los labios, como semillas de oro, que caen en el suelo hirviente; se quiebran, se rarifican, se evaporan, se malogran —¡oh hermoso sacrificio!— para el que las crea: se deshacen en chispas encendidas; se desmigajan. De aquí pequeñas obras fúlgidas, de aquí la ausencia de aquellas grandes obras culminantes, sostenidas, majestuosas, concentradas.

Y acontece también, que con la gran labor común de los humanos y el hábito saludable de examinarse, y pedirse mutuas cuentas de sus vidas, y la necesidad gloriosa de amasar por sí el pan que se ha de servir en los manteles, no estimula la época, ni permite acaso la aparición aislada de entidades suprahumanas recogidas en una única labor de índole tenida por maravillosa y suprema. Una gran montaña parece menor cuando está rodeada de colinas. Y ésta es la época en que las colinas se están encimando a las montañas; en que las cumbres se van deshaciendo en llanuras; época ya cercana de la otra en que todas las llanuras serán cumbres. Con el descenso de las eminencias suben de nivel los llanos, lo que hará más fácil el tránsito por la tierra. Los genios individuales se señalan menos, porque les va faltando la pequeñez de los contornos que realzaban antes tanto su estatura. Y como todos van aprendiendo a cosechar los frutos de la naturaleza y a estimar sus flores, tocan los antiguos maestros a menos flor y fruto, y a más las gentes nuevas que eran antes cohorte mera de veneradores de los buenos cosecheros. Asístese como a una descentralización de la inteligencia. Ha entrado a ser lo bello dominio de todos. Suspende el número de buenos poetas secundarios y la escasez de poetas eminentes solitarios. El genio va pasando de individual a colectivo. El hombre pierde en beneficio de los hombres. Se diluyen, se expanden las cualidades de los privilegiados a la masa; lo que no placerá a los privilegiados de alma baja, pero sí a los de corazón gallardo y generoso, que saben que no es en la tierra, por grande criatura que se sea, más que arena de oro, que volverá a la fuente hermosa de oro, y reflejo de la mirada del Creador.

Y como el auvernés[5] muere en París alegre, más que de deslumbramiento, del mal del país, y todo hombre que se detiene a verse anda enfermo del dulce mal del cielo, tienen los poetas hoy –auverneses sencillos en Lutecia alborotada y suntuosa– la nostalgia de la hazaña. La guerra, antes fuente de gloria, cae en desuso, y lo que pareció grandeza, comienza a ser crimen. La corte, antes albergue de bardos de alquiler, mira con ojos asustados a los bardos modernos, que aunque a veces arriendan la lira, no la alquilan ya por siempre, y aun suelen no alquilarla.

Dios anda confuso; la mujer como sacada de quicio y aturdida; pero la naturaleza enciende siempre el sol solemne en medio del espacio; los dioses de los bosques hablan todavía la lengua que no hablan ya las divinidades de los altares; el hombre echa por los mares sus serpientes de cabeza parlante, que de un lado se prenden a las breñas agrestes de Inglaterra, y de otro a la riente costa americana; y encierra la luz de los astros en un juguete de cristal; y lanza por sobre las aguas y por sobre las cordilleras sus humeantes y negros tritones; y en el alma humana, cuando se apagan los soles que alumbraron la tierra decenas de siglos, no se ha apagado el sol. No hay occidente para el espíritu del hombre; no hay más que norte, coronado de luz. La montaña acaba en pico; en cresta la ola empinada que la tempestad arremolina y echa al cielo; en copa el árbol; y en cima ha de acabar la vida humana. En este cambio de quicio a que asistimos, y en esta refacción del mundo de los hombres, en que la vida nueva va, como los corceles briosos por los caminos, perseguida de canes ladradores; en este cegamiento de las fuentes y en este anublamiento de los dioses, la naturaleza, el trabajo humano y el espíritu del hombre se abren como inexhaustos manantiales puros a los labios sedientos de los poetas: ¡vacíen de sus copas de preciosas piedras el agrio vino viejo, y póngalas a que se llenen de rayos de sol, de ecos de faena, de perlas buenas y sencillas, sacadas de lo hondo del alma, y muevan con sus manos febriles, a los ojos de los hombres asustados, la copa sonora!

De esta manera, lastimados los pies y los ojos de ver y andar por las ruinas que aún humean, reentra en sí el poeta lírico, que siempre fue, en más o menos, poeta personal, y pone los ojos en las batallas y solemnidades de la naturaleza, aquel que hubiera sido en épocas cortesanas, conventuales o sangrientas, poeta de epopeya. La batalla está en los talleres; la gloria en la paz; el templo, en toda la tierra; el poema, en la naturaleza. Cuando la vida se asiente, surgirá el Dante venidero, no por mayor fuerza suya sobre los hombres dantescos de ahora, sino por mayor fuerza del tiempo. ¿Qué es el hombre arrogante, sino vocero de lo desconocido, eco de lo sobrenatural, espejo de las luces eternas, copia más o menos acabada del mundo en que vive? Hoy Dante vive en sí, y de sí. Ugolino[6] roía a su hijo; mas él a sí propio; no hay ahora mendrugo más denteado que un alma de poeta: si se ven con los ojos del alma, sus puños mondados y los huesos de sus alas arrancadas manan sangre.

Suspensa, pues, de súbito, la vida histórica; harto nuevas aún y harto confusas las instituciones nacientes para que hayan podido dar de sí –porque a los pueblos viene el perfume como al vino, con los años– elementos poéticos; sacadas al viento, al empuje crítico, las raíces desmigajadas de la poesía añeja; la vida personal dudadora, alarmada, preguntadora, inquieta, luz-bélica; la vida íntima febril, no bien enquiciada, pujante, clamorosa, ha venido a ser el asunto principal y, con la naturaleza, el único asunto legítimo de la poesía moderna.

¡Mas, cuánto trabajo cuesta hallarse a sí mismo! El hombre, apenas entra en el goce de la razón que desde su cuna le oscurecen, tiene que deshacerse para entrar verdaderamente en sí. Es un braceo hercúleo contra los obstáculos que le alza al paso su propia naturaleza y los que amontonan las ideas convencionales de que es, en hora menguada, y por impío consejo y arrogancia culpable, alimentada. No hay más difícil faena que esta de distinguir en nuestra existencia la vida pegadiza y postadquirida, de la espontánea y prenatural; lo que viene con el hombre, de lo que le añaden con sus lecciones, legados y ordenanzas, los que antes de él han venido. So pretexto de completar el ser humano, lo interrumpen. No bien nace, ya están en pie, junto a su cuna con grandes y fuertes vendas preparadas en las manos, las filosofías, las religiones, las pasiones de los padres, los sistemas políticos. Y lo atan; y lo enfajan; y el hombre es ya, por toda su vida en la tierra, un caballo embridado. Así es la tierra ahora una vasta morada de enmascarados. Se viene a la vida como cera, y el azar nos vacía en moldes prehechos. Las convenciones creadas deforman la existencia verdadera, y la verdadera vida viene a ser como corriente silenciosa que se desliza invisible bajo la vida aparente, no sentida a las veces por el mismo en quien hace su obra cauta, a la manera con que el Guadiana misterioso corre luengo camino calladamente por debajo de las tierras andaluzas. Asegurar el albedrío humano; dejar a los espíritus su seductora forma propia; no deslucir con la imposición de ajenos prejuicios las naturalezas vírgenes; ponerlas en aptitud de tomar por sí lo útil, sin ofuscarlas, ni impelerlas por una vía marcada. ¡He ahí el único modo de poblar la tierra de la generación vigorosa y creadora que le falta! Las redenciones han venido siendo teóricas y formales: es necesario que sean efectivas y esenciales. Ni la originalidad literaria cabe, ni la libertad política subsiste mientras no se asegure la libertad espiritual. El primer trabajo del hombre es reconquistarse. Urge devolver los hombres a sí mismos; urge sacarlos del mal gobierno de la convención que sofoca o envenena sus sentimientos, acelera el despertar de los sentidos, y recarga su inteligencia con un caudal pernicioso, ajeno, frío y falso. Sólo lo genuino es fructífero. Sólo lo directo es poderoso. Lo que otro nos lega es como manjar recalentado. Toca a cada hombre reconstruir la vida: a poco que mire en sí la reconstruye. Asesino alevoso, ingrato a Dios y enemigo de los hombres, es el que, so pretexto de dirigir a las generaciones nuevas, les enseña un cúmulo aislado y absoluto de doctrinas, y les predica al oído, antes que la dulce plática de amor, el evangelio bárbaro del odio. ¡Reo es de traición a la naturaleza el que impide, en una vía u otra, y en cualquiera vía, el libre uso, la aplicación directa y el espontáneo empleo de las facultades magníficas del hombre! ¡Entre ahora el bravo, el buen lancero, el ponderoso justador, el caballero de la libertad humana –que es orden magna de caballería–, el que se viene derechamente, sin pujos de Valbuena ni rezagos de Ojeda[7], por la poesía épica de nuestros tiempos; el que movió al cielo las manos generosas en tono de plegaria y las sacó de la oración a modo de ánfora sonora, henchida de estrofas opulentas y vibrantes, acariciada de olímpicos reflejos! ¡El poema está en el hombre, decidido a gustar todas las manzanas, a enjugar toda la savia del árbol del Paraíso y a trocar en hoguera confortante el fuego de que forjó Dios, en otro tiempo, la espada exterminadora! ¡El poema está en la naturaleza, madre de senos próvidos, esposa que jamás desama, oráculo que siempre responde, poeta de mil lenguas, maga que hace entender lo que no dice, consoladora que fortifica y embalsama! ¡Entre ahora el buen bardo del Niágara, que ha escrito un canto extraordinario y resplandeciente del poema inacabable de la naturaleza!

¡El poema del Niágara! Lo que el Niágara cuenta; las voces del torrente; los gemidos del alma humana; la majestad del alma universal; el diálogo titánico entre el hombre impaciente y la naturaleza desdeñosa; el clamor desesperado de hijo de gran padre desconocido, que pide a su madre muda el secreto de su nacimiento; el grito de todos en un solo pecho; el tumulto del pecho que responde al bravío de las ondas; el calor divino que enardece y encara la frente del hombre a la faz de lo grandioso; la compenetración profética y suavísima del hombre rebelde e ignorador y la naturaleza fatal y reveladora, el tierno desposorio con lo eterno y el vertimiento deleitoso en la creación del que vuelve a sí el hombre ebrio de fuerza y júbilo, fuerte como un monarca amado, ungido rey de la naturaleza.

¡El poema del Niágara! El halo de espíritu que sobrerrodea el halo de agua de colores; la batalla de su seno, menos fragosa que la humana; el oleaje simultáneo de todo lo vivo, que va a parar, empujado por lo que no se ve, encabritándose y revolviéndose, allá en lo que no se sabe; la ley de la existencia, lógica en fuerza de ser incomprensible, que devasta sin acuerdo aparente mártires y villanos, y sorbe de un hálito, como ogro famélico, un haz de evangelistas, en tanto que deja vivos en la tierra, como alimañas de boca roja que le divierten, haces de criminales; la vía aparejada en que estallan, chocan, se rebelan, saltan al cielo y dan en hondo hombres y cataratas estruendosas; el vocerío y combate angélico del hombre arrebatado por la ley arrolladora, que al par que cede y muere, blasfema, agítase como titán que se sacude mundos y ruge; la voz ronca de la cascada que ley igual empuja, y al dar en mar o en antro, se encrespa y gime; y luego de todo, las lágrimas que lo envuelven ahora todo, y el quejido desgarrador del alma sola: he aquí el poema imponente que ese hombre de su tiempo vio en el Niágara.

Toda esa historia que va escrita es la de este poema. Como este poema es obra representativa, hablar de él es hablar de la época que representa. Los buenos eslabones dan chispas altas. Menguada cosa es lo relativo que no despierta el pensamiento de lo absoluto. Todo ha de hacerse de manera que lleve la mente a lo general y a lo grande. La filosofía no es más que el secreto de la relación de las varias formas de existencia. Mueven el alma de este poeta los afanes, las soledades, las amarguras, la aspiración del genio cantor. Se presenta armado de todas armas en un circo en donde no ve combatientes, ni estrados animados de público tremendo, ni ve premio. Corre, cargado de todas las armas que le pesan, en busca de batallador. ¡Halla un monte de agua que le sale al paso; y, como lleva el pecho lleno de combate, reta al monte de agua!

Pérez Bonalde, apenas puso los ojos sobre sí, y en su torno, viviendo en tiempo revuelto y en tierra muy fría, se vio solo; catecúmeno enérgico de una religión no establecida, con el corazón necesitado de adorar, con la razón negada a la reverencia; creyente por instinto, incrédulo por reflexión. En vano buscó polvo digno de una frente varonil para postrarse a rendir tributo de acatamiento; en vano trató de hallar su puesto, en esta época en que no hay tierra que no los haya trastocado todos, en la confusa y acelerada batalla de los vivos; en vano, creado por mal suyo para empresas hazañosas y armado por el estudio del análisis que las reprime cuando no las prohíbe o ridiculiza, persiguió con empeño las grandes acciones de los hombres, que tienen ahora a gala y prueba de ánimo fuerte, no emprender cosa mayor, sino muy suave, productiva y hacedera. En los labios le rebosaban los versos robustos; en la mano le vibraba acaso la espada de la libertad –que no debiera, por cierto, llevar jamás espada–; en el espíritu la punzante angustia de vivir sobrado de fuerzas sin empleo, que es como poner la savia de un árbol en el corpecillo de una hormiga. Los vientos corrientes le batían las sienes; la sed de nuestros tiempos le apretaba las fauces; lo pasado, ¡todo es castillo solitario y armadura vacía!; lo presente, ¡todo es pregunta, negación, cólera, blasfemia de derrota, alarido de triunfo!; lo venidero, ¡todo está oscurecido en el polvo y vapor de la batalla! Y fatigado de buscar en vano hazañas en los hombres, fue el poeta a saludar la hazaña de la naturaleza.

Y se entendieron. El torrente prestó su voz al poeta; el poeta su gemido de dolor a la maravilla rugidora. Del encuentro súbito de un espíritu ingenuo y de un espectáculo sorprendente, surgió este poema palpitante, desbordado, exuberante, lujoso. Acá desmaya, porque los labios sajan las ideas, en vez de darles forma. Allá se encumbra, porque hay ideas tales, que pasan por sobre los labios como por sobre valla de carrizos. El poema tiene el alarde pindárico, el vuelo herediano, rebeldes curvas, arrogantes reboses, lujosos alzamientos, cóleras heroicas. El poeta ama, no se asombra. No se espanta, llama. Riega todas las lágrimas del pecho. Increpa, golpea, implora. Yergue todas las soberbias de la mente. Empuñaría sin miedo el cetro de la sombra. Ase la niebla, rásgala, penétrala. ¡Evoca al Dios del antro; húndese en la cueva limosa: enfríase en torno suyo el aire; resurge coronado de luz; canta el *hosanna*! La Luz es el gozo supremo de los hombres. Ya pinta el río sonoro, turbulento, despeñado, roto en polvo de plata, evaporado en humo de colores. Las estrofas son cuadros: ora ráfagas de ventisquero, ora columnas de fuego, ora relámpagos. Ya Luzbel, ya Prometeo, ya Ícaro. Es nuestro tiempo, en frente de nuestra naturaleza. Ser eso es dado a pocos. Contó a la Naturaleza los dolores del hombre moderno. Y fue pujante, porque fue sincero. Montó en carroza de oro.

Este poema fue impresión, choque, golpe de ala, obra genuina, rapto súbito. Vese aún a trechos al estudiador que lee, el cual es personaje importuno en estos choques del hombre y la Naturaleza; pero por sobre él salta, por buena fortuna, gallardo y atrevido, el hombre. El gemidor asoma, pero el sentidor vehemente vence. Nada le dice el torrente, que lo dice todo; pero a poco pone bien el oído, y a despecho de los libros de duda, que le alzan muralla, lo oye todo. Las ideas potentes se enciman, se precipitan, se cobijan, se empujan, se entrelazan. Acá el consonante las magulla; el consonante magulla siempre; allá las prolonga, con lo cual las daña; por lo común, la idea abundosa y encendida encaja noblemente en el verso centellante. Todo el poeta se salió a estos versos; la majestad evoca y pone en pie todo lo majestuoso. Su estrofa fue esta vez como la ola que nace del mar agitado, y crece al paso con el encuentro de otras olas, y se empina, y se enrosca, y se despliega ruidosamente, y va a morir en espuma sonante y círculos irregulares y rebeldes no sujetos a forma ni extensión; acá enseñoreándose de la arena y tendiéndose sobre ella como triunfador que echa su manto sobre la prisionera que hace su cautiva; allá besando mansamente los bordes cincelados de la piedra marina caprichosa; quebrándose acullá en haces de polvo contra la arista enhiesta de las rocas. Su irregularidad le viene de su fuerza. La perfección de la forma se consigue casi siempre a costa de la perfección de la idea. Pues el rayo ¿obedece a marcha precisa en su camino? ¿Cuándo fue jaca de tiro más hermosa que potro en la dehesa? Una tempestad es más bella que una locomotora. Señálanse por sus desbordes y turbulencias las obras que arrancan derechamente de lo profundo de las almas magnas.

Y Pérez Bonalde ama su lengua, y la acaricia, y la castiga; que no hay placer como este de saber de dónde viene cada palabra que se usa, y a cuánto alcanza; ni hay nada mejor para agrandar y robustecer la mente que el estudio esmerado y la aplicación oportuna del lenguaje. Siente uno, luego de escribir, orgullo de escultor y de pintor. Es la dicción de este poema redonda y hermosa; la factura amplia; el lienzo extenso; los colores a prueba de sol. La frase llega a alto, como que viene de hondo, y cae rota en colores, o plegada con majestad, o fragorosa como las aguas que retrata. A veces, con la prisa de alcanzar la imagen fugitiva, el verso queda sin concluir, o concluido con premura. Pero la alteza es constante. Hay ola, y ala. Mima Pérez Bonalde lo que escribe; pero no es, ni quiere serlo, poeta cincelador. Gusta, por descontado, de que el verso brote de su pluma sonoro, bien acuñado, acicalado, mas no se pondrá como otro, frente al verso, con martillo de oro y buril de plata, y enseres de cortar y de sajar, a mellar aquí un extremo, a fortificar allí una juntura, a abrillantar y redondear la joya, sin ver que si el diamante sufre talla, moriría la perla de ella. El verso es perla. No han de ser los versos como la rosa centifolia, toda llena de hojas, sino como el jazmín del Malabar[8], muy cargado de esencias. La hoja debe ser nítida, perfumada, sólida, tersa.

Cada vasillo suyo ha de ser un vaso de aromas. El verso, por dondequiera que se quiebre, ha de dar luz y perfume. Han de podarse de la lengua poética, como del árbol, todos los retoños entecos, o amarillentos, o mal nacidos, y no dejar más que los sanos y robustos, con lo que, con menos hojas, se alza con más gallardía la rama, y pasea en ella con más libertad la brisa y nace mejor el fruto. Pulir es bueno, mas dentro de la mente y antes de sacar el verso al labio. El verso hierve en la mente, como en la cuba el mosto. Mas ni el vino mejora, luego de hecho, por añadirle alcoholes y taninos; ni se aquilata el verso, luego de nacido, por engalanarlo con aditamentos y aderezos. Ha de ser hecho de una pieza y de una sola inspiración, porque no es obra de artesano que trabaja a cordel, sino de hombre en cuyo seno anidan cóndores, que ha de aprovechar el aleteo del cóndor. Y así brotó de Bonalde este poema, y es una de sus fuerzas: fue hecho de una pieza.

¡Oh! ¡Esa tarea de recorte, esa mutilación de nuestros hijos, ese trueque del plectro del poeta por el bisturí del disector! Así quedan los versos pulidos: deformes y muertos. Como cada palabra ha de ir cargada de su propio espíritu y llevar caudal suyo al verso, mermar palabras es mermar espíritu, y cambiarlas es rehervir el mosto, que, como el café, no ha de ser rehervido. Se queja el alma del verso, como maltratada, de estos golpes de cincel. Y no parece cuadro de Vinci, sino mosaico de Pompeya[9]. Caballo de paseo no gana batallas. No está en el divorcio el remedio de los males del matrimonio, sino en escoger bien la dama y en no cegar a destiempo en cuanto a las causas reales de la unión. Ni en el pulimento está la bondad del verso, sino en que nazca ya alado y sonante. No se dé por hecho el verso en espera de acabarle luego, cuando aún no esté acabado; que luego se le rematará en apariencia, mas no verdaderamente ni con ese encanto de cosa virgen que tiene el verso que no ha sido sajado ni trastrojado. Porque el trigo es más fuerte que el verso y se quiebra y amala cuando lo cambian muchas veces de troje. Cuando el verso quede por hecho ha de estar armado de todas armas, con coraza dura y sonante, y de penacho blanco rematado el buen casco de acero reluciente.

Que aun con todo esto, como pajas perdidas que con el gusto del perfume no se cuidó de recoger cuando se abrió la caja de perfumería, quedaron sueltos algunos cabos, que bien pudieran rematarse; que acá sobra un epíteto; que aquí asoma un asonante inoportuno; que acullá ostenta su voluta caprichosa un esdrújulo osado; que a cual verso le salió corta el ala, lo que en verdad no es cosa de gran monta en esta junta de versos sobrados de alas grandes; que, como dejo natural del tiempo, aparecen en aquella y esta estrofa, como fuegos de San Telmo[10] en cielo sembrado de astros, gemidos de contagio y desesperanzas aprendidas; ¡ea! que bien puede ser, pero esa menudencia es faena de pedantes. Quien va en busca de montes, no se detiene a recoger las piedras del camino. Saluda el sol, y acata el monte. Estas son confidencias de sobremesa. Esas cosas se dicen al oído. Pues, ¿quién no sabe que la lengua es jinete del pensamiento, y no su caballo? La imperfección de la lengua humana para expresar cabalmente los juicios, afectos y designios del hombre es una prueba perfecta y absoluta de la necesidad de una existencia venidera.

Y aquí viene bien que yo conforte el alma algún momento abatida y azorada de este gallardísimo poeta; que yo le asegure lo que él anhela saber; que vacíe en él la ciencia que en mí han puesto la mirada primera de los niños, colérica como quien entra en casa mezquina viniendo de palacio, y la última mirada de los moribundos, que es una cita, y no una despedida. Bonalde mismo no niega, sino que inquiere. No tiene fe absoluta en la vida próxima; pero no tiene duda absoluta. Cuando se pregunta desesperado qué ha de ser de él, queda tranquilo, como si hubiera oído lo que no dice. Saca fe en lo eterno de los coloquios en que bravamente lo interroga. En vano teme él morir cuando ponga al fin la cabeza en la almohada de tierra. En vano el eco que juega con las palabras –porque la naturaleza parece, como el Creador mismo, celoso de sus mejores criaturas, y gusta de ofuscarlas el juicio que les dio– le responde que nada sobrevive a la hora que nos parece la postrera. El eco en el alma dice cosa más honda que el eco del torrente. Ni hay torrente como nuestra alma. ¡No! ¡La vida humana no es toda la

vida! La tumba es vía, no término. La mente no podría concebir lo que no fuera capaz de realizar; la existencia no puede ser
juguete abominable de un loco maligno. Sale el hombre de la
vida, como tela plegada, ganosa de lucir sus colores, en busca
de marco; como nave gallarda, ansiosa de andar mundos, que
al fin se da a los mares. La muerte es júbilo, reanudamiento, tarea nueva. La vida humana sería un invención repugnante y
bárbara, si estuviera limitada a la vida en la tierra. Pues ¿qué es
nuestro cerebro, sementera de proezas, sino anuncio del país
cierto en que han de rematarse? Nace el árbol en la tierra, y halla atmósfera en que extender sus ramas; y el agua en la honda
madre, y tiene cauce en donde echar sus fuentes; y nacerán las
ideas de justicia en la mente, las jubilosas ansias de no cumpli-
dos sacrificios, el acabado programa de hazañas espirituales, los
deleites que acompañan a la imaginación de una vida pura y
honesta, imposible de logro en la tierra, ¿y no tendrá espacio
en que tender al aire su ramaje esta arboleda de oro? ¿Qué es
más el hombre al morir, por mucho que haya trabajado en
vida, que gigante que ha vivido condenado a tejer cestos de
monje y fabricar nidillos de jilguero? ¿Qué ha de ser del espíritu tierno y rebosante que, falto de empleo fructífero, se refugia
en sí mismo, y sale íntegro y no empleado de la tierra? Este
poema venturoso no ha entrado aún en los senos amargos de la
vida. No ha sufrido bastante. Del sufrimiento, como el halo de
la luz, brota la fe en la existencia venidera. Ha vivido con la
mente, que ofusca; y con el amor, que a veces desengaña; fálta-
le aún vivir con el dolor que conforta, acrisola y esclarece. Pues
¿qué es el poeta, sino alimento vivo de la llama con que alumbra? ¡Echa su cuerpo a la hoguera, y el humo llega al cielo, y la
claridad del incendio maravilloso se esparce, como un suave calor, por toda la tierra!

Bien hayas, poeta sincero y honrado, que te alimentas de ti
mismo. ¡He aquí una lira que vibra! ¡He aquí un poeta que se
palpa el corazón, que lucha con la mano vuelta al cielo, y pone
a los aires vivos la arrogante frente! ¡He aquí un hombre, maravilla de arte sumo, y fruto raro de esta tierra de hombres! ¡He
aquí un vigoroso braceador que pone el pie seguro, la mente

avarienta, y los ojos ansiosos y serenos en ese haz de despojos de templos, y muros apuntalados, y cadáveres dorados, y alas hechas cadenas, de que, con afán siniestro, se aprovechan hoy tantos arteros batalladores para rehacer prisiones al hombre moderno! Él no persigue a la poesía, breve espuma de mar hondo, que sólo sale a flote cuando hay ya mar hondo, y voluble coqueta que no cuida de sus cortejadores, ni dispensa a los importunos sus caprichos. Él aguardó la hora alta, en que el cuerpo se agiganta y los ojos se inundan de llanto, y de embriaguez el pecho, y se hincha la vela de la vida, como lona de barco, a vientos desconocidos, y se anda naturalmente a paso de monte. El aire de la tempestad es suyo, y ve en él luces, y abismos bordados de fuego que se entreabren, y místicas promesas. En este poema, abrió su seno atormentado al aire puro, los brazos trémulos al oráculo piadoso, la frente enardecida a las caricias aquietadoras de la sagrada naturaleza. Fue libre, ingenuo, humilde, preguntador, señor de sí, caballero del espíritu. ¿Quiénes son los soberbios que se arrogan el derecho de enfrenar cosa que nace libre, de sofocar la llama que enciende la naturaleza, de privar del ejercicio natural de sus facultades a criatura tan augusta como el ser humano? ¿Quiénes son esos búhos que vigilan la cuna de los recién nacidos y beben en su lámpara de oro el aceite de la vida? ¿Quiénes son esos alcaides de la mente, que tienen en prisión de dobles rejas al alma, esta gallarda castellana? ¿Habrá blasfemo mayor que el que, so pretexto de entender a Dios, se arroja a corregir la obra divina? ¡Oh Libertad!, ¡no manches nunca tu túnica blanca, para que no tenga miedo de ti el recién nacido! ¡Bien hayas tú, Poeta del Torrente, que osas ser libre en una época de esclavos pretenciosos, porque de tal modo están acostumbrados los hombres a la servidumbre, que cuando han dejado de ser esclavos de la reyecía, comienzan ahora, con más indecoroso humillamiento, a ser esclavos de la Libertad! ¡Bien hayas, cantor ilustre, y ve que sé qué vale esta palabra que te digo! ¡Bien hayas tú, señor de espada de fuego, jinete de caballo de alas, rapsoda de lira de roble, hombre que abres tu seno a la naturaleza! Cultiva lo magno, puesto que trajiste a la tierra todos los aprestos del cultivo. Deja a los pequeños otras pequeñeces. Muévante siempre estos solemnes vientos. Pon de lado las huecas rimas de uso, ensartadas de perlas y matizadas con flores de artificio, que suelen ser más juego de la mano y divertimiento del ocioso ingenio que llamarada del alma y hazaña digna de los magnates de la mente. Junta en haz alto, y echa al fuego, pesares de contagio, tibiedades latinas, rimas reflejas, dudas ajenas, males de libros, fe prescrita, y caliéntate a la llama saludable del frío de estos tiempos dolorosos en que, despierta ya en la mente la criatura adormecida, están todos los hombres de pie sobre la tierra, apretados los labios, desnudo el pecho bravo y vuelto el puño al cielo, demandando a la vida su secreto.

OSCAR WILDE[11]

Vivimos, los que hablamos lengua castellana, llenos todos de Horacio y de Virgilio y parece que las fronteras de nuestro espíritu son las de nuestro lenguaje. ¿Por qué nos han de ser fruta casi vedada las literaturas extranjeras, tan sobradas hoy de ese ambiente natural, fuerza sincera y espíritu actual que falta en la moderna literatura española? Ni la huella que en Núñez de Arce ha dejado Byron, ni la que los poetas alemanes imprimieron en Campoamor y Bécquer, ni una que otra traducción pálida de alguna obra alemana o inglesa, bastan a darnos idea de la literatura de los eslavos, germanos y sajones, cuyos poemas tienen a la vez del cisne níveo, de los castillos derruidos, de las robustas mozas que se asoman a su balcón lleno de flores, y de la luz plácida y mística de las auroras boreales. Conocer diversas literaturas es el medio mejor de libertarse de la tiranía de algunas de ellas; así como no hay manera de salvarse del riesgo de obedecer ciegamente a un sistema filosófico, sino nutrirse de todos y ver cómo en todos palpita un mismo espíritu, sujeto a semejantes accidentes, cualesquiera que sean las formas de que la imaginación humana, vehemente o menguada, según los climas, haya revestido esa fe en lo inmenso y esa ansia de salir de sí, y esa noble inconformidad con ser lo que es, que generan todas las escuelas filosóficas.

He aquí a Oscar Wilde: es un joven sajón que hace excelentes versos. Es un cismático en el arte, que acusa al arte inglés de haber sido cismático en la iglesia del arte hermoso universal. Es un elegante apóstol, lleno de fe en su propaganda y de desdén por los que se la censuran, que recorre en estos instantes los Estados Unidos, diciendo en blandas y discretas voces cómo le parecen abominables los pueblos que, por el culto de su bienestar material, olvidan el bienestar del alma, que aligera tanto los hombros humanos de la pesadumbre de la vida, y predispone gratamente al esfuerzo y al trabajo. Embellecer la vida es darle objeto. Salir de sí es indomable anhelo, y hace bien a los hombres quien procura hermosear su existencia, de modo que vengan a vivir contentos con estar en sí. Es como mellar el pico del buitre que devora a Prometeo. Tales cosas dice, aunque no acierte tal vez a darles esa precisión ni a ver todo ese alcance, el rebelde hombre que quiere sacudirse de sus vestidos de hombre culto, la huella oleosa y el polvillo de carbón que ennegrece el cielo de las ciudades inglesas, sobre las que el sol brilla entre tupidas brumas como opaco globo carmesí, que lucha en vano por enviar su calor vivificante a los miembros toscos y al cerebro aterido de los ásperos norteños. De modo que el poeta que en aquellas tierras nace, aumenta su fe exquisita en las cosas del espíritu tan desconocido y desamado. No hay para odiar la tiranía como vivir bajo ella. Ni para exacerbar el fuego poético, como morar entre los que carecen de él. Sólo que, falto de almas en quienes verter la suya desbordante, muere ahogado el poeta.

¡Ved a Oscar Wilde! Es en Chickering Hall, casa de anchos salones, donde en Nueva York acude el público a oír lecturas. Es la casa de los lectores aristocráticos que ya gozan de fama y de fortuna para llamar desahogadamente a ella. En esas salas se combate y defiende el dogma cristiano, se está a lo viejo y se predica lo nuevo. Explican los viajeros sus viajes, acompañados de vistas panorámicas y dibujos en una gran pizarra. Estudia un crítico a un poeta. Diserta una dama sobre la conveniencia o inconveniencia de estos o aquellos trajes. Desenvuelve un filósofo las leyes de la filosofía. En una de esas salas va a leer Wilde su discurso sobre el gran renacimiento del arte en Inglaterra, del que le llaman maestro y guía, cuando no es más que bravo adepto y discípulo activo y ferviente. Él propaga su fe. Otros hubo que murieron de ella. Ya llegaremos a esto. La sala está llena de suntuosas damas y de selectos caballeros. Los poetas magnos faltan, como temerosos de ser tenidos por cómplices del innovador. Los hombres aman en secreto las verdades peligrosas, y sólo iguala su miedo a defenderlas, antes de verlas aceptadas, la tenacidad y brío con que las apoyan luego que ya no se corre riesgo en su defensa. Oscar Wilde pertenece a excelente familia irlandesa, y ha comprado con su independencia pecuniaria el derecho a la independencia de su pensamiento. Este es uno de los males de que mueren los hombres de genio: acontece a menudo que su pobreza no les permite defender la verdad que los devora e ilumina, demasiado nueva y rebelde para que puedan vivir de ella. Y no viven sino en cuanto consienten en ahogar la verdad reveladora de que son mensajeros, de cuya pena mueren. Los carruajes se agolpan a las puertas anchas de la solemne casa de las lecturas. Tal dama lleva un lirio, que es símbolo de los reformistas. Todas han hecho gala de elegancia y riqueza en el vestir. Como los estetas, que son en Inglaterra los renovadores del arte, quieren que sean siempre armónicos los colores que se junten en la ornamentación o en los vestidos, el escenario es simple y nítido.

Una silla vacía, de alto espaldar y gruesos brazos, como nuestras sillas de coro, espera al poeta. De madera oscura es la silla, y de marroquí oscuro su respaldo y su asiento. De castaño más suave es el lienzo que ocupa la pared del fondo. Junto a la silla, una mesa elegante sostiene una artística jarra, en que brilla, como luz presa, el agua pura. ¡Ved a Oscar Wilde! No viste como todos vestimos, sino de singular manera. Ya enuncia su traje el defecto de su propaganda, que no es tanto crear lo nuevo, de lo que no se siente capaz, como resucitar lo antiguo. El cabello le cuelga cual el de los caballeros de Elizabeth de Inglaterra, sobre el cuello y los hombros; el abundoso cabello, partido por esmerada raya hacia la mitad de la frente. Lleva frac negro, chaleco de seda blanco, calzón corto y holgado, medias largas de seda negra, y zapatos de hebilla. El cuello de su camisa es bajo, como el de Byron, sujeto por caudalosa corbata de seda blanca, anudada con abandono. En la resplandeciente pechera luce un botón de brillantes, y del chaleco le cuelga una artística leopoldina. Que es preciso vestir bellamente, y él se da como ejemplo. Sólo que el arte exige en todas sus obras unidad de tiempo, y hiere los ojos ver a un galán gastar chupilla de esta época, y pantalones de la pasada, y cabello a lo Cromwell, y leontinas a lo petimetre de comienzos de este siglo. Brilla en el rostro del poeta joven honrada nobleza. Es mesurado en el alarde de su extravagancia. Tiene respeto a la alteza de sus miras, e impone con ellas el respeto de sí. Sonríe como quien está seguro de sí mismo. El auditorio, que es granado, cuchichea. ¿Qué dice el poeta?

Dice que nadie ha de intentar definir la belleza, luego de que Goethe la ha definido; que el gran renacimiento inglés en este siglo une al amor de la hermosura griega, la pasión por el renacimiento italiano, y el anhelo de aprovechar toda la belleza que ponga en sus obras ese espíritu moderno; dice que la escuela nueva ha brotado, como la armoniosa eufonía[12] del amor de Fausto y Helena de Troya, del maridaje del espíritu de Grecia, donde todo fue bello, y el individualismo ardiente, inquisidor y rebelde de los modernos románticos. Homero precedió a Fidias; Dante precedió a la renovación maravillosa de las artes de Italia; los poetas siempre preceden. Los prerrafaelistas[13] que fueron pintores que amaron la belleza real, natural y desnuda, precedieron a los estetas[14] que aman la belleza de todos los tiempos, artística y culta. Y Keats[15], el poeta exuberante y plástico, precedió a los prerrafaelistas. Querían estos sectarios de los modos de pintar usados por los predecesores del melodioso Rafael, que hiciesen a un lado los pintores cuanto sabían del arte y venían enseñando los maestros, y con la paleta llena de colores, se diesen a copiar los objetos directamente de la Naturaleza. Fueron sinceros hasta ser brutales. Del odio a la convención de los demás, cayeron en la convención propia. De su desdén de las reglas excesivas, cayeron en el desdén de toda regla. Mejorar no puede ser volver hacia atrás; pero los prerrafaelistas, ya que fueron incapaces de fundar, volcaron al menos ídolos empolvados. Tras de ellos, y en gran parte merced a ellos, empezaron a tenerse por buenas en Inglaterra la libertad y la verdad del arte. "No preguntéis a los ingleses —decía Oscar Wilde— quiénes fueron aquellos beneméritos prerrafaelistas: no saber nada de sus grandes hombres es uno de los requisitos de la educación inglesa. Allá en 1847, se reunían los admiradores de nuestro Keats para verle sacudir de su lecho de piedra la poesía y la pintura. Pero hacer esto es perder en Inglaterra todos sus derechos de ciudadano. Tenían lo que los ingleses no perdonan jamás que se tenga: juventud, poder y entusiasmo. Los satirizaron, porque la sátira es el homenaje que la medianía celosa paga siempre al genio, lo que debía tener muy contentos de sí a los reformadores, porque estar en desacuerdo con las tres cuartas partes de los ingleses en todos los puntos es una de las más legítimas causas de propia satisfacción, y debe ser una ancha fuente de consuelos en los momentos de desfallecimiento espiritual."

Oíd ahora a Wilde hablar de otro armoniosísimo poeta, William Morris[16], que escribió *El Paraíso Terrenal*, y hacía gala de su belleza suma y condición sonora de sus versos, vibrantes y transparentes como porcelana japonesa. Oíd a Wilde decir que Morris creyó que copiar de muy cerca a la Naturaleza es privarla de lo que tiene de más bello, que es el vapor, que a modo de halo luminoso, se desprende de sus obras. Oídle decir que a Morris deben las letras de Inglaterra aquel modo preciso de dibujar las imágenes de la fantasía en la mente y en el verso, a tal punto que no conoce poeta alguno inglés que haya excedido, en la frase nítida y en la imagen pura, a Morris. Oídle recomendar la práctica de Teófilo Gautier[17] que creía que no había libro más digno de ser leído por un poeta que el diccionario. "Aquellos reformadores —decía Wilde— venían cantando cuanto hallaban de hermoso, ya en su tiempo, ya en cualquiera de los tiempos de la tierra." Querían decirlo todo, pero decirlo bellamente. La hermosura era el único freno de la libertad. Les guiaba el profundo amor de lo perfecto.

No ahogaban la inspiración, sino le ponían ropaje bello. No querían que fuese desordenada por las calles, ni vestida de mal gusto, sino bien vestida. Y decía Wilde: "No queremos cortar las alas a los poetas sino que nos hemos habituado a contar sus innumerables pulsaciones, a calcular su fuerza ilimitada, a gobernar su libertad ingobernable. Cántelo todo el bardo, si cuanto canta es digno de sus versos. Todo está presente ante el bardo. Vive de espíritus, que no parecen. No hay para él forma perdida, sí asunto caducado. Pero el poeta debe, con la calma de quien se siente en posesión del secreto de la belleza, aceptar lo que en los tiempos halle de irreprochablemente hermoso, y rechazar lo que no ajuste a su cabal idea de la hermosura. Swinburne[18], que es también gran poeta inglés, cuya imaginación inunda de riquezas sin cuento sus rimas musicales, dice que el arte es la vida misma, y que el arte no sabe nada de la muerte. No desdeñemos lo antiguo porque acontece que lo antiguo refleja de modo perfecto lo presente, puesto que la vida, varia en formas, es perpetua en su esencia, y en lo pasado se la ve sin esa 'bruma de familiaridad' o de preocupación que la anubla para los que vamos existiendo en ella. Mas no basta la elección de un adecuado asunto para conmemorar las almas: no es el asunto pintado en un lienzo lo que encadena a él las miradas, sino el vapor del alma que surge del hábil empleo de los colores. Así el poeta, para ser su obra noble y durable, ha de adquirir ese arte de la mano, meramente técnico, que da a sus cantos ese perfume espiritual que embriaga a los hombres. ¡Qué importa que murmuren los críticos! El que puede ser artista, no se limita a ser crítico, y los artistas, que el tiempo confirma, sólo son comprendidos en todo su valer por los artistas. Nuestro Keats decía que sólo veneraba a Dios, a la memoria de los grandes hombres y a la belleza. A eso venimos los estetas: a mostrar a los hombres la utilidad de amar la belleza, a excitar al estudio de los que la han cultivado, a avivar el gusto por lo perfecto, y el aborrecimiento de toda fealdad; a poner de nuevo en boga la admiración, el conocimiento y la práctica de todo lo que los hombres han admirado como hermoso. Mas, ¿de qué vale que ansiemos coronar la forma dramática que intentó nuestro poeta Shelley[19], enfermo de amar al cielo en la tierra donde no se le ama? ¿De qué vale que persigamos con ahínco la mejora de nuestra poesía convencional y de nuestras artes pálidas, el embellecimiento de nuestras casas, la gracia y propiedad de nuestros vestidos? No puede haber gran arte sin una hermosa vida nacional, y el espíritu comercial de Inglaterra la ha matado. No puede haber gran drama sin una noble vida nacional, y ésa también ha sido muerta por el espíritu comercial de los ingleses." Aplausos calurosos animaron en este enérgico pasaje al generoso lector, objeto visible de la curiosidad afectuosa de su auditorio.

Y decía luego Oscar Wilde a los norteamericanos: "Vosotros, tal vez, hijos de pueblo nuevo, podréis lograr aquí lo que a nosotros nos cuesta tanta labor lograr allá en Bretaña. Vuestra carencia de viejas instituciones sea bendita, porque es una carencia de trabas; no tenéis tradiciones que os aten ni convenciones seculares e hipócritas con que os den los críticos en rostro. No os han pisoteado generaciones hambrientas. No estáis obligados a imitar perpetuamente un tipo de belleza cuyos elementos ya han muerto. De vosotros puede surgir el esplendor de una nueva imaginación y la maravilla de alguna nueva libertad. Os falta en vuestras ciudades, como en vuestra literatura, esa flexibilidad y gracia que da la sensibilidad a la belleza. Amad todo lo bello por el placer de amarlo. Todo reposo y toda ventura vienen de eso. La devoción a la belleza y a la creación de cosas bellas es la mejor de todas las civilizaciones: ella hace de la vida de cada hombre un sacramento, no un número en los libros de comercio. La belleza es la única cosa que el tiempo no acaba. Mueren las filosofías, extínguense los credos religiosos; pero lo que es bello vive siempre, y es joya de todos los tiempos, alimento de todos y gala eterna. Las guerras vendrán a ser menores cuando los hombres amen con igual intensidad las mismas cosas, cuando los una común atmósfera intelectual. Soberana poderosa es aún, por la fuerza de las guerras, Inglaterra; y nuestro renacimiento quiere crearle tal soberanía, que dure, aun cuando ya sus leopardos amarillos estén cansados del fragor de los combates, y no tiña la rosa de su escudo la sangre derramada en las batallas. Y vosotros también, americanos, poniendo en el corazón de este gran pueblo este espíritu artístico que mejora y endulza, crearéis para vosotros mismos tales riquezas, que os harán olvidar, por pequeñas, estas que gozáis ahora, por haber hecho de vuestra tierra una red de ferrocarriles, y de vuestras bahías el refugio de todas las embarcaciones que surcan los mares conocidos a los hombres."

Esas nobles y juiciosas cosas dijo en Chickering Hall el joven bardo inglés, de luenga cabellera y calzón corto. Mas, ¿qué evangelio es ése, que ha alzado en torno de los evangelistas tanta grita? Esos son nuestros pensamientos comunes: con esa piedad vemos nosotros las maravillas de las artes; no la sobra, sino la penuria, del espíritu comercial hay en nosotros. ¿Qué peculiar grandeza hay en esas verdades, bellas, pero vulgares y notorias, que, vestido con ese extraño traje, pasea Oscar Wilde por Inglaterra y los Estados Unidos? ¿Será maravilla para los demás lo que ya para nosotros es código olvidado? ¿Será respetable ese atrevido mancebo, o será ridículo? ¡Es respetable! Es cierto que, por temor de parecer presuntuoso, o por pagarse más del placer de la contemplación de las cosas bellas, que del poder moral y fin trascendental de la belleza, no tuvo esa lectura que extractamos aquella profunda mira y dilatado alcance que placerían a un pensador. Es cierto que tiene algo de infantil predicar reforma tan vasta, aderezado con un traje extravagante que no añade nobleza ni esbeltez a la forma humana, ni es más que una tímida muestra de odio a los vulgares hábitos corrientes.

Es cierto que yerran los estetas en buscar, con peculiar amor, en la adoración de lo pasado y de lo extraordinario de otros tiempos, el secreto del bienestar espiritual en lo porvenir. Es cierto que deben los reformadores vigorosos perseguir el daño en la causa que lo engendra, que es el excesivo amor al bienestar físico, y no en el desamor del arte, que es su resultado. Es cierto que en nuestras tierras luminosas y fragantes tenemos como verdades trascendentales esas que ahora se predican a los sajones como reformas sorprendentes y atrevidas. Mas, ¡con qué amargura no se ve ese hombre joven; cómo parece aletargado en los hijos de su pueblo ese culto ferviente de lo hermoso que consuela de las más grandes angustias y es causa de placeres inefables! ¡Con qué dolor no ha de ver perdida para la vida permanente la tierra en que nació, que paga culto a ídolos perecederos! ¡Qué energía no ha menester para sofocar la censura de dibujantes y satíricos que viven de halagar los gustos de un público que desama a quien le echa en cara sus defectos! ¡Qué vigor y qué pujanza no son precisos para arrostrar la cólera temible y el desdén rencoroso de un pueblo frío, hipócrita y calculador! ¡Qué alabanza no merece, a pesar de su cabello luengo y sus calzones cortos, ese gallardo joven que intenta trocar en sol de rayos vívidos, que hiendan y doren la atmósfera, aquel opaco globo carmesí que alumbra a los melancólicos ingleses! El amor al arte aquilata al alma y la enaltece: un bello cuadro, una límpida estatua, un juguete artístico, una modesta flor en lindo vaso, pone sonrisas en los labios donde morían tal vez, pocos momentos ha, las lágrimas. Sobre el placer de conocer lo hermoso, que mejora y fortifica, está el placer de poseer lo hermoso, que nos deja contentos de nosotros mismos. Alhajar la casa, colgar de cuadros las paredes, gustar de ellos, estimar sus méritos, platicar de sus bellezas, son goces nobles que dan valía a la vida, distracción a la mente y alto empleo al espíritu. Se siente correr por las venas una savia nueva cuando se contempla una nueva obra de arte. Es como tener de presente lo venidero. Es como beber en copa de Cellini[20] la vida ideal.

Y ¡qué pueblo tan rudo aquel que mató a Byron! ¡Qué pueblo tan necio, como hecho de piedra, aquel que cegó los versos en los labios juveniles del abundoso Keats! El desdén inglés hiela, como hiela los ríos y los lagos ingleses el aire frío de las montañas. El desdén cae como saeta despedida de labios fríos y lívidos. Ama el ingenio, que complace; no el genio, que devora. La luz excesiva le daña, y ama la luz tibia. Gusta de los poetas elegantes, que le hacen sonreír; no de los poetas geniosos, que le hacen meditar y padecer. Opone siempre las costumbres, como escudo ferrado, a toda voz briosa que venga a turbar el sueño de su espíritu. A ese escudo lanzan sus clavas los jóvenes estetas; con ese escudo intentan los críticos ahogar en estos labios ardientes las voces generosas. Selló ese escudo antes que la muerte los labios de Keats. De Keats viene ese vigoroso aliento poético, que pide para el verso música y espíritu, y para el ennoblecimiento de la vida el culto al arte. De Keats vino a los bardos de Inglaterra aquel sutil y celoso amor de la forma, que ha dado a los sencillos pensamientos griegos. En Keats nace esa lucha dolorosa de los poetas ingleses, que lidian, como contra ejército invencible, por despertar el amor de la belleza impalpable y de las dulces vaguedades espirituales en un pueblo que rechaza todo lo que hiera, y no adule o adormezca sus sentidos. ¿Adónde ha de ir en aquella tierra un poeta sino al fondo de sí mismo? ¿Qué ha de hacer, sino plegarse en su alma, como violeta herida de casco de caballo? En Keats, las ideas, como agua de mar virgen, se desbordaban de las estrofas aladas y sonantes. Sus imágenes se atropellaban, como en Shakespeare; sólo que Shakespeare las domaba y jugueteaba con ellas; y Keats era a veces arrebatado por sus imágenes. Aquel sol interior calcinó el cuerpo. Keats, que adoraba la belleza, fue a morir a su templo: a Roma. ¡Puede su fervoroso discípulo, que con desafiar a sus censores da pruebas de majestuosa entereza, y con sus nobles versos invita a su alma a abandonar el mercado de las virtudes, y cultivarse en triste silencio, avivar en su nación preocupada y desdeñosa el amor al arte, fuente de encantos reales y de consuelos con que reparar al espíritu acongojado de las amarguras que acarrea la vida!

EMERSON[21]

Tiembla a veces la pluma, como sacerdote capaz de pecado que se cree indigno de cumplir su ministerio. El espíritu agitado vuela a lo alto. Alas quiere que lo encumbren, no pluma que lo taje y moldee como cincel. Escribir es un dolor, es un rebajamiento: es como uncir cóndor a un carro. Y es que cuando un hombre grandioso desaparece de la tierra, deja tras de sí claridad pura, y apetito de paz, y odio de ruidos. Templo semeja el Universo. Profanación el comercio de la ciudad, el tumulto de la vida, el bullicio de los hombres. Se siente como perder de pies y nacer de alas. Se vive como a la luz de una estrella, y como sentado en llano de flores blancas. Una lumbre pálida y fresca llena la silenciosa inmensa atmósfera. Todo es cúspide, y nosotros sobre ella. Está la tierra a nuestros pies, como mundo lejano y ya vivido, envuelto en sombras. Y esos carros que ruedan, y esos mercaderes que vocean, y esas altas chimeneas que echan al aire silbos poderosos, y ese cruzar, caracolear, disputar, vivir de hombres, nos parecen en nuestro casto refugio regalado, los ruidos de un ejército bárbaro que invade nuestras cumbres, y pone el pie en sus faldas, y rasga airado la gran sombra, tras la que surge, como un campo de batalla colosal, donde guerreros de piedra llevan coraza y casco de oro y lanzas rojas, la ciudad tumultuosa, magna y resplandeciente. Emerson ha muerto: y se llenan de dulces lágrimas los ojos. No da dolor sino celos. No llena el pecho de angustia, sino de ternura. La muerte es una victoria, y cuando se ha vivido bien, el féretro es un carro de triunfo. El llanto es de placer, y no de duelo, porque ya cubren hojas de rosas las heridas que en las manos y en los pies hizo la vida al muerto. La muerte de un justo es una fiesta, en que la tierra toda se sienta a ver cómo se abre el cielo. Y brillan de esperanza los rostros de los hombres, y cargan en sus brazos haces de palmas, con que alfombran la tierra, y con las espadas de combate hacen en lo alto bóveda para que pase bajo ellas, cubierto de ramas de roble y viejo heno, el cuerpo del guerrero victorioso. Va a reposar, el que lo dio todo de sí, e hizo bien a los otros. Va a trabajar de nuevo, el que hizo mal su trabajo en esta vida. ¡Y los guerreros jóvenes, luego de ver pasar con ojos celosos al vencedor magno, cuyo cadáver tibio brilla con toda la grandeza del reposo, vuelven a la faena de los vivos, a merecer que para ellos tiendan palmas y hagan bóvedas!

¿Que quién fue ese que ha muerto? Pues lo sabe toda la tierra. Fue un hombre que se halló vivo, se sacudió de los hombros todos esos mantos y de los ojos todas esas vendas que los tiempos pasados echan sobre los hombres, y vivió faz a faz con la naturaleza, como si toda la tierra fuese su hogar; y el sol su propio sol, y él patriarca. Fue uno de aquellos a quienes la naturaleza se revela, y se abre, y extiende los múltiples brazos, como para cubrir con ellos el cuerpo todo de su hijo. Fue de aquellos a quienes es dada la ciencia suma, la calma suma, el goce sumo. Toda la naturaleza palpitaba ante él, como una desposada. Vivió feliz porque puso sus amores fuera de la tierra. Fue su vida entera el amanecer de una noche de bodas. ¡Qué deliquios, los de su alma! ¡Qué visiones, las de sus ojos! ¡Qué tablas de leyes, sus libros! Sus versos, ¡qué vuelos de ángeles! Era de niño, tímido y delgado, y parecía a los que le miraban, águila joven, pino joven. Y luego fue sereno, amable y radiante, y los niños y los hombres se detenían a verle pasar. Era su paso firme, de aquel que sabe adonde ha de ir; su cuerpo alto y endeble, como esos árboles cuya copa mecen aires puros. El rostro era enjuto, cual de hombre hecho a abstraerse, y a ansiar salir de sí. Ladera de montaña parecía su frente. Su nariz era como la de las aves que vuelan por cumbres. Y sus ojos, cautivadores, como de aquel que está lleno de amor, y tranquilos, como de aquel que ha visto lo que no se ve. No era posible verle sin desear besar su frente. Para Carlyle[22], el gran filósofo inglés que se revolvió contra la tierra con brillo y fuerza de Satán, fue la visita de Emerson "una visión celeste". Para Whitman, que ha hallado en la naturaleza una nueva poesía, mirarle era "pasar hora bendita". Para Estedman[23], crítico bueno, "había en el pueblo del sabio una luz blanca". A Alcott[24], noble anciano juvenil, que piensa y canta, parece "un infortunio no haberle conocido". Se venía de verle como de ver un monumento vivo, o un ser sumo. Hay de esos hombres montañosos, que dejan ante sí y detrás de sí, llana la tierra. Él no era familiar, pero era tierno, porque era la suya imperial familia cuyos miembros habían de ser todos emperadores. Amaba a sus amigos como a amadas: para él la amistad tenía algo de la solemnidad del crepúsculo en el bosque. El amor es superior a la amistad en que crea hijos. La amistad es superior al amor en que no crea deseos, ni la fatiga de haberlos satisfecho, ni el dolor de abandonar el templo de los deseos saciados por el de los deseos nuevos. Cerca de él, había encanto. Se oía su voz, como la de un mensajero de lo futuro, que hablase de entre nube luminosa. Parecía que un impalpable lazo, hecho de luz de luna, ataba a los hombres que acudían en junto a oírle. Iban a verle los sabios, y salían de verle como regocijados, y como reconvenidos. Los jóvenes andaban luengas leguas a pie por verle, y él recibía sonriendo a los trémulos peregrinos, y les hacía sentar en torno a su recia mesa de caoba, llena de grandes libros, y les servía, de pie como un siervo, buen jerez viejo. ¡Y le acusan, de entre los que lo leen y no lo entienden, de poco tierno, porque hecho al permanente comercio con lo grandioso, veía pequeño lo suyo personal, y cosa de accidente, y ni de esencia, que no merece ser narrada! ¡Frinés de la pena son esos poetillos jeremíacos![25] ¡Al hombre ha de decirse lo que es digno del hombre, y capaz de exaltarlo! ¡Es tarea de hormigas andar contando en rimas desmayadas dolorcillos propios! El dolor ha de ser pudoroso.

Su mente era sacerdotal; su ternura, angélica; su cólera, sagrada. Cuando vio hombres esclavos, y pensó en ellos, habló de modo que pareció que sobre las faldas de un nuevo monte bíblico se rompían de nuevo en pedazos las Tablas de la Ley. Era moisíaco su enojo. Y se sacudía así las pequeñeces de la mente vulgar, como se sacude un león, tábanos. Discutir para él era robar tiempo al descubrimiento de la verdad. Como decía lo que veía, le irritaba que pusiesen en duda lo que decía. No era cólera de vanidad, sino sinceridad. ¿Cómo había de ser culpa suya que los demás no poseyesen aquella luz esclarecedora de sus ojos? ¿No ha de negar la oruga que el águila vuela? Desdeñaba la argucia, y como para él lo extraordinario era lo común, se asombraba de la necesidad de demostrar a los hombres lo extraordinario. Si no le entendían, se encogía de hombros. La naturaleza se lo había dicho: él era un sacerdote de la naturaleza. Él no fingía revelaciones; él no construía mundos mentales; él no ponía voluntad ni esfuerzo de su mente en lo que en prosa o en verso escribía. Toda su prosa es verso. Y su verso y su prosa son como ecos. Él veía detrás de sí al Espíritu creador que a través de él hablaba a la naturaleza. Él se veía como pupila transparente que lo veía todo, lo reflejaba todo, y sólo era pupila. Parece lo que escribe trozos de luz quebrada que daban en él, y bañaban su alma, y la embriagaban de la embriaguez que da la luz, y salían de él. ¿Qué habían de parecerle esas mentecillas vanidosas que andan montadas sobre convenciones, como sobre zancos? ¿Ni esos hombres indignos, que tienen ojos y no quieren ver? ¿Ni esos perezosos u hombres de rebaño, que no usan de sus ojos, y ven por los de otro? ¿Ni esos seres de barro, que andan por la tierra amoldados por sastres, y zapateros, y sombrereros, y esmaltados por joyeros, y dotados de sentidos y de habla, y de no más que esto? ¿Ni esos pomposos fraseadores, que no saben que cada pensamiento es un dolor de la mente, y lumbre que se enciende con olio de la propia vida, y cúspide de monte?

Jamás se vio hombre alguno más libre de la presión de los hombres, y de la de su época. Ni el porvenir le hizo temblar, ni le cegó al pasarlo. La cruz que trajo en sí le sacó en salvo de este viaje por las ruinas, que es la vida. Él no conoció límites ni trabas. Ni fue hombre de su pueblo, porque lo fue del pueblo humano. Vio la tierra, la halló inconforme a sí, sintió el dolor de responder las preguntas que los hombres no hacen, y se plegó en sí. Fue tierno para los hombres, y fiel a sí propio. Le educaron para que enseñara un credo, y entregó a los crédulos su levita de pastor, porque sintió que llevaba sobre los hombros el manto augusto de la naturaleza. No obedeció a ningún sistema, lo que le parecía acto de ciego y de siervo; ni creó ninguno, lo que le parecía acto de mente flaca, baja y envidiosa. Se sumergió en la naturaleza, y surgió de ella radiante. Se sintió hombre, y Dios, por serlo. Dijo lo que vio; y donde no pudo ver, no dijo. Reveló lo que percibió, y veneró lo que no podía percibir. Miró con ojos propios en el Universo, y habló un lenguaje propio. Fue creador, por no querer serlo. Sintió gozos divinos, y vivió en comercios deleitosos, y celestiales. Conoció la dulzura inefable del éxtasis. Ni alquiló su mente, ni su lengua, ni su conciencia. De él, como de un astro, surgía luz. En él fue enteramente digno el ser humano.

Así vivió: viendo lo invisible y revelándolo. Vivía en ciudad sagrada, porque allí, cansados los hombres de ser esclavos, se decidieron a ser libres, y puesta la rodilla en tierra de Concord[26], que fue el pueblo del sabio, dispararon la bala primera, de cuyo hierro se ha hecho este pueblo, a los ingleses de casaca roja. En Concord vivía, que es como Túsculo[27] donde viven pensadores, eremitas y poetas. Era su casa, como él, amplia y solemne, cercada de altos pinos como en símbolo del dueño, y de umbrosos castaños. En el cuarto del sabio, los libros no parecían libros, sino huéspedes: todos llevaban ropas de familia, hojas descoloridas, lomos usados. Él lo leía todo, como águila que salta. Era el techo de la casa alto en el centro, cual morada de aquel que vivía en permanente vuelo a lo alto. Y salían de la empinada techumbre penachos de humo, como ese vapor de ideas que se ve a veces surgir de una gran frente pensativa. Allí leía a Montaigne, que vio por sí, y dijo cosas ciertas; a Swedenborg[28] el místico, que tuvo mente oceánica; a Plotino, que buscó a Dios y estuvo cerca de hallarlo; a los hindús, que asisten trémulos y sumisos a la evaporación de su propia alma, y a Platón, que vio sin miedo, y con fruto no igualado, en la mente divina. O cerraba sus libros, y los ojos del cuerpo, para darse el supremo regalo de ver con el alma. O se paseaba agitado e inquieto, y como quien va movido de voluntad que no es la suya, y llameante, cuando, ganosa de expresión precisa, azotaba sus labios, como presa entre breñas que pugnan por abrirse paso al aire, una idea. O se sentaba fatigado, y sonreía dulcemente, como quien ve cosa solemne, y acaricia agradecido su propio espíritu que la halla. ¡Oh, qué fruición, pensar bien! ¡Y qué gozo, entender los objetos de la vida! –¡gozo de monarca!–. Se sonríe a la aparición de una verdad, como a la de una hermosísima doncella. Y se tiembla, como en un misterioso desposorio. La vida que suele ser terrible, suele ser inefable. Los goces comunes son dotes de bellacos. La vida tiene goces suavísimos, que vienen de amar y de pensar. Pues ¿qué nubes hay más bellas en el cielo que las que se agrupan, ondean y ascienden en el alma de un padre que mira a su hijo? Pues ¿qué ha de envidiar un hombre a la santa mujer, no porque sufre, ni porque alumbre, puesto que un pensamiento, por lo que tortura antes de nacer, y regocija después de haber nacido, es un hijo? La hora del conocimiento de la verdad es embriagadora y augusta. No se siente que se sube, sino que se reposa. Se siente ternura filial y confusión en el padre. Pone el gozo en los ojos brillo extremo; en el alma, calma; en la mente, alas blandas que acarician. ¡Es como sentirse el cráneo poblado de estrellas: bóveda interior, silenciosa y vasta, que ilumina en noche solemne la mente tranquila! Magnífico mundo. Y luego que se viene de él, se aparta con la mano blandamente, como con piedad de lo pequeño, y ruego de que no perturbe el recogimiento sacro, todo lo que ha sido obra de hombres. Uvas secas parecen los libros que poco ha parecían montes. Y los hombres, enfermos a quienes se trae cura. Y parecen los árboles, y las montañas, y el cielo inmenso, y el mar pujante, como nuestros hermanos, o nuestros amigos. Y se siente el hombre un tanto creador de la naturaleza. La lectura estimula, enciende, aviva, y es como soplo de aire fresco sobre la hoguera resguardada, que se lleva las cenizas, y deja al aire el fuego. Se lee lo grande, y si se es capaz de lo grandioso, se queda en mayor capacidad de ser grande. Se despierta el león noble y de su melena, robustamente sacudida, caen pensamientos como copos de oro.

Era veedor sutil, que veía cómo el aire delicado se transformaba en palabras melodiosas y sabias en la garganta de los hombres, y escribía como veedor, y no como meditador. Cuanto escribe, es máxima. Su pluma no es pincel que diluye, sino cincel que esculpe y taja. Deja la frase pura, como deja el buen escultor la línea pura. Una palabra innecesaria le parece una arruga en el contorno. Y al golpe de su cincel, salta la arruga en pedazos, y queda nítida la frase. Aborrecería lo innecesario. Dice, y agota lo que dice. A veces, parece que salta de una cosa a otra, y no se halla a primera vista la relación entre dos ideas inmediatas. Y es que para él es paso natural lo que para otros es salto. Va de cumbre en cumbre, como gigante, y no por las veredas y caminillos por donde andan, cargados de alforjas, los peatones comunes, que como miran desde tan abajo, ven pequeño al gigante alto. No escribe en periódicos, sino en elencos. Sus libros son sumas, no demostraciones. Sus pensamientos parecen aislados, y es que ve mucho de una vez, y quiere de una vez decirlo todo, y lo dice como lo ve, a modo de lo que se lee a la luz de un rayo, o apareciese a una lumbre tan bella, que se sabe que ha de desaparecer. Y deja a los demás que desenvuelvan: él no puede perder tiempo; él anuncia. Su estilo no es lujoso, sino límpido. Lo depuraba, lo acrisolaba, lo aquilataba, lo ponía a hervir. Tomaba de él la médula. No es su estilo montículo verde, lleno de plantas florecidas y fragantes: es monte de basalto. Se hacía servir de la lengua, y no era siervo de ella. El lenguaje es obra del hombre, y el hombre no ha de ser esclavo del lenguaje. Algunos no le entienden bien; y es que no se puede medir un monte a pulgadas. Y le acusan de oscuro; mas ¿cuándo no fueron acusados de tales los grandes de la mente? Menos mortificante es culpar de inentendible lo que se lee, que confesar nuestra incapacidad para entenderlo. Emerson no discute: establece. Lo que le enseña la naturaleza le parece preferible a lo que le enseña el hombre. Para él un árbol sabe más que un libro; y una estrella enseña más que una universidad; y una hacienda es un evangelio; y un niño de la hacienda está más cerca de la verdad universal que un anticuario. Para él no hay cirios como los astros, ni altares como los montes, ni predicadores como las noches palpitantes y profundas. Emociones angélicas le llenan si ve desnudarse de entre sus velos, rubia y alegre, la mañana. Se siente más poderoso que monarca asirio o rey de Persia, cuando asiste a una puesta de sol, o a un alba riente. Para ser bueno no necesita más que ver lo bello. A esas llamas, escribe. Caen sus ideas en la mente como piedrecillas blancas en mar luminoso: ¡qué chispazos! ¡qué relampagueos! ¡qué venas de fuego! Y se siente vértigo, como si se viajara en el lomo de un león volador. Él mismo lo sintió, y salió fuerte de él. Y se aprieta el libro contra el seno, como a un amigo bueno y generoso; o se le acaricia tiernamente, como a la frente limpia de una mujer leal.

Pensó en todo lo hondo. Quiso penetrar el misterio de la vida: quiso descubrir las leyes de la existencia del Universo. Criatura, se sintió fuerte y salió en busca del Creador. Y volvió del viaje contento, y diciendo que lo había hallado. Pasó el resto de su vida en la beatitud que sigue a este coloquio. Tembló como hoja de árbol en esas expansiones de su espíritu, y vertimientos en el espíritu universal; y volvía a sí, fragante y fresco como hoja de árbol. Los hombres le pusieron delante al nacer todas esas trabas que han acumulado los siglos, habitados por hombres presuntuosos, ante la cuna de los hombres nuevos. Los libros están llenos de venenos sutiles, que inflaman la imaginación y enferman el juicio. Él apuró todas esas copas y anduvo por sí mismo, tocado apenas del veneno. Es el tormento humano que para ver bien se necesita ser sabio, y olvidar que se lo es. La posesión de la verdad no es más que la lucha entre las revelaciones impuestas de los hombres. Unos sucumben y son meras voces de otro espíritu. Otros triunfan, y añaden nueva voz a la de la naturaleza. Triunfó Emerson: he aquí su filosofía. *Naturaleza* se llama su mejor libro: en él se abandona a esos deleites exquisitos, narra esos paseos maravillosos, se revuelve con magnífico brío contra los que piden ojos para ver, y olvidan sus ojos; y ve al hombre señor, y al Universo blando y sumiso, y a todo lo vivo surgiendo de un seno y yendo al seno, y sobre todo lo que vive, al Espíritu que vivirá, y al hombre en sus brazos. Da cuenta de sí, y de lo que ha visto. De lo que no sintió, no da cuenta. Prefiere que le tengan por inconsistente que por imaginador. Donde ya no ven sus ojos, anuncia que no ve. No niega que otros vean; pero mantiene lo que ha visto. Si en lo que vio hay cosas opuestas, otro comente, y halle la distinción: él narra. Él no ve más que analogías: él no halla contradicciones en la naturaleza: él ve que todo en ella es símbolo del hombre, y todo lo que hay en el hombre lo hay en ella. Él ve que la naturaleza influye en el hombre, y que éste hace a la naturaleza alegre, o triste, o elocuente, o muda, o ausente, o presente, a su capricho. Ve la idea humana señora de la materia universal. Ve que la hermosura física vigoriza y dispone el espíritu del hombre a la hermosura moral. Ve que el espíritu desolado juzga el Universo desolado. Ve que el espectáculo de la naturaleza inspira fe, amor y respeto. Siente que el Universo que se niega a responder al hombre en fórmulas, le responde inspirándole sentimientos que calman sus ansias, y le permiten vivir fuerte, orgulloso y alegre. Y mantiene que todo se parece a todo, que todo tiene el mismo objeto, que todo da en el hombre, que lo embellece con su mente todo, que a través de cada criatura pasan todas las corrientes de la naturaleza, que cada hombre tiene en sí al Creador, y cada cosa creada tiene algo del Creador en sí, y todo irá a dar al cabo en el seno del Espíritu creador, que hay una unidad central en los hechos, en los pensamientos, y en las acciones; que el alma humana, al viajar por toda la naturaleza, se halla a sí misma en toda ella; que la hermosura del Universo fue creada para inspirarse el deseo y consolarse los dolores de la virtud, y estimular al hombre a buscarse y hallarse; que "dentro del hombre está el alma del conjunto, la del sabio silencio, la hermosura universal a la que toda parte y partícula está igualmente relacionada: el Uno Eterno". La vida no le inquieta: está contento, puesto que obra bien: lo que importa es ser virtuoso: "la virtud es la llave de oro que abre las puertas de la Eternidad": la vida no es sólo el comercio ni el gobierno, sino es más, el comercio con las fuerzas de la naturaleza y el gobierno de sí: de aquéllas viene éste: el orden universal inspira el orden individual: la alegría es cierta, y es la impresión suma; luego, sea cualquiera la verdad sobre todas las cosas misteriosas, es racional que ha de hacerse lo que produce alegría real, superior a toda otra clase de alegría, que es la virtud: la vida no es más que "una estación en la naturaleza". Y así corren los ojos del que lee por entre esas páginas radiantes y serenas, que parecen escritas, por sobre humano favor, en cima de montaña, a luz no humana: así se fijan los ojos, encendidos en deseos de ver esas seductoras maravillas, y pasear por el palacio de todas esas verdades, por entre esas páginas que encadenan y relucen, y que parecen espejos de acero que reflejan, a ojos airados de tanta luz, imágenes gloriosas. ¡Ah, leer cuando se está sintiendo el golpeo de la llama en el cerebro, es como clavar un águila viva! ¡Si la mano fuera rayo, y pudiera aniquilar el cráneo sin cometer crimen!

¿Y la muerte? No aflige la muerte a Emerson: la muerte no aflige ni asusta a quien ha vivido noblemente: sólo la teme el que tiene motivos de temor: será inmortal el que merezca serlo: morir es volver lo finito a lo infinito: rebelarse no le parece bien: la vida es un hecho, que tiene razón de ser, puesto que es: sólo es un juguete para los imbéciles, pero es un templo para los verdaderos hombres: mejor que rebelarse es vivir adelantando por el ejercicio del espíritu sentidor y pensador.

¿Y las ciencias? Las ciencias confirman lo que el espíritu posee: la analogía de todas las fuerzas de la naturaleza; la semejanza de todos los seres vivos; la igualdad de la composición de todos los elementos del Universo; la soberanía del hombre, de quien se conocen inferiores, mas a quien no se conocen superiores. El espíritu presente; las creencias, ratifican. El espíritu, sumergido en lo abstracto, ve el conjunto; la ciencia, insecteando por lo concreto, no ve más que el detalle. Que el Universo haya sido formado por procedimientos lentos, metódicos y análogos, ni anuncia el fin de la naturaleza, ni contradice la existencia de los hechos espirituales. Cuando el ciclo de las ciencias esté completo, y sepan cuanto hay que saber, no sabrán más que lo que sabe hoy el espíritu, y sabrán lo que él sabe. Es verdad que la mano del saurio se parece a la mano del hombre, pero también es verdad que el espíritu del hombre llega joven a la tumba a que el cuerpo llega viejo, y que siente en su inmersión en el espíritu universal tan penetrantes y arrebatadores placeres, y tras ellos una energía tan fresca y potente, y una serenidad tan majestuosa, y una necesidad tan viva de amar y perdonar, que esto, que es verdad para quien lo es, aunque no lo sea para quien no llega a esto, es ley de vida tan cierta como la semejanza entre la mano del saurio y la del hombre.

¿Y el objeto de la vida? El objeto de la vida es la satisfacción del anhelo de perfecta hermosura; porque como la virtud hace hermosos los lugares en que obra, así los lugares hermosos obran sobre la virtud. Hay carácter moral en todos los elementos de la naturaleza: puesto que todos avivan este carácter en el hombre, puesto que todos lo producen, todos lo tienen. Así, son una la verdad, que es la hermosura en el juicio; la bondad, que es la hermosura en los afectos; y la mera belleza, que es la hermosura en el arte. El arte no es más que la naturaleza creada por el hombre. De esta intermezcla no se sale jamás. La naturaleza se postra ante el hombre y le da sus diferencias, para que perfeccione su juicio; sus maravillas, para que avive su voluntad a imitarlas; sus exigencias, para que eduque su espíritu en el trabajo, en las contrariedades, y en la virtud que las vence. La naturaleza da al hombre sus objetos, que se reflejan en su mente, la cual gobierna su habla, en la que cada objeto va a transformarse en un sonido. Los astros son mensajeros de hermosuras, y lo sublime perpetuo. El bosque vuelve al hombre a la razón y a la fe, y es la juventud perpetua. El bosque alegra, como una buena acción. La naturaleza inspira, cura, consuela, fortalece y prepara para la virtud al hombre. Y el hombre no se halla completo, ni se revela a sí mismo, ni ve lo invisible, sino en su íntima relación con la naturaleza. El Universo va en múltiples formas a dar en el hombre, como los radios al centro del círculo, y el hombre va con los múltiples actos de su voluntad, a obrar sobre el Universo, como radios que parten del centro. El Universo, con ser múltiple, es uno: la música puede imitar el movimiento y los colores de la serpiente. La locomotora es el elefante de la creación del hombre, potente y colosal como los elefantes.

Sólo el grado de calor hace diversas el agua que corre por el cauce del río y las piedras que el río baña. Y en todo ese Universo múltiple, todo acontece, a modo de símbolo del ser humano, como acontece en el hombre. Va el humo al aire como a la Infinidad el pensamiento. Se mueven y encrespan las aguas de los mares como los afectos en el alma. La sensitiva es débil, como la mujer sensible. Cada cualidad del hombre está representada en un animal de la naturaleza. Los árboles nos hablan una lengua que entendemos. Algo deja la noche en el oído, puesto que el corazón que fue a ella atormentado por la duda, amanece henchido de paz. La aparición de la verdad ilumina súbitamente el alma, como el sol ilumina la naturaleza. La mañana hace piar a las aves y hablar a los hombres. El crepúsculo nocturno recoge las alas de las aves y las palabras de los hombres. La virtud, a la que todo conspira en la naturaleza, deja al hombre en paz, como si hubiese acabado su tarea, o como curva que reentra en sí, y ya no tiene más que andar y remata el círculo. El Universo es siervo y rey el ser humano. El Universo ha sido creado para la enseñanza, alimento, placer y educación del hombre. El Hombre, frente a la naturaleza que cambia y pasa, siente en sí algo estable. Se siente a la par eternamente joven e inmemorablemente viejo. Conoce que sabe lo que sabe bien que no aprendió aquí: lo cual le revela vida anterior, en que adquirió esa ciencia que a ésta trajo. Y vuelve los ojos a un Padre que no ve, pero de cuya presencia está seguro, y cuyo beso, que llena los ámbitos, y le viene en los aires nocturnos cargados de aromas, deja en su frente lumbre tal que ve a su blanca palidez confusamente revelados el universo interior, donde está en breve todo el exterior, y el exterior, donde está el interior magnificado, y el temido y hermoso universo de la muerte. ¿Pero está Dios fuera de la tierra? ¿Es Dios la misma tierra? ¿Está sobre la Naturaleza? ¿La naturaleza es creadora, y el inmenso ser espiritual a cuyo seno el alma humana aspira, no existe? ¿Nació de sí mismo el mundo en que vivimos? ¿Y se moverá como se mueve hoy perpetuamente, o se evaporará, y mecidos por sus vapores, iremos a confundirnos, en compenetración augusta y deleitosa, como un ser de quien la naturaleza es mera aparición? Y así revuelve este hombre gigantesco la poderosa mente, y busca con los ojos abiertos en la sombra el cerebro divino, y lo halla próvido, invisible, uniforme y palpitante en la luz, en la tierra, en las aguas y en sí mismo, y siente que sabe lo que no puede decir, y que el hombre pasará eternamente la vida tocando con sus manos, sin llegar a palparlos jamás, los bordes de las alas del águila de oro, en que al fin ha de sentarse. Este hombre se ha erguido frente al Universo, y no se ha desvanecido. Ha osado analizar la síntesis, y no se ha extraviado.

Ha tendido los brazos, y ha abarcado con ellos el secreto de la vida. De su cuerpo, costilla ligera de su alado espíritu, ascendió entre labores dolorosas y mortales ansias, a esas cúspides puras, desde donde se dibujan, como en premio al afán del viajador, las túnicas bordadas de luz estelar de los seres infinitos. Ha sentido ese desborde misterioso del alma en el cuerpo, que es ventura solemne, y llena los labios de besos, y las manos de caricias, y los ojos de llanto, y se parece al súbito hinchamiento y rebose de la naturaleza en primavera. Y sintió luego esa calma que viene de la plática con lo divino. Y esa magnífica arrogancia de monarca que la conciencia de su poder da al hombre. Pues ¿qué hombre dueño de sí no ríe de un rey?

A veces deslumbrado por esos libros resplandecientes de los hindús, para los que la criatura humana, luego de purificada por la virtud, vuela, como mariposa de fuego, de su escoria terrenal al seno de Brahma[29], siéntase a hacer lo que censura, y a ver la naturaleza a través de ojos ajenos, porque ha hallado esos ojos conformes a los propios, y ve oscuramente y desluce sus propias visiones. Y es que aquella filosofía india embriaga, como un bosque de azahares, y acontece con ella como con ver volar aves, que enciende ansias de volar. Se siente el hombre, cuando penetra en ella, dulcemente aniquilado, y como mecido, camino de lo alto, en llamas azules. Y se pregunta entonces si no es fantasmagoría la naturaleza, y el hombre fantaseador, y todo el Universo una idea, y Dios la idea pura, y el ser humano la idea aspiradora, que irá a pasar al cabo, como perla en su concha, y flecha en tronco de árbol, en el seno de Dios. Y empieza a andamiar, y a edificar el Universo. Pero al punto echa abajo los andamios avergonzado de la ruindad de su edificio, y de la pobreza de la mente, que parece, cuando se da a construir mundos, hormiga que arrastra a su espalda una cadena de montañas.

Y vuelve a sentir correr por sus venas aquellos efluvios místicos y vagos; a ver cómo se apaciguan las tormentas de su alma en el silencio amigo, poblado de promesas, de los bosques; a observar que donde la mente encalla, como buque que da en roca seca, el presentimiento surge, como ave presa, segura del cielo, que se escapa de la mente rota; a traducir en el lenguaje encrespado y brutal y rebelde como piedra, los lúcidos trasportes, los púdicos deliquios, los deleites balsámicos, los goces enajenadores del espíritu trémulo a quien la cautiva naturaleza, sorprendida ante el amante osado, admite a su consorcio. Y anuncia a cada hombre que, puesto que el Universo se le revela entero y directamente, con él le es revelado el derecho de ver en él por sí, y saciar con los propios labios la ardiente sed que inspira. Y como en esos coloquios aprendió que el puro pensamiento y el puro afecto producen goces tan vivos que el alma siente en ellos una dulce muerte, seguida de una radiosa resurrección, anuncia a los hombres que sólo se es venturoso siendo puro.

Luego que supo esto, y estuvo cierto de que los astros son la corona del hombre, y que cuando su cráneo se enfriase, su espíritu sereno hendiría el aire, envuelto en luz, puso su mano amorosa sobre los hombres atormentados, y sus ojos vivaces y penetrantes en los combates rudos de la tierra. Sus miradas limpiaban de escombros. Toma puesto familiarmente a la mesa de los héroes. Narra con lengua homérica los lances de los pueblos. Tiene la ingenuidad de los gigantes. Se deja guiar de su intuición, que le abre el seno de las tumbas, como el de las nubes. Como se sentó, y volvió fuerte, en el senado de los astros, se sienta, como en casa de hermanos, en el senado de los pueblos. Cuenta de historia vieja y de historia nueva. Analiza naciones, como un geólogo fósiles. Y parecen sus frases vértebras de mastodonte, estatuas doradas, pórticos griegos. De otros hombres puede decirse: "Es un hermano"; de éste ha de decirse: "Es un padre". Escribió un libro maravilloso, suma humana, en que consagra, y estudia en sus tipos, a los hombres magnos. Vio a la vieja Inglaterra de donde le vinieron sus padres puritanos, y de su visita hizo otro libro, fortísimo libro, que llamó "Rasgos ingleses". Agrupó en haces los hechos de la vida, y los estudió en mágicos "Ensayos", y les dio leyes. Como en un eje, giran en esta verdad todas sus leyes para la vida: "toda la naturaleza tiembla ante la conciencia de un niño". El culto, el destino, el poder, la riqueza, las ilusiones, la grandeza, fueron por él, como por mano de químico, descompuestos y analizados. Deja en pie lo bello. Echa a tierra lo falso. No respeta prácticas. Lo vil, aunque esté consagrado, es vil. El hombre debe empezar a ser angélico. Ley es la ternura; ley, la resignación; ley, la prudencia. Esos ensayos son códigos. Abruman de exceso de savia. Tienen la grandiosa monotonía de una cordillera de montañas. Los realza una fantasía infatigable y un buen sentido singular. Para él no hay contradicción entre lo grande y lo pequeño, ni entre lo ideal y lo práctico, y las leyes que darán el triunfo definitivo, y el derecho de coronarse de astros, dan la felicidad en la tierra. Las contradicciones no están en la naturaleza, sino en que los hombres no saben descubrir sus analogías. No desdeña la ciencia por falsa, sino por lenta. Ábrense sus libros, y rebosan verdades científicas. Tyndall[30] dice que debe a él toda su ciencia. Toda la doctrina transformista está comprendida en un haz de frases de Emerson. Pero no cree que el entendimiento baste a penetrar el misterio de la vida, y dar paz al hombre y ponerle en posesión de sus medios de crecimiento. Cree que la intuición termina lo que el entendimiento empieza. Cree que el espíritu eterno adivina lo que la ciencia humana rastrea. Esta, husmea como un can; aquél, salva el abismo, en que el naturalista anda entretenido, como enérgico cóndor. Emerson observaba siempre, acotaba cuanto veía, agrupaba en sus libros de notas los hechos semejantes, y hablaba, cuando tenía que revelar. Tiene de Calderón, de Platón y de Píndaro. Tiene de Franklin. No fue cual bambú hojoso, cuyo ramaje corpulento, mal sustentado por el tallo hueco, viene a tierra; sino como baobab, o sabino, o samán grande[31], cuya copa robusta se yergue en tronco fuerte. Como desdeñoso de andar por la tierra, y malquerido por los hombres juiciosos, andaba por la tierra el idealismo. Emerson lo ha hecho humano: no aguardaba a la ciencia, porque el ave no necesita de zancos para subir a las alturas, ni el águila de rieles. La deja atrás, como caudillo impaciente, que monta caballo volante, a soldado despacioso, cargado de pesada herrajería. El idealismo no es, en él, deseo vago de muerte, sino convicción de vida posterior que ha de merecerse con la práctica serena de la virtud en esta vida. Y la vida es tan hermosa y tan ideal como la muerte. ¿Se quiere verle concebir? Así concibe: quiere decir que el hombre no consagra todas sus potencias, sino la de entender, que no es la más rica de ellas, al estudio de la naturaleza, por lo cual no penetra bien en ella, y dice: "es que el eje de la visión del hombre no coincide con el eje de la naturaleza". Y quiere explicar cómo todas las verdades morales y físicas se contienen unas y otras, y están en cada una todas las demás, y dice: "son como los círculos de una circunferencia, que se comprenden todos los unos a los otros, y entran y salen libremente sin que ninguno esté por encima de otro". ¿Se quiere oír cómo habla? Así habla: "Para un hombre que sufre, el calor de su propia chimenea tiene tristeza". "No estamos hechos como buques, para ser sacudidos, sino como edificios, para estar en firme." "Cortad estas palabras, y sangrarán." "Ser grande es no ser entendido." "Leónidas[32] consumió un día en morir." "Estériles, como un solo sexo, son los hechos de la historia natural, tomados por sí mismos." "Ese hombre anda pisoteando en el fango de la dialéctica."

Y su poesía está hecha como aquellos palacios de Florencia, de colosales pedruscos irregulares. Bate y olea, como agua de mares. Y otras veces parece en mano de un niño desnudo, cestillo de flores. Es poesía de patriarcas, de hombres primitivos, de cíclopes. Robledales en flor semejan algunos poemas suyos. Suyos son los únicos versos poémicos que consagran la lucha magna de esta tierra. Y otros poemas son como arroyuelos de piedras preciosas, o jirones de nube, o trozo de rayo. ¿No se sabe aún qué son sus versos? Son unas veces como anciano barbado, de barba serpentina, cabellera tortuosa y mirada llameante, que canta, apoyado en un vástago de encina, desde una cueva de piedra blanca, y otras veces, como ángel gigantesco de alas de oro, que se despeña desde alto monte verde en el abismo. ¡Anciano maravilloso, a tus pies dejo todo mi haz de palmas frescas, y mi espada de plata!

EL MOVIMIENTO SOCIAL
Y LA LIBERTAD POLÍTICA[33]

Se pudren las ciudades; se agrupan sus habitantes en castas endurecidas; se oponen con la continuación del tiempo masas de intereses al desenvolvimiento tranquilo y luminoso del hombre; en la morada misma de la libertad se amontonan de un lado los palacios de balcones de oro, con sus aéreas mujeres y sus caballeros mofletudos y ahítos, y ruedan de otro en el albañal, como las sanguijuelas en su greda pegajosa, los hijos enclenques y deformes de los trabajadores, en quienes por la prisa y el enojo de la hora violenta de la concepción, aparece sin dignidad ni hermosura la naturaleza. Esta contradicción inicua engendra odios que ondean bajo nuestras plantas como la fuerza misteriosa de los terremotos, vientos que caen sobre las ciudades como una colosal ave famélica, ímpetus que arrancan a las naciones de su quicio y las vuelven del revés, para que el aire oree sus raíces. Y cuando ya parece que son leyes fatales de la especie humana la desigualdad y servidumbre; cuando se ve gangrenado por su obra misma el pueblo donde se ha permitido con menos trabas su ejercicio al hombre; cuando se ve producir a la libertad política la misma descomposición, ira y abusos que crea la tiranía más irrespetuosa; cuando se llega a ver vendido por un ciudadano de la República a cambio de un barril de harina o de un par de zapatos el voto con que ha de contribuir a gobernar su pueblo y mejorar su propia condición; cuando parece que va a venirse a tierra al peso de sus vicios, con un escándalo que resonaría por los siglos como resuena el eco por los agujeros de las cavernas, la fábrica más limpia y ostentosa que ha levantado el hombre a sus derechos, ¡he aquí que surge, por la virtud de permanencia y triunfo del espíritu humano, y por la magia de la razón, una fuerza reconstructora, un ejército de creadores, que avientan a los cuatro rumbos los hombres, los métodos y las ideas podridas, y con la luz de la piedad en el corazón y el empuje de la fe en las manos, sacuden las paredes viejas, limpian de escombros el suelo eternamente bello, y levantan en los umbrales de la edad futura las tiendas de la justicia!

¡Oh, el hombre es bueno, el hombre es bello, el hombre es eterno! Está en el corazón de la naturaleza, como está la fuerza en el seno de la luz. No hay podredumbre que le llegue a la médula. Cuando todo él parece comido de gusanos, entonces brilla de súbito con mayor fulgor, tal cual la carne corrompida brilla, como para enseñar la perpetuidad de la existencia, y la inefable verdad de que las descomposiciones no son más que los obrajes de la luz.

* * *

Sí: de esta tierra misma donde el exceso de cuidado propio sofoca en los hombres el cuidado público, donde el combate febril por la subsistencia y la fortuna exige como contrapeso y estímulo el placer acre, violento y ostentoso; donde se evaporan abandonadas las vidas de ternura, idea o desinterés que no han logrado la sanción vulgar y casi siempre culpable de la riqueza; de esta tierra misma, que cría con el grandor de sus medios y la soledad espiritual de sus habitantes un egoísmo brutal y frenético, se está levantando con una fuerza y armonía de himno uno de los movimientos más sanos y vivos en que ha empeñado jamás su energía el hombre.

Es hora de estudiarlo, hoy que se manifiesta en New York con inesperado brío, sustentando un candidato ingenuo al puesto de Corregidor[34] de la ciudad, de donde en manos de los políticos toda virtud parece haber huido. Vuelve a verse, para pasmo de intrigantes y soberbios, que en los grandes instantes de revolución y crisis, basta la voluntad de la virtud, tan tarda siempre en erguirse como segura para acorralar a los que se disfrazan de ella. Un niño humilde, un aprendiz de imprenta, un grumete, un periodista, un mero autor de libros, ha estremecido con un volumen claro y sincero a toda la nación: y cuando los que se ven representados en él lo alzan por sobre su cabeza para que los conduzca en sus batallas, tiemblan a la simple presencia de este hombre sencillo los pecados públicos, el cohecho político, el falso sufragio, el tráfico en los empleos, el comercio en los votos, la complicidad de las castas favorecidas, la caridad interesada, la elocuencia alquilona, como viejos viciosos sorprendidos en su sueño por la luz del alba a los postres de una orgía. Se les ve por las calles despavoridos, cubriéndose las cabezas con los mantos, para que no se les descubra lo vil del rostro. Los formidables intereses ligados en paz criminal con los políticos de oficio, que prosperan con la venta y manejo del voto público, ven con estupor la aparición de un hombre honrado que les disputa el primer puesto de la ciudad, para inaugurar desde él las batallas ordenadas de votos y leyes que han de asentar la Constitución social de la República sobre nuevos cimientos de justicia.

* * *

Para ojos menores, esto que en New York sucede no es más que la candidatura de Henry George[35], autor de *El progreso y la pobreza*, al corregimiento de la ciudad; pero para quien tiene por oficio ver, y por hábito ir a buscar las raíces de las cosas, este es el nacimiento, con tamaños bíblicos, de una nueva era humana. Grandes son nuestros tiempos: es grande el gozo de vivir en ellos: y como se ha extinguido justamente la fe en las religiones incompletas que en su infancia deslumbraron el juicio y lo satisficieron; como el hombre, necesitado por su naturaleza de creer, padece de esa soledad mortal en que ningún cuerpo de creencias admisible a la razón ha venido a sustituir los mitos bellos que se la tenían oscurecida, es bueno, con las dos manos llenas de flores, señalar como una causa de fe perpetua ese poder de la naturaleza humana para vibrar como una novia a los besos viriles del pensamiento, y surgir con nueva virtud de su propia degradación y podredumbre.

* * *

¿Cómo se ha de decir bien en una mera carta de periódicos, escrita ahogadamente sobre la barandilla del vapor, toda la significación de un movimiento que trata de cambiar pacíficamente las condiciones desiguales en que viven los hombres, para evitar con un sistema equitativo de distribución de los productos del trabajo la tremenda arremetida de los menesterosos por la igualdad social, que dejaría atrás, y que dejará donde no se la evite, la que cerró e iluminó el siglo pasado en busca de la libertad política?

La historia que vamos viviendo es más difícil de asir y contar que la que se espuma en los libros de las edades pasadas: esta se deja coronar de rosas, como un buey manso: la otra, resbaladiza y de numerosas cabezas como el pulpo, sofoca a los que la quieren reducir a forma viva. Vale más un detalle finamente apercibido de lo que pasa ahora, vale más la pulsación sorprendida a tiempo de una fibra humana, que esos rehervimientos de hechos y generalizaciones pirotécnicas tan usadas en la prosa brillante y la oratoria. Complace más entender en sus actos al hombre vivo y acompañarlo en ellos, que redorar con mano afeminada sus hechos pasados. Pero cuando se vive en una ciudad enorme adonde el Universo entero envía sin tregua sus más alborotadas corrientes; cuando se ve adelantar a la vez contra los mismos abusos sociales las lenguas encendidas de todas las naciones, y los pechos velludos, y los brazos alzados, y no se da por la ciudad un paso sin que salten a los ojos como voces que clamen, la opulencia indiscreta de los unos, y de los otros la miseria desgarradora; cuando no es posible desviarse de las calles cuidadas de los acomodados y los ricos sin que el calor de la batalla suba al rostro, y una ola empuje el pecho, y se enrosque en la mente una sierpe encendida, al ver degradarse en el vicio forzoso, en las cargas inicuas, en un trabajo sin paga ni descanso, en una vida que no da tiempo al amor ni a la luz, el espíritu de la especie y la nobleza del cuerpo que lo encarna; y cuando aumentan día a día el refinamiento y provechos de los indolentes, la desesperación, la desocupación, la insuficiencia de salarios, el frío cruel, el hambre espantable de los que trabajan; cuando no hay sol sin boda de oro en catedral de mármol ni suicidio de un padre o una madre que por librarse de la miseria se dan muerte con todos sus hijos; cuando se habla mano a mano en las plazas con el desocupado hambriento, en los ómnibus con el cochero menesteroso, en los talleres finos con el obrero joven, en sus mesas fétidas con los cigarreros bohemios y polacos; cuando no se tiene el alma vendida a la ambición y el bienestar, ni se sufre del miedo infame a la desdicha, entonces vuelven a entreverse con realidad terrible las escenas de horror fecundo de la Revolución Francesa, y se aprende que en New York, en Chicago, en San Luis, en Milwaukee, en San Francisco, fermenta hoy la sombría levadura que sazonó con sangre el pan de Francia.

La libertad política no ha podido servir de consuelo a los que no ven beneficio alguno inmediato en ejercerla, ni conservan siempre su independencia de los empleadores que exigen el voto de los obreros en atención al salario que les pagan, ni tienen en su existencia acerba tiempo para entender, ni ocasión o voluntad de gozar, el placer viril que produce la participación en los negocios de la patria.

Pudiera haber influido suave e indirectamente la libertad política en las masas demasiado afligidas o ignorantes para ejercitarla, si el goce de ella hubiese creado en los Estados Unidos condiciones generales de seguridad y bienestar ignorados en los países donde impera una libertad incompleta o un gobierno tiránico. Pero la libertad política, considerada erróneamente, aún en nuestros días, como remate de las aspiraciones de los pueblos y condición única para su felicidad, no es más que el medio indispensable para procurar sin convulsiones el bienestar social: y siendo tal que sin ella no es apreciable la vida, para asegurar la dicha pública no basta.

La libertad política, que cría sin duda y asegura la dignidad del hombre, no trajo a su establecimiento, ni crió aquí en su desarrollo, un sistema económico que garantizase a lo menos una forma de distribución equitativa de la riqueza; en que sin llegar a nivelaciones ilusorias e injustas, pudiese el trabajador vivir con decoro y sosiego, educar en honor a su familia, y ahorrar para su ancianidad como el legítimo interés de labor de toda su existencia, una suma bastante para librarlo del hambre, o de ese triste trabajo de los viejos que de veras es una ignominia para cuantos no hemos imaginado aún el modo de evitarlo: ¡los viejos son sagrados! Cambiaron en detalles de importancia las leyes civiles con el advenimiento de las libertades públicas, pero no se alteraron las relaciones entre los medios y objetos de posesión y los que habían de disfrutarla. Luego, hubo que tomar la selva del Oeste, que fecundar los desiertos del Centro, que desnudar de árboles los montes para tender sobre ellos los ferrocarriles, que emplear para el sometimiento del país medios que por la importancia del objeto y el costo de lograrlo excluían la pequeña propiedad personal y requerían la acumulación de los recursos y la propiedad de muchos: todo tuvo que ser gigantesco, en acuerdo con los fines pasmosos de esta nueva epopeya, escrita por las locomotoras triunfantes en las entrañas de los cerros, sobre criptas, abismos, llanos y abras, escrita con las balas de los rifles sobre el testuz de los búfalos y el pecho de los indios.

La tierra, madre de todo bien y universal sustento, fue repartiéndose en forma y cantidades proporcionadas a los desembolsos y esfuerzos empleados en vencerla. Y a la raíz misma de aquella batalla de las familias con el suelo que se retorcía bajo sus pies en el estío, que en invierno quedaba sepulto bajo silbantes y tormentosas nevadas, comenzó la desigual competencia de la propiedad personal del colono con la propiedad combinada. La tierra pública fue distribuida, con razón o pretexto de empresas de utilidad general, a compañías privadas. Si la seca, los hielos o la competencia arruinaban al colono, lo arruinaban por entero, en tanto que en las compañías sólo comprometían los asociados el capital sobrante o parte de su capital. Así, con otras causas menores, fue en los campos quedando la propiedad en mano de asociaciones omnipotentes y el colono glorioso reduciéndose a agonizante arrendatario.

En las ciudades también caía el peso de la grandeza pública sobre los humildes, porque fuera de aquellos raros casos en que el genio individual se sobrepone a los obstáculos que impiden su desarrollo, exigía el consumo extraordinario de la nación empresas que lo abasteciesen, y no podía levantar frente a ellas las suyas infelices el obrero recién venido y solo que, a más de ganar en apariencia un salario mayor que el de su país nativo, entraba con tan júbilo en el ejercicio de su ser de hombre, que no hubo en mucho tiempo espacio en su mente más que para la satisfacción y la alabanza.

* * *

A esta embriagadora golosina de la libertad política acudieron, más que a las minas de California y a las próvidas tierras del Oeste, los hombres de todas partes del mundo, y no los menos estimables e impetuosos, sino aquellos que, aunque criados en aldeas oscuras en la humildad y en el miedo de lo desconocido, tienen en sí brío suficiente para abandonar el terruño que es toda su existencia, y desafiar el mar y el extranjero, más feroz y temible que el mar.

Pero con ser tantos los que llegaban de todas las aspas de la rosa de los vientos, los noruegos pelirrojos y espalduados, los alemanes tenaces y tundentes, los italianos brillantes y mansos, los irlandeses caninos, todavía sobraba espacio para contenerlos en las ciudades en que vaciaba sus ubres la tierra recién cubierta, en las fábricas que no producían aún todo lo que la población necesitaba, en las abras y montes argentíferos, y en los llanos que no se cansaban de dar trigo y maíz. Y afanados los hombres en asegurar su prosperidad, fueron abandonando

poco a poco la dirección de su libertad política a los que hala-
gaban sus pasiones, o se hacían voceros y patronos de sus intereses, hasta que con el hábito de venderlo todo, y de no dar valor sino a lo que tiene precio, llegó a ser costumbre en los
Estados enteros, aun entre la gente acomodada, vender al mejor
postor el voto a que no veían un provecho palpable e inmediato. Los que no lo vendían, sin tiempo ni afición para educarse
en los asuntos públicos, lo cedían a los más hábiles o locuaces.

* * *

Mientras el espacio excedió en las ciudades y en los campos a la
muchedumbre que se aglomeraba en ellos, no hubo ocasión de
notar la desproporción inconsiderada con que se había distribuido el territorio nacional, ni las condiciones falsas en que se
estaban creando las industrias. Pero cuando las fábricas llegaron a producir más de lo que el país necesitaba; cuando la tierra que pedía el colono para trabajar en ella pertenecía de antemano a empresas que no la trabajaban; cuando el valor enorme
dado al terreno de las ciudades por la obra común de los habitantes reunidos en ellas se volvía en daño de los mismos que lo
producían, obligándoles a pagar por estrechas e inmundas ha-
bitaciones sofocantes rentas; cuando ni en la tierra ni en las industrias, poseídas por corporaciones privilegiadas o por herede-
ros dichosos, podían abrirse camino los trabajadores compelidos
a recibir como un favor el derecho de trabajar en condiciones
impías a cambio de un salario insuficiente para su alimento y
abrigo; cuando en los mismos campos vírgenes, sólo el genio
y el crimen podían abrirse paso, a tal punto que se volvían con-
tritos a las repúblicas del Plata los emigrantes que retornaron
de ellas para aumentar en su patria la fortuna adquirida en la
ajena; cuando se palpó que los inventos más útiles, puestos en
ejercicio con abundancia ilimitada en el país más libre de la tierra,
reproducen en pocos años la misma penuria, la misma desigualdad, las mismas acumulaciones de riqueza y de odio, los
mismos sobresaltos y riesgos que en los pueblos de gobierno

despótico o libertad inquieta se han acumulado con el concurso de los siglos; cuando se observó definitivamente que la maravilla de la mecánica, la exuberancia del suelo, la masa de población, la enseñanza pública, la tolerancia religiosa y la libertad política, combinadas en el sistema más amplio y viril imaginado por los hombres, crean un nuevo feudalismo en la tierra y en la industria, con todos los elementos de una guerra social, entonces se vio que la libertad política no basta a hacer a los hombres felices, y que hay un vicio de esencia en el sistema que con los elementos más favorables de libertad, población, tierra y trabajo, trae a los que viven en él a un estado de odio y desconfianza constante y creciente, y a la vez que permite la acumulación ilimitada en unas cuantas manos de la riqueza de carácter público, priva a la mayoría trabajadora de las condiciones de salud, fortuna y sosiego indispensables para sobrellevar la vida.

Ese es en los Estados Unidos el mal nacional. En otras tierras de menor pujanza, de más tradiciones, de más espíritu de familia, de más apego al suelo, las verdades balbucean largo tiempo antes de convertirse en fórmulas y en actos, cuando la pelea por ellas ha de acarrear trastornos públicos, de adelantarse contra hermanos, de lastimar costumbres venerandas: porque el hombre se ama tanto, que convierte en objeto de adoración y orgullo las faltas mismas del suelo en que ha nacido. Pero en los Estados Unidos, abandonado cada cual a sus esfuerzos propios, batallando los hombres en su mayoría en una tierra que no es suya o sólo lo es desde una generación, habituados a poner en práctica, por lo fácil de los medios y lo apremiante de las necesidades, las soluciones que les parecen urgentes y útiles, las ideas arrollan a poco de nacer, arrollan sin que las enfrene la tradición, que no existe en este pueblo de recién llegados, ni las suavice la bondad, apagada en el combate angustioso por la vida. Por fortuna, la lentitud forzosa en las determinaciones de las grandes masas de población, esparcida en territorios extensos, reemplaza aquí la paciencia, indispensable para preparar los cambios públicos con probabilidades de victoria.

* * *

Pero este conflicto social, que con sólo enseñarse en su primer estado de organización ha purificado las relaciones políticas y empequeñecido las cuestiones transitorias que venían pareciendo principales, no es como aquellas ideas redentoras que bajan sobre los pueblos lentamente desde un senado de almas escogidas; no es despacioso, como todos los movimientos expansivos imaginados por los espíritus de caridad para el bien común, sino batallador y violento, como todos los movimientos egoístas, producidos por la masa ofendida en beneficio propio. Como este conflicto viene de un estado común a las regiones más apartadas de la República; como este pueblo es en su mayoría de hombres de trabajo, que ya se cansan de luchar en desorden por mejoras locales, en que los vencen casi siempre las empresas poderosas, por la privación, la fuerza o la astucia; como a esas causas generales se une la especial y grave de que los errores del sistema prohibitivo obligan a los empresarios a rebajar el salario de los obreros o el número de ellos en sus fábricas; como su mal es presente y agudo, es la renta del mes, es la ropa empeñada, es el pan que no alcanza; como ha entrado en su mente, devastándola por su misma fuerza de luz, la idea impaciente de que existe un medio de vivir sin tanta zozobra e ignominia; como con hilos de fuego están atando los reformadores de un cabo a otro de la República las almas que estallan, parece ¡infelices! que la paloma anunciadora ha bajado de veras del cielo y que a todos les ha deslizado en el oído el mensaje que hace ponerse en pie, iluminarse el rostro y vestirse de fiesta, para recibir dignamente la bienaventuranza.

Los que no han respirado desde su niñez el aire sano de los pueblos libres; los que vienen febricitantes y torvos de los pueblos donde se persigue como un crimen la fatiga natural del hombre por asegurar su dignidad y bienestar; los que traen viciado el juicio con las ideas violentas que cría en los espíritus humillados y enérgicos la presión insensata del pensamiento y del derecho incontrastable a investigar las causas de la desdicha y buscar su mejora; los obreros que vienen de Europa sin la práctica de los hábitos de la República, con desconfianza en la utilidad y justicia de las leyes, con el conocimiento indigesto de teorías sociales en que la fantasía generosa, o cierto callado despotismo deslucen los más brillantes planes, esos, ansiosos de echar afuera su persona comprimida, condensados por la larga espera de su derecho y las agregaciones de la herencia en seres angélicos sedientos de martirio, o en criaturas de venganza, apremian a los obreros norteamericanos o a los que se han hecho ya a los hábitos libres del país para que intenten por recursos violentos, como los únicos eficaces, la reforma inmediata de las condiciones sociales que producen ese fenómeno vergonzoso e inhumano: la miseria. La miseria no es una desgracia personal: es un delito público. ¿Será ley para el hombre en la naturaleza lo que no es para los animales?

Resulta, pues, que la mayoría necesitada del país se ha dado cuenta del malestar que la rebaja y agobia: que palpando en sí misma sus efectos inquiere naturalmente sus causas: que como el hambre y el decoro no son tan pacientes como la filosofía, aun antes de conocer bien las causas se ha determinado a buscar su remedio: que la inmigración incesante de obreros coléricos incita a la mayoría inquieta de trabajadores a que vuelque la fábrica social edificada con tanta injusticia, que el hombre que más duramente trabaja en ella viene a ser reducido a una condición en que no tiene todo el alimento que necesita, ni lo tiene seguro, ni puede criar en honradez la familia que la naturaleza le permite engendrar, ni goza de la libertad y reposo necesarios para impedir que su espíritu, en vez de cumplir la ley universal de aumento y elevación, baje a los lindes mismos de apetito e instinto de la bestia. Estas masas crecen. Crece la inmigración que las azuza. Los salarios no alcanzan a las necesidades. Aumenta la renta y el precio de los artículos de vida. El desarrollo de los grandes inventos sólo aprovecha a las corporaciones que los explotan. Faltan los medios de desenvolver en paz y con éxito la persona del hombre. Faltan los medios de ahorrar y competir. Falta el trabajo. Falta la tierra. Los que padecen, se lo dicen. Los que vienen de afuera, avivan. Los que poseen, resisten. ¿Por dónde echará este mar de fuego? ¿Se aquietará en la paz, o se desbordará en la guerra? ¿Ni en los Estados Unidos siquiera podrá evitarse la guerra social?

* * *

¿Será la libertad inútil? ¿No hay virtud de paz, fuerza de amor, adelanto del hombre en la libertad? ¿Produce la libertad los mismos resultados que el despotismo? ¿Un siglo entero de ejercicio pleno de la razón no labra siquiera alguna mejora en los métodos de progreso de nuestra naturaleza? ¿No hacen menos feroz y más inteligente al hombre los hábitos republicanos?

El hombre, en verdad, no es más, cuando más es, que una fiera educada. Eternamente igual a sí propio, ya siga desnudo a Caín, ya asista con casaca galoneada a la inauguración de la Estatua de la Libertad, si en lo esencial suyo no cambia, cambia y mejora en el conocimiento de los objetos de la vida y de sus relaciones. Todo el anhelo de la civilización está en volver a la sencillez y justicia de los repartimientos primitivos. Todo el problema social consiste acaso en eliminar los defectos y abusos de relación creados en la época rudimentaria de la acumulación de la especie, en que todavía vivimos, y restablecer en la población acumulada las relaciones puras y justas de la sociedades patriarcales. Pero si en lo esencial no cambia el hombre, no puede ser que produzcan en él igual resultado el despotismo que lo retiene dentro de sí, mordido por su actividad, abochornado por su deshonra, impaciente porque oye de su interior la voz que le dice que falta a su deber humano con no ser por entero quien es y ayudar a los demás a ser, y este otro dulcísimo sistema de la libertad racional del acto y el pensamiento, que no amontona la voluntad presa, ni estruja las sienes con ideas sin salida, sino que tiene al hombre en quietud armoniosa, en el decoro y contento de su ser entero y en el equilibrio saludable entre su actividad y los modos de satisfacerla. No del mismo modo emprenden a correr por el llano los potros sujetos dentro de la cerca que los acostumbrados a pacer libremente. El espíritu desahogado no obra con tanta violencia como el espíritu ahogado. El hombre habituado a ejercitar su fuerza no es tan impaciente, cegable y llevadizo como el que tiene hambre de emplearla. Es esencialmente distinta la disposición amigable y respetuosa de los hombres hechos a su soberanía, de la acción agresiva y turbulenta de los que padecen de sed de ella. El delirio no puede obrar con la hermosura y fecundidad de la salud.

No: no parece que haya sido vano en los Estados Unidos el siglo de República: parece al contrario que será posible, combinando lo interesado de nuestra naturaleza y lo benéfico de las prácticas de la libertad, ir acomodando sobre quicios nuevos sin amalgama de sangre los elementos desiguales y hostiles creados por un sistema que no resulta, después de la prueba, armonioso ni grato a los hombres. Parece que la organización, aconsejada por la inteligencia y servida sin ira por la voluntad, suple con ventaja a la revolución, producto impaciente de la razón mal educada, u ordena la revolución, para el caso en que la provocación inicua la haga imprescindible, de modo que construya cada uno de los actos en que derribe; y no comprometa la suerte pública con los arrebatos de una cólera o los consejos de una venganza a que no tienen derecho los redentores. Parece que el hábito ordenado y constante de la libertad da a los hombres una confianza en su poder que hace innecesaria la violencia.

* * *

Obsérvese lo nuevo. Aquí se ofrece ahora un caso original en la vida de los pueblos: están frente a frente los resultados de la educación libre de la República en América, y los de la educación tradicional o intermitente de los pueblos de Europa. Cada uno de estos espíritus pugna por prevalecer, y aconseja medios radicalmente opuestos para llegar al fin que ambos anhelan. La infusión constante de inmigrantes europeos y los violentos hábitos que importan, no ha permitido al espíritu directo de los Estados Unidos desenvolverse en toda la entereza y extensión de su originalidad, que hubiera hecho más patente y decisivo el conflicto, y más pura su enseñanza histórica; mas ya se alcanza a ver que el hábito del éxito y la afirmación de la persona que vienen del ejercicio constante de la libertad política, no bastan a impedir las desigualdades consiguientes a una organización social imperfecta, pero suavizan dentro de ella los espíritus, crean el miramiento y respeto comunes, inspiran repulsión a la violencia innecesaria, y proporcionan los medios precisos para proponer y conseguir en paz las pruebas y cambios que allí donde no hay libertad política efectiva sólo obtienen a medias la cólera y la sangre.

¡Oh, sí! De la libertad como de la virtud, está casi vedado hablar, por ser tantos los que las profanan que quien las ama de veras tiene miedo de ser confundido con ellos: y hasta de mal gusto está ya pareciendo ser honrado! Pero es cierto que la libertad favorece sin peligros la expansión y expresión de las cualidades más nobles del hombre, y más necesarias para la grandeza y paz de los Estados: lo cual debe decirse, por haber muchos que hacen argumentos, para demostrar su ineficacia, de su aparente fracaso allí donde no se la ha aplicado con la sinceridad y tolerante espíritu que son su esencia; y porque en los mismos Estados Unidos, por causas nacionales ajenas a ella, han ido endureciéndose los caracteres, y avillanándose y perdiéndose las prácticas cívicas, a tal extremo que los que sólo miran a la superficie pueden asegurar que las costumbres de la República engendran los mismos vicios de las monarquías privilegiadas y ociosas, sin mantener en cambio el ímpetu heroico y la deslumbrante brillantez que suelen éstas inspirar a sus vasallos.

Pero no. En verdad que en los Estados Unidos el afán exclusivo por la riqueza pervierte el carácter, hace a los hombres indiferentes a las cuestiones públicas en que no tienen interés marcado, y no les deja tiempo ni voluntad para cumplir con su parte de deber en la elaboración y gobierno del país, que abandonan a los que hacen oficio de la cosa pública, por ver en ella desocupación desahogada y lucrativa. Mas la justicia irrepresible bulle en el espíritu de los hombres de alma apostólica, y en los caracteres sencillos, que padecen y ven padecer por la falta de ella; y donde quiera que los hombres se juntan crecen los fariseos y se comen las ciudades, pero por encima de todos ellos, como criatura de eterna luz que ningún suplicio agobia, surgen Jesús y su séquito de pescadores. Aquí han brotado, se han ungido, han abandonado oficios pingües para servir con más desembarazo a los menesterosos, han puesto en orden las razones descompuestas de los desdichados: y ese mismo espíritu de caridad que en los países oprimidos lleva por el calor de su fuerza divina a la batalla, aquí por la fuerza más segura que viene al hombre del empleo constante de su razón, le conduce a buscar la mejora de sus males, la distribución equitativa de los productos del trabajo, por la agresión incontrastable de la palabra justa, por el uso inteligente y terco del voto, gigante que deben criar con apasionado esmero los pueblos que acaso lo desdeñan porque no estudian su poder y no se toman el trabajo de educarlo. Pues bien: después de verlo surgir, temblar, dormir, comerciarse, equivocarse, violarse, venderse, corromperse; después de ver acarnerados los votantes, sitiadas las casillas, volcadas las urnas, falsificados los recuentos, hurtados los más altos oficios, es preciso proclamar, porque es verdad, que el voto es un arma aterradora, incontrastable y solemne; que el voto es el instrumento más eficaz y piadoso que han imaginado para su conducción los hombres.

* * *

Esa es la novedad considerable que el ejercicio de la libertad política parece haber traído a la resolución del problema social que se anunció al mundo con tamaños tremendos a fines del siglo pasado, y ha venido naturalmente a plantearse en la plenitud de sus elementos al país donde se reúnen con menos trabas y mejores condiciones los hombres.

Pero con ser tanta esa novedad en la forma del problema, más importante es el modo original con que lo han entendido en los Estados Unidos los hombres acostumbrados a dominar los sucesos y los elementos. Si en cuanto a los métodos no pudo ser inútil el hábito firme de las libertades públicas, tampoco pudo serlo en cuanto a la concepción del problema. La costumbre dichosa del norteamericano de resolver prácticamente cada dificultad que va palpando, sin que el afán de cada día le dé tiempo para ofuscar su juicio de antemano con teorías confusas que a la vez rechazan su cuerpo fatigado del combate y su espíritu acostumbrado a lo directo.

Esa paz en el método, y esa genuinidad en la concepción del problema, han sido el servicio peculiar e inestimable de la libertad política, y la sana vida nacional que produce, a la causa del mejoramiento de la sociedad humana. Casi simultáneamente se produjeron en los Estados Unidos los efectos del malestar social, y los apóstoles, los estadistas, los organizadores, los agentes encargados de remediarlo. El hábito de oírlo todo aseguró desde el primer instante el respeto público a los que estudiaron el problema con más cariño para los humildes que miramiento para los poderosos. Y los hombres todos, hechos aquí a serlo, dieron muestra de sentir un legítimo orgullo de especie cuando otro hombre se ejerce y determina, aun cuando la preocupación o la propiedad misma le sean amenazadas.

Método, formas, corporación, lenguaje, todo es en este movimiento social de los Estados Unidos propio y diverso de como es en otras tierras. Los mismos sistemas han producido aquí y allá los mismos efectos; pero la diversa preparación política ha dispuesto a los hombres de diferente manera para remediarlos. Las masas, más educadas, no esperaron a que les marcasen el camino los pensadores generosos que en otros países han revelado a los obreros los males que éstos sentían confusamente; sino que de sí mismas, por brote espontáneo y unánime, se concertaron para buscar el modo de extirpar el mal, mientras que los meditadores esclarecían sus orígenes para ir sobre seguro a curarlo en ellos, y los espíritus de caridad ardiente, previendo el desorden natural en población obrera de tan varios elementos y cultura, se pone amorosamente de su lado para aconsejarles la acción acordada y pacífica que ha de acabar porque cada boca tenga un pan, y cada viejo ahorre para el fin de su vida una camisa limpia y una almohada blanda.

* * *

Un hombre hay en New York en quien dichosamente se reúnen los elementos de trabajo, juicio y amor que producen en los Estados Unidos, en robusto arranque, el combate social más bello, numeroso y breve que hayan visto los siglos: ¡así es, aunque los hombres se resisten, por soberbia y efecto de visión, a dar proporciones grandiosas a lo que ven con sus ojos! Y ese hombre junta a esas condiciones, para tener en sí todas, las de la pelea que simboliza la sosegada costumbre de las prácticas de libertad que dan carácter original y modo pacífico de éxito a la reforma social a que la mayoría de la nación parece determinada.

Enseña el estudio hondo de los movimientos humanos que éstos tienden a concentrarse en quien reúne en sí los factores que los impulsan y que el éxito de los caudillos depende del grado e intensidad en que posean los caracteres del movimiento que encabezan. Rápido crece el movimiento obrero, en acuerdo lógico con las demás manifestaciones de la vida en este país de la acumulación maravillosa y la existencia directa. Anda confuso, como todo lo que nace, aunque para confirmar con esto la virtud de la libertad, más se han esclarecido aquí en cinco años los orígenes del mal social que en un siglo entero de planes europeos. Determinado, sin embargo, el movimiento obrero a intentar en paz sus proyectos de reforma, con la urgencia impuesta por la naturaleza y verdad de los males palpables y crecientes que lo producen, resulta que al presentarse en New York la primera ocasión de exhibir su poder y voluntad en una seria contienda política, se precipita rápido en sus actos y confuso en sus fines a pelear con ímpetu apostólico, con ala de águila, con júbilo de fe, por establecer su decisión e influjo, poniendo en la silla de Corregidor de la ciudad al hombre de armoniosa cabeza y espíritu apacible que por su origen de trabajador, por la fuerza de su piedad, por lo directo y primario de su pensamiento, por el carácter agresivo de su meditación, por su hábito arraigado de las libertades públicas, reúne en su augusta sencillez, hasta en lo osado y discutible de sus planes, los elementos de fondo y forma de la revolución pacífica que representa.

Así ha venido, juntándose como en toda hora crítica la virtud y los que necesitan de ella, a ser Henry George, antes de un libro de fuerza bíblica, el candidato de los obreros de New York para el oficio de Corregidor de la ciudad. Y de allí, al porvenir.

EL POETA WALT WHITMAN[36]

"Parecía un dios anoche, sentado en su sillón de terciopelo rojo, todo el cabello blanco, la barba sobre el pecho, las cejas como un bosque, la mano en un cayado." Esto dice un diario de hoy del poeta Walt Whitman, anciano de setenta años a quien los críticos profundos, que siempre son los menos, asignan puesto extraordinario en la literatura de su país y de su época. Sólo los libros sagrados de la antigüedad ofrecen una doctrina comparable, por su profético lenguaje y robusta poesía, a la que en grandiosos y sacerdotales apotegmas emite, a manera de bocanadas de luz, este poeta viejo, cuyo libro pasmoso está prohibido.

¿Cómo no, si es un libro natural? Las universidades y latines han puesto a los hombres de manera que ya no se conocen; en vez de echarse unos en brazos de los otros, atraídos por lo esencial y eterno, se apartan, piropeándose como placeras, por diferencias de mero accidente; como el budín sobre la budinera, el hombre queda amoldado sobre el libro o maestro enérgico con que le puso en contacto el azar o la moda de su tiempo; las escuelas filosóficas, religiosas o literarias, encogullan a los hombres, como al lacayo la librea; los hombres se dejan marcar como los caballos y los toros, y van por el mundo ostentando su hierro; de modo que, cuando se ven delante del hombre desnudo, virginal, amoroso, sincero, potente; del hombre que camina, que ama, que pelea, que rema; del hombre que, sin dejarse cegar por la desdicha, lee la promesa de final ventura en el equilibrio y la gracia del mundo; cuando se ven frente al hombre padre, nervudo y angélico de Walt Whitman, huyen como de su propia conciencia y se resisten a reconocer en esa humanidad fragante y superior el tipo verdadero de su especie, descolorida, encasacada, amuñecada.

Dice el diario que ayer, cuando ese otro viejo adorable, Gladstone[37], acababa de aleccionar a sus adversarios en el Parlamento sobre la justicia de conceder un gobierno propio a Irlanda, parecía él como mastín pujante, erguido sin rival entre la turba, y ellos a sus pies como un tropel de dogos. Así parece Whitman, con su "persona natural", con su "naturaleza sin freno en original energía", con sus "miríadas de mancebos hermosos y gigantes", con su creencia en que "el más breve retoño demuestra que en la realidad no hay muerte", con el recuerdo formidable de pueblos y razas en su "Saludo al mundo", con su determinación de "callar mientras los demás discuten, e ir a bañarse y a admirarse a sí mismo, conociendo la perfecta propiedad y armonía de las cosas"; así parece Whitman, "el que no dice estas poesías por un peso"; el que "está satisfecho, y ve, baila, canta y ríe"; el que "no tiene cátedra, ni púlpito, ni escuela", cuando se le compara a esos poetas y filósofos canijos, filósofos de un detalle o de un solo aspecto; poetas de aguamiel, de patrón, de libro; figurines filosóficos o literarios.

Hay que estudiarlo, porque si no es el poeta de mejor gusto, es el más intrépido, abarcador y desembarazado de su tiempo. En su casita de madera, que casi está al borde de la miseria, luce en una ventana, orlado de luto, el retrato de Víctor Hugo; Emerson, cuya lectura purifica y exalta, le echaba el brazo por el hombro y le llamó su amigo; Tennyson[38], que es de los que ven las raíces de las cosas, envía desde su silla de roble en Inglaterra, ternísimos mensajes al "gran viejo"; Robert Buchanan[39], el inglés de palabra briosa, "¿qué habéis de saber de letras –grita a los norteamericanos–. si estáis dejando correr, sin los honores eminentes que le corresponden, la vejez de vuestro colosal Walt Whitman?"–.

"La verdad es que su poesía, aunque al principio causa asombro, deja en el alma, atormentada por el empequeñecimiento universal, una sensación deleitosa de convalecencia. Él se crea su gramática y su lógica. Él lee en el ojo del buey y en la savia de la hoja." "¡Ése que limpia suciedades de vuestra casa, ése es mi hermano!" Su irregularidad aparente, que en el primer momento desconcierta, resulta luego ser, salvo breves instantes de portentoso extravío, aquel orden y composición sublimes con que se dibujan las cumbres sobre el horizonte.

Él no vive en Nueva York, su "Manhattan querida", su "Manhattan de rostro soberbio y un millón de pies", a donde se asoma cuando quiere entonar "el canto de lo que ve a la Libertad"; vive, cuidado por "amantes amigos", pues sus libros y conferencias apenas le producen para comprar pan, en una casita arrinconada en un ameno recodo del campo, de donde en su carruaje de anciano le llevan los caballos que ama a ver a los "jóvenes forzudos" en sus diversiones viriles, a los "camaradas" que no temen codearse con este iconoclasta que quiere establecer "la institución de la camaradería", a ver los campos que crían, los amigos que pasan cantando del brazo, las parejas de novios, alegres y vivaces como las codornices. Él lo dice en sus "Calamus", el libro enormemente extraño en que canta el amor de los amigos: "Ni orgías, ni ostentosas paradas, ni la continua procesión de las calles, ni las ventanas atestadas de comercios, ni la conversación con los eruditos me satisface, sino que al pasar por mi Manhattan los ojos que encuentro me ofrezcan amor; amantes, continuos amantes es lo único que me satisface." Él es como los ancianos que anuncia al fin de su libro prohibido, sus "Hojas de Yerba": "Anuncio miríadas de mancebos gigantescos, hermosos y de fina sangre; anuncio una raza de ancianos salvajes y espléndidos."

Vive en el campo, donde el hombre natural labra al Sol que lo curte, junto a sus caballos plácidos, la tierra libre; mas no lejos de la ciudad amable y férvida, con sus ruidos de vida, su trabajo graneado, su múltiple epopeya, el polvo de los carros, el humo de las fábricas jadeantes, el Sol que lo ve todo, "los gañanes que charlan a la merienda sobre las pilas de ladrillos, la ambulancia que corre desalada con el héroe que acaba de caerse de un andamio, la mujer sorprendida en medio de la turba por la fatiga augusta de la maternidad". Pero ayer vino Whitman del campo para recitar, ante un concurso de leales amigos, su oración sobre aquel otro hombre natural, aquella alma grande y dulce, "aquella poderosa estrella muerta del Oeste", aquel Abraham Lincoln. Todo lo culto de Nueva York asistió en silencio religioso a aquella plática resplandeciente, que por sus súbitos quiebros, tonos vibrantes, hímnica fuga, olímpica familiaridad, parecía a veces como un cuchicheo de astros. Los criados a leche latina, académica o francesa, no podrían, acaso, entender aquella gracia heroica. La vida libre y decorosa del hombre en un continente nuevo ha creado una filosofía sana y robusta que está saliendo al mundo en epodos atléticos. A la mayor suma de hombres libres y trabajadores que vio jamás la Tierra, corresponde una poesía de conjunto y de fe, tranquilizadora y solemne, que se levanta, como el Sol del mar, incendiando las nubes; bordeando de fuego las crestas de las olas; despertando en las selvas fecundas de la orilla las flores fatigadas y los nidos. Vuela el polen; los picos cambian besos; se aparejan las ramas; buscan el Sol las hojas, exhala todo música; con ese lenguaje de luz ruda habló Whitman de Lincoln.

Acaso una de las producciones más bellas de la poesía contemporánea es la mística trenodia[40] que Whitman compuso a la muerte de Lincoln. La Naturaleza entera acompaña en su viaje a la sepultura el féretro llorado. Los astros lo predijeron. Las nubes venían ennegreciéndose un mes antes. Un pájaro gris cantaba en el pantano un canto de desolación. Entre el pensamiento y la seguridad de la muerte viaja el poeta por los campos conmovidos, como entre dos compañeros. Con arte de músico agrupa, esconde y reproduce estos elementos tristes en una armonía total de crepúsculo. Parece, al acabar la poesía, como si la Tierra toda estuviese vestida de negro, y el muerto la cubriera desde un mar al otro. Se ven las nubes, la Luna cargada que anuncia la catástrofe, las alas largas del pájaro gris. Es mucho más hermoso, extraño y profundo que "El Cuervo" de Poe[41]. El poeta trae al féretro un gajo de lilas.

Su obra entera es eso.

Ya sobre las tumbas no gimen los sauces; la muerte es "la cosecha, la que abre la puerta, la gran reveladora"; lo que está siendo, fue y volverá a ser; en una grave y celeste primavera se confunden las oposiciones y penas aparentes; un hueso es una flor. Se oye de cerca el ruido de los soles que buscan con majestuoso movimiento su puesto definitivo en el espacio: la vida es un himno; la muerte es una forma oculta de la vida; santo es el sudor y el entozoario es santo; los hombres, al pasar, deben besarse en la mejilla; abrácense los vivos en amor inefable; amen la yerba, el animal, el aire, el mar, el dolor, la muerte; el sufrimiento es menos para las almas que el amor posee; la vida no tiene dolores para el que entiende a tiempo su sentido; del mismo germen son la miel, la luz y el beso; ¡en la sombra que esplende en paz como una bóveda maciza de estrellas, levántase con música suavísima, por sobre los mundos dormidos como canes a sus pies, un apacible y enorme árbol de lilas!

Cada estado social trae su expresión a la literatura de tal modo, que por las diversas fases de ella pudiera contarse la historia de los pueblos, con más verdad que por sus cronicones y sus décadas. No puede haber contradicciones en la Naturaleza; la misma aspiración humana a hallar en el amor, durante la existencia, y en lo ignorado después de la muerte, un tipo perfecto de gracia y hermosura, demuestra que en la vida total han de ajustarse con gozo los elementos que en la porción actual de vida que atravesamos parecen desunidos y hostiles. La literatura que anuncie y propague el concierto final y dichoso de las contradicciones aparentes; la literatura que, como espontáneo consejo y enseñanza de la Naturaleza, promulgue la identidad en una paz superior de los dogmas y pasiones rivales que en el estado elemental de los pueblos los dividen y ensangrientan; la literatura que inculque en el espíritu espantadizo de los hombres una convicción tan arraigada de la justicia y belleza definitivas que las penurias y fealdades de la existencia no los descorazonen ni acibaren, no sólo revelará un estado social más cercano a la perfección que todos los conocidos, sino que, hermanando felizmente la razón y la gracia, proveerá a la Humanidad, ansiosa de maravilla y de poesía, con la religión que confusamente aguarda desde que conoció la oquedad e insuficiencia de sus antiguos credos.

¿Quién es el ignorante que mantiene que la poesía no es indispensable a los pueblos? Hay gentes de tan corta vista mental, que creen que toda la fruta se acaba en la cáscara. La poesía, que congrega o disgrega, que fortifica o angustia, que apuntala o derriba las almas, que da o quita a los hombres la fe y el aliento, es más necesaria a los pueblos que la industria misma, pues ésta les proporciona el modo de subsistir, mientras que aquélla les da el deseo y la fuerza de la vida. ¿A dónde irá un pueblo de hombres que hayan perdido el hábito de pensar con fe en la significación y alcance de sus actos? Los mejores, los que unge la Naturaleza con el sacro deseo de lo futuro, perderán, en un aniquilamiento doloroso y sordo, todo estímulo para sobrellevar las fealdades humanas; y la masa, lo vulgar, la gente de apetitos, los comunes, procrearán sin santidad hijos vacíos, elevarán a facultades esenciales las que deben servirles de meros instrumentos y aturdirán con el bullicio de una prosperidad siempre incompleta la aflicción irremediable del alma, que sólo se complace en lo bello y grandioso.

La libertad debe ser, fuera de otras razones, bendecida porque su goce inspira al hombre moderno –privado a su aparición de la calma, estímulo y poesía de la existencia– aquella paz suprema y bienestar religioso que produce el orden del mundo en los que viven en él con la arrogancia y serenidad de su albedrío. Ved sobre los montes, poetas que regáis con lágrimas pueriles los altares desiertos.

Creíais la religión perdida, porque estaba mudando de forma sobre vuestras cabezas. Levantaos, porque vosotros sois los sacerdotes. La libertad es la religión definitiva. Y la poesía de la libertad el culto nuevo. Ella aquieta y hermosea lo presente, deduce e ilumina lo futuro, y explica el propósito inefable y seductora bondad del Universo.

Oíd lo que canta este pueblo trabajador y satisfecho; oíd a Walt Whitman. El ejercicio de sí lo encumbra a la majestad, la tolerancia a la justicia, y el orden a la dicha. El que vive en un credo autocrático es lo mismo que una ostra en su concha, que sólo ve la prisión que la encierra, y cree, en la oscuridad, que aquello es el mundo; la libertad pone alas a la ostra. Y lo que, oído en lo interior de la concha, parecía portentosa contienda, resulta a la luz del aire ser el natural movimiento de la savia en el pulso enérgico del mundo.

El mundo para Walt Whitman, fue siempre como es hoy. Basta con que una cosa sea para que haya debido ser, y cuando ya no deba ser, no será. Lo que ya es, lo que no se ve, se prueba por lo que es y se está viendo; porque todo está en todo, y lo uno explica lo otro; y cuando lo que es ahora no sea, se probará a su vez por lo que esté siendo entonces. Lo infinitésimo colabora para lo infinito, y todo está en su puesto, la tortuga, el buey, los pájaros, "propósitos alados". Tanta fortuna es morir como nacer, porque los muertos están vivos; "¡nadie puede decir lo tranquilo que está él sobre Dios y la muerte!" Se ríe de lo que llaman desilusión, y conoce la amplitud del tiempo; él acepta absolutamente el tiempo. En su persona se contiene todo: todo él está en todo; donde uno se degrada, él se degrada; él es la marea, el flujo; ¿cómo no ha de tener orgullo en sí, si se siente parte viva e inteligente de la Naturaleza? ¿Qué le importa a él volver al seno de donde partió, y convertirse, al amor de la tierra húmeda, en vegetal útil, en flor bella? Nutrirá a los hombres, después de haberlos amado. Su deber es crear; el átomo que crea es de esencia divina; el acto en que se crea es exquisito y sagrado. Convencido de la identidad del Universo, entona el "Canto de mí mismo". De todo teje el canto de sí: de los credos que contienden y pasan, del hombre que procrea y elabora, de los animales que le ayudan, ¡ah! de los animales, entre quienes "ninguno se arrodilla ante otro, ni es superior al otro, ni se queja". Él se ve como heredero del mundo.

Nada le es extraño, y lo toma en cuenta todo, el caracol que se arrastra, el buey que con sus ojos misteriosos lo mira, el sacerdote que defiende una parte de la verdad como si fuese la verdad entera. El hombre debe abrir los brazos, y apretarlo todo contra su corazón, la virtud lo mismo que el delito, la suciedad lo mismo que la limpieza, la ignorancia lo mismo que la sabiduría; todo debe fundirlo en su corazón, como en un horno; sobre todo, debe dejar caer la barba blanca. Pero, eso sí, "ya se ha denunciado y tonteado bastante"; regaña a los incrédulos, a los sofistas, a los habladores; ¡procreen en vez de querellarse y añadan al mundo! ¡Créese con aquel respeto con que una devota besa la escalera del altar!

Él es de todas las castas, credos y profesiones, y en todas encuentra justicia y poesía. Mide las religiones sin ira; pero cree que la religión perfecta está en la Naturaleza. La religión y la vida están en la Naturaleza. Si hay un enfermo, "idos", dice al médico y al cura, "yo me apegaré a él, abriré las ventanas, le amaré, le hablaré al oído; ya veréis como sana; vosotros sois palabra y yerba, pero yo puedo más que vosotros, porque soy amor". El Creador es "el verdadero amante, el camarada perfecto"; los hombres son "camaradas", y valen más mientras más aman y creen, aunque todo lo que ocupe su lugar y su tiempo vale tanto como cualquiera, más vean todos el mundo por sí, porque él, Walt Whitman, que siente en sí el mundo desde que éste fue creado, sabe, por lo que el Sol y el aire libre le enseñan, que una salida de Sol le revela más que el mejor libro. Piensa en los orbes, apetece a las mujeres, se siente poseído de amor universal y frenético; oye levantarse de las escenas de la creación y de los oficios del hombre un concierto que le inunda de ventura, y cuando se asoma al río, a la hora en que se cierran los talleres y el Sol de puesta enciende el agua, siente que tiene cita con el Creador, reconoce que el hombre es definitivamente bueno y ve que de su cabeza, reflejada en la corriente, surgen aspas de luz.

Pero ¿qué dará idea de su vasto y ardentísimo amor? Con el fuego de Safo[42] ama este hombre al mundo. A él le parece el mundo un lecho gigantesco. El lecho es para él un altar. "Yo haré ilustres, dice, las palabras y las ideas que los hombres han prostituido con su sigilo y su falsa vergüenza; yo canto y consagro lo que consagraba el Egipto." Una de las fuentes de su originalidad es la fuerza hercúlea con que postra a las ideas como si fuera a violarlas, cuando sólo va a darles un beso, con la pasión de un santo. Otra fuente es la forma material, brutal, corpórea, con que expresa sus más delicadas idealidades. Ese lenguaje ha parecido lascivo a los que son incapaces de entender su grandeza; imbéciles ha habido que cuando celebra en "Calamus", con las imágenes más ardientes de la lengua humana, el amor de los amigos, creyeron ver, con remilgos de colegial impúdico, el retorno a aquellas viles ansias de Virgilio por Cebetes y de Horacio por Giges y Licisco[43]. Y cuando canta en "Los Hijos de Adán" el pecado divino, en cuadros ante los cuales palidecen los más calurosos del "Cantar de los Cantares", tiembla, se encoge, se vierte y dilata, enloquece de orgullo y virilidad satisfecha, recuerda al dios del Amazonas, que cruzaba sobre los bosques y los ríos esparciendo por la tierra las semillas de la vida: "¡mi deber es crear!" "Yo canto al cuerpo eléctrico", dice en "Los Hijos de Adán"; y es preciso haber leído en hebreo las genealogías patriarcales del Génesis; es preciso haber seguido por las selvas no holladas las comitivas desnudas y carnívoras de los primeros hombres, para hallar semejanza apropiada a la enumeración de satánica fuerza en que describe, como un héroe hambriento que se relame los labios sanguinosos, las pertenencias del cuerpo femenino. ¿Y decís que este hombre es brutal? Oíd esta composición que, como muchas suyas, no tiene más que dos versos: "Mujeres Hermosas". "Las mujeres se sientan o se mueven de un lado para otro, jóvenes algunas, algunas viejas; las jóvenes son hermosas, pero las viejas son más hermosas que las jóvenes". Y esta otra: "Madre y Niño". Ve el niño que duerme anidado en el regazo de la madre. La madre que duerme, y el niño: ¡silencio! Los estudió largamente, largamente. Él prevé que, así como ya se juntan en grado extremo la virilidad y la ternura en los hombres de genio superior, en la paz deleitosa en que descansará la vida han de juntarse, con solemnidad y júbilo dignos del Universo, las dos energías que han necesitado dividirse para continuar la faena de la creación.

Si entra en la yerba, dice que la yerba le acaricia, que "ya siente mover sus coyunturas"; y el más inquieto novicio no tendría palabras tan fogosas para describir la alegría de su cuerpo, que él mira como parte de su alma, al sentirse abrazado por el mar. Todo lo que vive le ama: la tierra, la noche, el mar le aman; "¡penétrame, oh mar, de humedad amorosa!" Paladea el aire. Se ofrece a la atmósfera como un novio trémulo. Quiere puertas sin cerraduras y cuerpos en su belleza natural; cree que santifica cuanto toca o le toca, y halla virtud a todo lo corpóreo; él es "Walt Whitman, un cosmos, el hijo de Manhattan, turbulento, sensual, carnoso, que come, bebe y engendra, ni más ni menos que todos los demás". Pinta a la verdad como una amante frenética, que invade su cuerpo y, ansiosa de poseerle, lo liberta de sus ropas. Pero cuando en la clara medianoche, libre el alma de ocupaciones y de libros, emerge entera, silenciosa y contemplativa del día noblemente empleado, medita en los temas que más la complacen: en la noche, el sueño y la muerte; en el canto de lo universal, para beneficio del hombre común; en que "es muy dulce morir avanzado" y caer al pie del árbol primitivo, mordido por la última serpiente del bosque, con el hacha en las manos.

Imagínese qué nuevo y extraño efecto producirá ese lenguaje henchido de animalidad soberbia cuando celebra la pasión que ha de unir a los hombres. Recuerda en una composición del "Calamus" los goces más vivos que debe a la Naturaleza y a la patria; pero sólo a las olas del océano halla dignas de corear, a la luz de la luna, su dicha al ver dormido junto a sí al amigo que ama. Él ama a los humildes, a los caídos, a los heridos, hasta a los malvados. No desdeña a los grandes, porque para él sólo son grandes los útiles. Echa el brazo por el hombro a los carreros, a los marineros, a los labradores. Caza y pesca con ellos, y en la siega sube con ellos al tope del carro cargado. Más bello que un emperador triunfante le parece el negro vigoroso que, apoyado en la lanza detrás de sus percherones, guía su carro sereno por el revuelto Broadway[44]. Él entiende todas las virtudes, recibe todos los premios, trabaja en todos los oficios, sufre con todos los dolores. Siente un placer heroico cuando se detiene en el umbral de una herrería y ve que los mancebos, con el torso desnudo, revuelan por sobre sus cabezas los martillos, y dan cada uno a su turno. Él es el esclavo, el preso, el que pelea, el que cae, el mendigo. Cuando el esclavo llega a sus puertas perseguido y sudoroso, le llena la bañadera, lo sienta a su mesa; en el rincón tiene cargada la escopeta para defenderlo; si se lo vienen a atacar, matará a su perseguidor y volverá a sentarse a la mesa, ¡como si hubiera matado una víbora!

Walt Whitman, pues, está satisfecho; ¿qué orgullo le ha de punzar, si sabe que se para en yerba o en flor? ¿Qué orgullo tiene un clavel, una hoja de salvia, una madreselva? ¿Cómo no ha de mirar él con tranquilidad los dolores humanos, si sabe que por sobre ellos está un ser inacabable a quien aguarda la inmersión venturosa en la Naturaleza? ¿Qué prisa le ha de azuzar, si cree que todo está donde debe, y que la voluntad de un hombre no ha de desviar el camino del mundo? Padece, sí, padece; pero mira como un ser menor y acabadizo al que en él sufre, y siente por sobre las fatigas y miserias a otro ser que no puede sufrir, porque conoce la universal grandeza. Ser como es, le es bastante, y asiste impasible y alegre al curso, silencioso o loado, de su vida. De un solo bote echa a un lado, como excrecencia inútil, la lamentación romántica: "¡no he de pedirle al Cielo que baje a la Tierra para hacer mi voluntad!". Y qué majestad no hay en aquella frase en que dice que ama a los animales "porque no se quejan". La verdad es que ya sobran los acobardadores; urge ver cómo es el mundo para no convertir en montes las hormigas; dése fuerzas a los hombres, en vez de quitarles con lamentos las pocas que el dolor les deja; pues los llagados ¿van por las calles enseñando sus llagas? Ni las dudas ni la ciencia le mortifican. "Vosotros sois los primeros, dice a los científicos; pero la ciencia no es más que un departamento de mi morada, no es toda mi morada; ¡qué pobres parecen las argucias ante un hecho heroico! A la ciencia, salve, y salve al alma, que está por sobre toda la ciencia." Pero donde su filosofía ha domado enteramente el odio, como mandan los magos, es en la frase, no exenta de la melancolía de los vencidos, con que arranca de raíz toda razón de envidia; ¿por qué tendría yo celos, dice, de aquel de mis hermanos que haga lo que yo no puedo hacer? "Aquel que cerca de mí muestra un pecho más ancho que el mío, demuestra la anchura del mío." "¡Penetre el Sol la Tierra, hasta que toda ella sea luz clara y dulce, como mi sangre. Sea universal el goce. Yo canto la eternidad de la existencia, la dicha de nuestra vida y la hermosura implacable del Universo. Yo uso zapato de becerro, un cuello espacioso y un bastón hecho de una rama de árbol!"

Y todo eso lo dice en frase apocalíptica. ¿Rimas o acentos? ¡Oh, no! Su ritmo está en las estrofas, ligadas, en medio de aquel caos aparente de frases superpuestas y convulsas, por una sabia composición que distribuye en grandes grupos musicales las ideas, como la natural forma poética de un pueblo que no fabrica piedra a piedra, sino a enormes bloqueadas.

El lenguaje de Walt Whitman, enteramente diverso del usado hasta hoy por los poetas, corresponde, por la extrañeza y pujanza, a su cíclica poesía y a la humanidad nueva, congregada sobre un *continente* fecundo con portentos tales, que en verdad no caben en liras ni serventesios remilgados. Ya no se trata de amores escondidos, ni de damas que mudan de galanes, ni de la queja estéril de los que no tienen la energía necesaria para domar la vida, ni la discreción que conviene a los cobardes. No de rimillas se trata, y dolores de alcoba, sino del nacimiento de una era, del alba de la religión definitiva, y de la renovación del hombre; trátase de una fe que ha de sustituir a la que ha muerto y surge con un claror radioso de la arrogante paz del hombre redimido; trátase de escribir los libros sagrados de un pueblo que reúne, al caer del mundo antiguo, todas las fuerzas vírgenes de la libertad a las ubres y pompas ciclópeas de la salvaje Naturaleza; trátase de reflejar en palabras el ruido de las muchedumbres que se asientan, de las ciudades que trabajan y de los mares domados y los ríos esclavos. ¿Apareará consonantes Walt Whitman y pondrá en mansos dísticos estas montañas de mercaderías, bosques de espinas, pueblos de barcos, combates donde se acuestan a abonar el derecho millones de hombres y Sol que en todo impera, y se derrama con límpido fuego por el vasto paisaje?

¡Oh!, no; Walt Whitman habla en versículos, sin música aparente, aunque a poco de oírla se percibe que aquello suena como el casco de la tierra cuando vienen por él, descalzos y gloriosos, los ejércitos triunfantes. En ocasiones parece el lenguaje de Whitman el frente colgado de reses de una carnicería; otras parece un canto de patriarcas, sentados en coro, con la suave tristeza del mundo a la hora en que el humo se pierde en las nubes; suena otras veces como un beso brusco, como un forzamiento, como el chasquido del cuero reseco que revienta al Sol; pero jamás pierde la frase su movimiento rítmico de ola. Él mismo dice cómo habla: "en alaridos proféticos"; "éstas son, dice, unas pocas palabras indicadoras de lo futuro". Eso es su poesía, índice; el sentido de lo universal pervade el libro y le da, en la confusión superficial, una regularidad grandiosa; pero sus frases desligadas, flagelantes, incompletas, sueltas, más que expresan, emiten; "lanzo mis imaginaciones sobre las canosas montañas"; "di, Tierra, viejo nudo montuoso, ¿qué quieres de mí?", "hago resonar mi bárbara fanfarria sobre los techos del mundo".

No es él, no, de los que echan a andar un pensamiento pordiosero, que va tropezando y arrastrando bajo la opulencia visible de sus vestiduras regias. Él no infla tomeguines para que parezcan águilas; él riega águilas, cada vez que abre el puño, como un sembrador riega granos. Un verso tiene cinco sílabas; el que le sigue cuarenta, y diez el que le sigue. Él no esfuerza la comparación, y en verdad no compara, sino que dice lo que ve o recuerda con un complemento gráfico e incisivo, y dueño seguro de la impresión de conjunto que se dispone a crear, emplea su arte, que oculta por entero, en reproducir los elementos de su cuadro con el mismo desorden con que los observó en la Naturaleza. Si desvaría, no disuena, porque así vaga la mente sin orden ni esclavitud de su asunto a sus análogos; mas luego, como si sólo hubiese aflojado las riendas sin soltarlas, recógelas de súbito y guía de cerca, con puño de domador, la cuadriga encabritada, sus versos van galopando, y como engullendo la tierra a cada movimiento; unas veces relinchan ganosos, como cargados sementales; otras, espumantes y blancos, ponen el casco sobre las nubes; otras se hunden, osados y negros, en lo interior de la tierra, y se oye por largo tiempo el ruido. Esboza;

pero dijérase que con fuego. En cinco líneas agrupa, como un haz de huesos recién roídos, todos los horrores de la guerra. Un adverbio le basta para dilatar o recoger la frase, y un adjetivo para sublimarla. Su método ha de ser grande, puesto que su efecto lo es; pero pudiera creerse que procede sin método alguno; sobre todo en el uso de las palabras, que mezcla con nunca visto atrevimiento, poniendo las augustas y casi divinas al lado de las que pasan por menos apropiadas y decentes. Ciertos cuadros no los pinta con epítetos, que en él son siempre vivaces y profundos, sino por sonidos, que compone y desvanece con destreza cabal, sosteniendo así con el turno de los procedimientos el interés que la monotonía de un modo exclusivo pondría en riesgo. Por repeticiones atrae la melancolía, como los salvajes. Su cesura, inesperada y cabalgante, cambia sin cesar, y sin conformidad a regla alguna, aunque se percibe un orden sabio en sus evoluciones, paradas y quiebros. Acumular le parece el mejor modo de describir, y su raciocinio no toma jamás las formas pedestres del argumento ni las altisonantes de la oratoria, sino el misterio de la insinuación, el fervor de la certidumbre y el giro ígneo de la profecía. A cada paso se hallan en su libro estas palabras nuestras: *viva, camarada, libertad, americanos.* Pero ¿qué pinta mejor su carácter que las voces francesas que, con arrobo perceptible, y como para dilatar su significación, incrusta en sus versos?: *ami, exalté, accoucheur, nonchalant, ensemble; ensemble*[45], sobre todo, le seduce, porque él ve el cielo de la vida de los pueblos, y de los mundos. Al italiano ha tomado una palabra: ¡*bravura!*

Así, celebrando el músculo y el arrojo; invitando a los transeúntes a que pongan en él, sin miedo, su mano al pasar; oyendo, con las palmas abiertas al aire, el canto de las cosas; sorprendiendo y proclamando con deleite fecundidades gigantescas; recogiendo en versículos édicos[46] las semillas, las batallas y los orbes; señalando a los tiempos pasmados las colmenas radiantes de hombres que por los valles y cumbres americanos se extienden y rozan con sus alas de abeja la fimbria de la vigilante libertad; pastoreando los siglos amigos hacia el remanso de la calma eterna, aguarda Walt Whitman, mientras sus amigos le sirven en manteles campestres la primera pesca de la Primavera rociada con champaña, la hora feliz en que lo material se aparte de él, después de haber revelado al mundo un hombre veraz, sonoro y amoroso, y en que, abandonado a los aires purificadores, germine y arome en sus ondas, "¡desembarazado, triunfante, muerto!"

HEREDIA[47]

Señoras y señores:

Con orgullo y reverencia empiezo a hablar, desde este puesto
que de buen grado hubiera cedido, por su dificultad excesiva, a
quien con más ambición que la mía y menos temor de su persona hubiera querido tomarlo de mí, si no fuera por el mandato de la patria, que en este puesto nos manda estar hoy, y por el
miedo de que el que acaso despertó en mi alma, como en la de
los cubanos todos, la pasión inextinguible por la libertad, se le-
vante en su silla de gloria, junto al sol que él cantó frente a
frente, y me tache de ingrato. Muchas pompas y honores tiene
el mundo, solicitados con feo afán y humillaciones increíbles
por los hombres: yo no quiero para mí más honra, porque no
la hay mayor, que la de haber sido juzgado digno de recoger en
mis palabras mortales el himno de ternura y gratitud de estos
corazones de mujer y pechos de hombre al divino cubano, y
enviar con él el pensamiento, velado aún por la vergüenza pública, a la cumbre donde espera, en vano quizás, su genio in-
marcesible, con el trueno en la diestra, el torrente a los pies, sacudida la capa de tempestad por los vientos primitivos de la
creación, bañado aún de las lágrimas de Cuba el rostro.
 Nadie esperará de mí, si me tiene por discreto, que por ganar fama de crítico sagaz y puntilloso, rebaje esta ocasión, que
es de agradecimiento y tributo, al examen –impropio de la fies-

ta y del estado de nuestro ánimo– de los orígenes y factores de mera literatura, que de una ojeada ve por sí quien conozca los lances varios de la existencia de Heredia, y los tiempos revueltos y enciclopédicos, de jubileo y renovación del mundo, en que le tocó vivir. Ni he de usurpar yo, por lucir las pedagogías, el tiempo en que sus propias estrofas, como lanzas orladas de flores, han de venir aquí a inclinarse, corteses y apasionadas, ante la mujer cubana, fiel siempre al genio y a la desdicha, y echando de súbito iracundas las rosas por el suelo, a repetir ante los hombres, turbados en estos tiempos de virtud escasa e interés tentador, los versos, magníficos como bofetones, donde profetiza:

> *Que si un pueblo su dura cadena*
> *no se atreve a romper con sus manos,*
> *puede el pueblo mudar de tiranos*
> *pero nunca ser libre podrá.*[48]

Yo no vengo aquí como juez, a ver cómo se juntaron en él la educación clásica y francesa, el fuego de su alma, y la época, accidentes y lugares de su vida; ni en qué le aceleraron el genio la enseñanza de su padre y la odisea de su niñez; ni qué es lo suyo, o lo de reflejo, en sus versos famosos; ni apuntar con dedo inclemente la hora en que, privada su alma de los empleos sumos, repitió en cantos menos felices sus ideas primeras, por hábito de producir, o necesidad de expresarse, o gratitud al pueblo que lo hospedaba, o por obligación política. Yo vengo aquí como hijo desesperado y amoroso, a recordar brevemente, sin más notas que las que le manda poner la gloria, la vida del que cantó con majestad desconocida a la mujer, al peligro y a las palmas.

Donde son más altas las palmas en Cuba nació Heredia: en la infatigable Santiago. Y dicen que desde la niñez, como si el espíritu de la raza extinta le susurrase sus quejas y le prestara su furor, como si el último oro del país saqueado le ardiese en las venas, como si a la luz del sol del trópico se le revelasen por merced sobrenatural las entrañas de la vida, brotaban de los labios del "niño estupendo" el anatema viril, la palabra sentenciosa, la oda resonante. El padre[49], con su mucho saber y con la inspiración del cariño, ponía ante sus ojos ordenados y comentados los elementos del orbe, los móviles de la humanidad, y los sucesos de los pueblos. Con la toga de juez abrigaba de la fiebre del genio, a aquel hijo precoz. A Cicerón le enseñaba a amar, y amaba él más, por su naturaleza artística y armoniosa, que a Marat y a Fouquier Tinville[50]. El peso de las cosas enseñaba el padre, y la necesidad de impelerlas con el desinterés, y fundarlas con la moderación. El latín que estudiaba con el maestro Correa[51] no era el de Séneca difuso, ni el de Lucano verboso, ni el de Quintiliano, lleno de alamares y de lentejuelas, sino el de Horacio, de clara hermosura, más bello que los griegos, porque tiene su elegancia sin su crudeza, y es vino fresco tomado de la uva, con el perfume de las pocas rosas que crecen en la vida. De Lucrecio era por la mañana la lección de don José Francisco, y por la noche de Humboldt. El padre, y sus amigos de sobremesa, dejaban, estupefactos, caer el libro. ¿Quién era aquél, que lo traía todo en sí? Niño, ¿has sido rey, has sido Ossian, has sido Bruto? Era como si viese el niño batallas de estrellas, porque le lucían en el rostro los resplandores. Había centelleo de tormenta y capacidad de cráter en aquel genio voraz. La palabra, esencial y rotunda, fluía, adivinando las leyes de la luz o comentando las peleas de Troya, de aquellos labios de nueve años. Preveía, con sus manos de fuego, el martirio a que los hombres, denunciados por el esplendor de la virtud, someten al genio, que osa ver claro de noche. Sus versos eran la religión y el orgullo de la casa. La madre, para que no se los interrumpieran, acallaba los ruidos. El padre le apuntaba las rimas pobres. Le abrían todas las puertas. Le ponían, para que viese bien al escribir, las mejores luces del salón. ¡Otros han tenido que componer sus primeros versos entre azotes y burlas, a la luz del cocuyo inquieto y de la luna cómplice!...: los de Heredia acababan en los labios de su madre, y en los brazos de su padre y de sus amigos. La inmortalidad comenzó para él en aquella fuerza y seguridad de sí que, como lección constante de los padres duros, daba a Heredia el cariño de la casa.

Era su padre oidor, y persona de consejo y benevolencia, por lo que lo escogieron, a más de la razón de su nacimiento americano, para ir a poner paz en Venezuela, donde Monteverde, con el favor casual de la naturaleza, triunfaba de Miranda[52], harto sabio para guerra en que el acometimiento hace más falta, y gana más batallas, que la sabiduría; en Venezuela, donde acababa de enseñarse al mundo, desmelenado y en pie sobre las ruinas del templo de San Jacinto[53], el creador, Bolívar. Reventaba la cólera de América, y daba a luz, entre escombros encendidos, al que había de vengarla. De allá del sur venía, de cumbre en cumbre, el eco de los cascos del caballo libertador de San Martín. Los héroes se subían a los montes para divisar el porvenir, y escribir la profecía de los siglos al resplandor de la nieve inmaculada. La niñez, más que el amor filial, refrenaba al héroe infeliz, que lloraba a sus solas, en su desdicha de once años, porque no le llegaban los pies traidores al estribo del caballo de pelear. Y allí oyó contar de los muertos por la espalda, de los encarcelados que salían de la prisión recogiéndose los huesos, de los embajadores de barba blanca que había clavado el asturiano horrible a lanzazos contra la pared. Oyó decir de Bolívar, que se echó a llorar cuando entraba triunfante en Caracas, y vio que salían a recibirlo las caraqueñas vestidas de blanco, con coronas y flores. De un Páez[54] oyó contar, que se quitaba los grillos de los pies, y con los grillos vapuleaba a sus centinelas. Oyó decir que habían traído a la ciudad en una urna, con las banderas desplegadas como en día de fiesta, el corazón del bravo Girardot[55]. Oyó que Ricaurte, para que Boves[56] no le tomara el parque, sobre el parque se sentó, y voló con él. Venezuela, revuelta en su sangre, se retorcía bajo la lanza de Boves... Vivió luego en México, y oyó contar de una cabeza de cura[57] que daba luz de noche, en la picota donde el español la había clavado. ¡Sol salió de aquella alma, sol devastador y magnífico, de aquel troquel de diamante!

Y volvió a Cuba. El pan le supo a villanía, la comodidad a robo, el lujo a sangre. Su padre llevaba bastón de carey, y él también, comprado con el producto de sus labores de juez, y de abogado nuevo en una sociedad vil. El que vive de la infamia, o la codea en paz, es un infame. Abstenerse de ella no basta: se ha de pelear contra ella. Ver en calma un crimen, es cometerlo. La juventud convida a Heredia a los amores: la condición favorecida de su padre, y su fama de joven extraordinario, traen clientes a su bufete: en las casas ricas le oyen con asombro improvisar sobre cuarenta pies diversos, cuarenta estrofas: "¡Ese es Heredia!", dicen por las calles, y en las ventanas de las casas, cuando pasa él, las cabezas hermosas se juntan, y dicen bajo, como el más dulce de los premios: "¡Ese es Heredia!" Pero la gloria aumenta el infortunio de vivir, cuando se la ha de comprar al precio de la complicidad con la vileza: no hay más que una gloria cierta, y es la del alma que está contenta de sí. Grato es pasear bajo los mangos, a la hora deliciosa del amanecer, cuando el mundo parece como que se crea, y que sale de la nada el sol, con su ejército de pájaros vocingleros, como en el primer día de la vida: ¿pero qué "mano de hierro" le oprime en los campos cubanos el pecho? ¿Y en el cielo, qué mano de sangre? En las ventanas dan besos, y aplausos en las casas ricas, y la abogacía mana oro; pero al salir del banquete triunfal, de los estrados elocuentes, de la cita feliz, ¿no chasquea el látigo, y pide clemencia a un cielo que no escucha a la madre a quien quieren ahogarle con azotes los gritos con que llama al hijo de su amor? El vil no es el esclavo, ni el que lo ha sido, sino el que vio este crimen, y no jura, ante el tribunal certero que preside en las sombras, hasta sacar del mundo la esclavitud y sus huellas. ¿Y la América libre, y toda Europa coronándose con la libertad, y Grecia misma resucitando[58], y Cuba, tan bella como Grecia, tendida así entre hierros, mancha del mundo, presidio rodeado de agua, rémora de América? Si entre los cubanos vivos no hay tropa bastante para el honor ¿qué hacen en la playa los caracoles, que no llaman a guerra a los indios muertos? ¿Qué hacen las palmas, que gimen estériles, en vez de mandar? ¿Qué hacen los montes que no se juntan falda contra falda, y cierran el paso a los que persiguen a los héroes? En tierra peleará, mientras haya un palmo de tierra, y cuando no lo haya, todavía peleará de pie en el mar. Leónidas desde las Termópilas, desde Roma Catón[59], señalan el camino a los cubanos. "¡Vamos, Hernández!"[60] De cadalso en cadalso, de Estrampes en Agüero, de Plácido en Benavides[61], erró la voz de Heredia, hasta que un día, de la tiniebla de la noche, entre cien brazos levantados al cielo, tronó en Yara. Ha desmayado luego, y aun hay quien cuente, donde no se anda al sol, que va a desaparecer. ¿Será tanta entre los cubanos la perversión y la desdicha, que ahoguen, con el peso de su pueblo muerto por sus propias manos, la voz de su Heredia?

Entonces fue cuando vino a New York, a recibir la puñalada del frío, que no sintió cuando se le entró por el costado, porque de la pereza moral de su patria hallaba consuelo, aunque jamás olvido, en aquellas ciudades ya pujantes, donde, si no la república universal que apetecía su alma generosa, imperaba la libertad en una comarca digna de ella. En la historia profunda sumergió el pensamiento: estudió maravillado los esqueletos colosales; aterido junto a su chimenea, meditaba en los tiempos, que brillan y se apagan; agigantó en la soledad su mente sublime; y cuando, como quien se halla a sí propio, vio despeñarse a sus pies, rotas en luz, las edades de agua, el Niágara portentoso le reveló, sumiso, su misterio, y el poeta adolescente de un pueblo desdeñado halló, de un vuelo, el sentido de la naturaleza que en siglos de contemplación no habían sabido entender con tanta majestad sus propios habitantes.

México es tierra de refugio, donde todo peregrino ha hallado hermano; de México era el prudente Osés[62], a quien escribía Heredia, con peso de senador, sus cartas épicas de joven; en casa mexicana se leyó, en una mesa que tenía por adorno un vaso azul lleno de jazmines, el poema galante sobre el "Mérito de las mujeres"; de México lo llama, a compartir el triunfo de la carta liberal, más laborioso que completo, el presidente Victoria[63], que no quería ver malograda aquella flor de volcán en la sepultura de las nieves. ¿Qué detendrá a Heredia junto al Niágara, donde su poesía, profética y sincera, no halló acentos con que evocar la libertad? México empieza la ascensión más cruenta y valerosa que, por entre ruinas de iglesia y con una raza inerte a la espalda, ha rematado pueblo alguno: sin guía y sin enseñanza, ni más tutor que el genio del país, iba México camino a las alturas, marcando con una batalla cada jalón ¡y cada jalón, más alto! Si de la sombra de la iglesia languidece el árbol todavía tierno de la libertad, una generación viene cantando, y a los pies del árbol sediento se vacía los pechos; a México va Heredia, adonde pone a la lira castellana flores de roble el gran Quintana Roo[64]. Y al ver de nuevo aquellas playas hospitalarias y belicosas, aquellos valles que parecen la mansión desierta de un olimpo que aguarda su rescate, aquellos montes que están, en la ausencia de sus dioses, como urnas volcadas, aquellas cúspides que el sol tiñe en su curso de plata casta, y violeta amorosa, y oro vivo, como si quisiera la creación mostrar sus favores y especial ternura por su predilecta naturaleza, creyó que era allí donde podía, no en el Norte egoísta, hallar en la libertad el mismo orden solemne de las llanuras, guardadas por la centinela de los volcanes; sube con pie de enamorado a la soledad donde pidieron en vano al cielo su favor contra Cortés los reyes muertos, a la hora en que se abren en la bóveda tenebrosa las "fuentes de luz"; y acata, antes que a los grandes de la tierra, a los montes que se levantan, como espectros que no logran infundirle pavor, en la claridad elocuente de la luna.

México lo agasaja como él sabe, le da el oro de sus corazones y de su café, sienta a juzgar en la silla togada[65] al forastero que sabe de historia como de leyes y pone alma de Volney[66] al epodo de Píndaro. Los magistrados lo son de veras, allí donde en el aire mismo andan juntos la claridad y el reposo: y a él lo proclaman magistrado natural, sin ponerle reparos por la juventud, y lo sientan a la mesa como hermano. La tribuna tiene allí próceres: y le ceden la voz los oradores del país, y lo acompañan con palmas. La poesía tiene allí pontífices: y andan todos buscándole el brazo. Las hermosuras, también allí, exhalan al paso del poeta, trémulas, su aroma. Batalla con los "yorkinos" liberales, para que no echen atrás los "escoceses" parricidas[67] la república: escribe, canta, discute, publica, derrama su corazón en pago de la hospitalidad, pero no siente bajo sus pies aquella firmeza del suelo nativo, que es la única propiedad plena del hombre, y tesoro común que a todos los iguala y enriquece, por lo que, para la dicha de la persona y la calma pública, no se ha de ceder, ni fiar a otro, ni hipotecar jamás. Ni la fuerza de su suelo tiene, ni el orgullo de que en su patria impere la virtud, ni el honor puede ya esperar de que lloren sobre su sepultura de héroe, en el primer día de redención, las vírgenes y los fuertes, y sobre la tierra que lo cubra pongan una hoja de palma de su patria. ¿Qué tiene su poesía, que sólo cuando piensa en Cuba da sus sones reales; y cuando ensaya otro tema que el de su dolor, o el del mar que lo lleva a sus orillas, o el del huracán con cuyo ímpetu quiere arremeter contra los tiranos, le sale como poesía de juez, difícil y perezosa, con florones caídos y doseles a medio color, y no, como cuando piensa en Cuba, coronada de rayos?

No lo sostiene la vanidad de su persona; porque con valer mucho, y por lo mismo que lo valía, no era de esos de mirra y opopánax, que se ponen el mérito propio de botón de pechera, donde se lo vea todo el mundo, y alquilan el aire a que los publique y la mar a que les cante la gloria, y creen que debe ser su almuerzo el cielo y su vino la eternidad; sino que fue genio de noble república, a quien sólo se le veía lo de rey cuando lo agitaba la indignación, o fulminaba el anatema contra los serviles del mundo, y los de su patria. Dos clases de hombre hay: los que andan de pie, cara al cielo, pidiendo que el consuelo de la modestia descienda sobre los que viven sacándose la carne, por pan más o pan menos, a dentelladas, y levantándose, por ir de sortija de brillante, sobre la sepultura de su honra: y otra clase de hombres, que van de hinojos, besando a los grandes de la tierra el manto. En su patria piensa cuando dedica su tragedia "Tiberio" a Fernando VII, con frases que escaldan: en su patria, cuando con sencillez imponente dibuja en escenas ejemplares la muerte de "Los Últimos Romanos". ¡No era, no, en los romanos en quienes pensaba el poeta, vuelto ya de sus más caras esperanzas! Por su patria había querido él, y por la patria mayor de nuestra América, que las repúblicas libres echaran los brazos al único pueblo de la familia emancipada que besaba aún los pies del dueño enfurecido: "¡Vaya, decía, la América libre a rescatar la isla que la naturaleza le puso de pórtico y guarda!" Piafaba aún, cubierto de espuma, el continente, flamígero el ojo y palpitantes los ijares, de la carrera en que habían paseado el estandarte del sol San Martín y Bolívar: ¡entre en la mar el caballo libertador y eche de Cuba, de una pechada, al déspota mal seguro! Y ya ponía Bolívar el pie en el estribo, cuando un hombre que hablaba inglés, y que venía del Norte con papeles de gobierno, le asió el caballo de la brida, y le habló así: "¡Yo soy libre, tú eres libre; pero ese pueblo que ha de ser mío porque lo quiero para mí, no puede ser libre!" Y al ver Heredia criminal a la libertad, y ambiciosa como la tiranía, se cubrió el rostro con la capa de tempestad, y comenzó a morir.

Ya estaba, de sí mismo, preparado a morir; porque cuando la grandeza no se puede emplear en los oficios de caridad y creación que la nutren, devora a quien la posee. En las ocupaciones usuales de la vida, acibaradas por el destierro, no hallaba su labor anhelada aquella alma frenética y caballeresca, que cuando vio falsa a su primer amiga, servil al hombre, acorralado el genio, impotente la virtud, y sin heroísmo el mundo, preguntó a sus sienes para qué latían, y aún quiso, en el extravío de la pureza, librarlas de su cárcel de huesos. De la caída de la humanidad ideal que pasea resplandeciente, con la copa de la muerte en los labios, por las estrofas de su juventud, se levantó pálido y enfermo, sin fuerzas ya más que para el poema reflexivo o el drama artificioso, que sólo centellea cuando el recuerdo de la patria lo conmueve, o el horror al desorden de la tiranía, o el odio a las "intrigas infames". Al sol vivía él, y abominaba a los que andan, con el lomo de alquiler, afilando la lengua en la sombra, para asestarla contra los pechos puros. Si para vivir era preciso aceptar, con la sonrisa mansa, la complicidad con los lisonjeros, con los hipócritas, con los malignos, con los vanos, él no quería sonreír, ni vivir. ¿A qué vivir, si no se puede pasar por la tierra como el cometa por el cielo? Como la playa desnuda se siente él, como la playa de la mar. Su corazón tempestuoso, y tierno como el de una mujer, padece bajo el fanfarrón y el insolente como la flor bajo el casco del caballo. Él tenía piedad de su caballo, a punto de llorar con él y pedirle perdón, porque en el arrebato de su carrera le ensangrentó los ijares; ¿y no tenían los hombres piedad de él? ¿Ni de qué sirve la virtud, si mientras más la ven, la mortifican más, y hay como una conjuración entre los hombres para quitarle el pan de la boca, y el suelo de debajo de los pies? Basta una vista aleve, de esas que vienen como las flechas de colores, con la punta untada de curare: basta una mirada torva, una carta seca, un saludo tibio, para oscurecerle el día. Nada menos necesita él que "la ternura universal". La casa, necesitada y monótona, irrita su pena, en vez de calmársela. En el dolor tiene él su gozo. ¡En su patria, ni pensar puede, porque su patria está allá, con el déspota en pie, restallando el látigo, y todos los cubanos arrodillados! De este pesar de la grandeza inútil, de la pasión desocupada y de la vida vil, moría, hilando trabajosamente sus últimos versos, el poeta que ya no hallaba en la tierra más consuelo que la lealtad de un amigo constante. ¡Pesan mucho sobre el corazón del genio honrado las rodillas de todos los hombres que las doblan!

Hasta en las más acicaladas de sus poesías, que algo habían de tener de tocador en aquellos tiempos de Millevoye y de Delille[68], se nota esa fogosidad y sencillez que contrastan tan bellamente con la pompa natural del verso, que es tanta que cuando cae la idea, por el asunto pobre o el tema falso, va engañado buen rato el lector, tronando e imperando, sin ver que ya está la estrofa hueca. El temple heroico de su alma daba al verso constante elevación, y la viveza de su sensibilidad le llevaba, con cortes e interrupciones felicísimas, de una impresión a otra. Desde los primeros años habló él aquel lenguaje a la vez exaltado y natural, que es su mayor novedad poética. A Byron le imita el amor al caballo: pero ¿a quién le imita la oda al Niágara, y al Huracán, y al Teocali, y la carta a Emilia, y los versos a Elpino, y los del Convite? Con Safo sólo se le puede comparar, porque sólo ella tuvo su desorden y ardor. Deja de un giro incompletos, con dignidad y efecto grandes, los versos de esos dolores que no se deben profanar hablando de ellos. De una nota sentida saca más efecto que de la retórica ostentosa. No busca comparaciones en lo que no se ve, sino en los objetos de la naturaleza, que todos pueden sentir y ver como él; ni es su imaginación de aquella de abalorio, enojosa e inútil, que crea entes vanos e insignificantes, sino de esa otra durable y servicial, que consiste en poner de realce lo que pinta, con la comparación o alusión propias, y en exhibir, cautivas y vibrantes, las armonías de la naturaleza. En su prosa misma, resonante y libre, es continuo ese vuelo de alas anchas, y movimiento a la par rítmico y desenfrenado. Su prosa tiene galicismos frecuentes, como su época; y en su Hesíodo hay sus tantos del Alfredo[69], y muchos versos pudieran ser mejores de lo que son: lo mismo que en el águila, que vuela junto al sol, y tiene una que otra pluma fea. Para poner lunares están las peluquerías; pero ¿quién cuando no esté de cátedra forzosa, empleará el tiempo en ir de garfio y pinza por la obra admirable, vibrante de angustia, cuando falta de veras el tiempo para la piedad y la admiración?

Nadie pinta mejor que él su tormento, en los versos graves e ingenuos que escribió "en su cumpleaños" cuando describe el

> *cruel estado*
> *de un corazón ardiente sin amores*

Por aquel modo suyo de amar a la mujer, se ve que a la naturaleza le faltó sangre que poner en las venas de aquel cubano, y puso lava. A la libertad y a la patria, las amó como amó a Lesbia y a Lola, a la "belleza del dolor" y a la andaluza María Pautret[70]. Es un amor fino y honroso, que ofrece a sus novias en versos olímpicos la rosa tímida, la caña fresca, y se las lleva a pasear, vigilado por el respeto, por donde arrullan las tórtolas. Algo hay de nuestro campesino floreador en aquel amante desaforado que dobla la rodilla y pone a los pies de su amada la canción de puño de oro. No ama para revolotear, sino para fijar su corazón, y consagrar su juventud ardiente. Se estremece a los dieciséis años, como todo un galán, cuando en el paseo con Lesbia le rozan la frente, movidos de aquel lado por un céfiro amigo, los rizos rubios. Se queja a la luna, que sabe mucho de estas cosas, porque no halla una mujer sensible. Ama furioso. Expirará de amor. No puede con el tumulto de su corazón enamorado. Nadie lo vence en amar, nadie. Ennoblece con su magna poesía lo más pueril del amor, y lo más dulce: el darse y quitarse y volverse a dar las manos, el no tener qué decirse, el decírselo todo de repente. Sale del baile, como monarca coronado de estrellas, porque ha visto reinar a la que ama. El que baila con la que ama es indigno, insensible e indigno. A la que él ama, Cuba la aplaude, Catulo le manda el ceñidor de Venus, los dioses del Olimpo se la envidian. Tiembla al lado de Emilia, en los días románticos de su persecución en Cuba; pero puede más la hidalguía del mancebo que la soledad tentadora. Pasa, huyendo de sí junto a la pobre "rosa de nuestros campos", que se inclina deslumbrada ante el poeta, como la flor ante el sol. Sufre hasta marchitarse, y tiene a orgullo que le vean en la frente la palidez de los amores. El universo ¿quién no lo sabe? está entero en la que ama. No quiere ya a las hermosas, porque por la traición de una supo que el mundo es vil; pero no puede vivir sin las hermosas. ¿Cómo no habían de amar las mujeres con ternura a aquel que era cuanto al alma superior de la mujer aprisiona y seduce: delicado, intrépido, caballeroso, vehemente, fiel y por todo eso, más que por la belleza, bello? ¿Al que se ponía a sus pies de alfombra, sumiso e infeliz, y se erguía de pronto ante ellas como un soberano irritado? ¿Ni cuál es la fuerza de la vida, y su única raíz, sino el amor de la mujer?

De la fatiga de estas ternuras levantaba, con el poder que ellas dan, el pensamiento renovado a la naturaleza eminente, y el que envolvía en hojas de rosa la canción a Lola, ensilla una hora después su caballo volador, mira —descubierta la cabeza— al cielo turbulento, y a la luz de los rayos se arroja a escape en la sombra de la noche. O cuando el gaviero, cegado por los relámpagos, renuncia en los mástiles rotos a desafiar la tempestad, Heredia, de pie en la proa, impaciente en los talones la espuela invisible, dichosa y centelleante la mirada, ve tenderse la niebla por el cielo, y prepararse las olas al combate. O cuando la tarde convida[71] al hombre a la meditación, trepa, a pie firme, el monte que va arropando la noche con su lobreguez, y en la cumbre, mientras se encienden las estrellas, piensa en la marcha de los pueblos, y se consagra a la melancolía. Y cuando no había monte que subir, desde sí propio veía, como si lo tuviera a sus pies, nacer y acabarse el mundo, y sobre él tender su inmensidad el Océano enérgico y triunfante.

Un día, un amigo piadoso[72], un solo amigo, entró, con los brazos tendidos, en el cuarto de un alguacil habanero, y allí estaba, sentado en un banco, esperando su turno, transparente ya la mano noble y pequeña, con la única luz en los ojos, el poeta que había tenido valor para todo, menos para morir sin volver a ver a su madre y a sus palmas. Temblando salió de allí, del brazo de su amigo; al recobrar la libertad en el mar, reanimado con el beso de su madre, volvió a hallar, para despedirse del universo, los acentos con que lo había asombrado en su primera juventud; y se extinguió en silencio nocturno, como lámpara macilenta, en el valle donde vigilan perennemente, doradas por el sol, las cumbres del Popocatepetl y el Iztaccihuatl. Allí murió, y allí debía morir el que para ser en todo símbolo de su patria, nos ligó en su carrera de la cuna al sepulcro con los pueblos que la creación nos ha puesto de compañeros y de hermanos: por su padre con Santo Domingo, semillero de héroes, donde aún, en la caoba sangrienta, y en el cañaveral quejoso, y en las selvas invictas, está como vivo, manando enseñanzas y decretos, el corazón de Guarocuya[73]; por su niñez con Venezuela, donde los montes plegados parecen, más que dobleces de la tierra, los mantos abandonados por los héroes al ir a dar cuenta al cielo de sus batallas por la libertad; y por su muerte, con México, templo inmenso edificado por la naturaleza para que en lo alto de sus peldaños de montañas se consumase, como antes en sus teocalis los sacrificios, la justicia final y terrible de la independencia de América.

Y si hasta en la desaparición de sus restos, que no se pueden hallar, simbolizase la desaparición posible y futura de su patria, entonces ¡oh Niágara inmortal! falta una estrofa, todavía útil, a tus soberbios versos. ¡Pídele ¡oh Niágara! al que da y quita, que sean libres y justos todos los pueblos de la tierra; que no emplee pueblo alguno el poder obtenido por la libertad, en arrebatarla a los que se han mostrado dignos de ella; que si un pueblo osa poner la mano sobre otro, no lo ayuden al robo, sin que te salgas, oh Niágara, de los bordes, los hermanos del pueblo desamparado!

Las voces del torrente, los prismas de la catarata, los penachos de espuma de colores que brotan de su seno, y el arco que le ciñe las sienes, son el cortejo propio, no mis palabras, del gran poeta en su tumba. Allí, frente a la maravilla vencida, es donde se ha de ir a saludar al genio vencedor. Allí, convidados a admirar la majestad del portento, y a meditar en su fragor, llegaron, no hace un mes, los enviados que mandan los pueblos de América a juntarse, en el invierno, para tratar del mundo americano; y al oír retumbar la catarata formidable, "¡Heredia!" dijo, poniéndose en pie, el hijo de Montevideo; "¡Heredia!" dijo, descubriéndose la cabeza, el de Nicaragua; "¡Heredia!" dijo, recordando su infancia gloriosa, el de Venezuela; "¡Heredia!"… decían, como indignos de sí y de él, los cubanos de aquella compañía; "¡Heredia!", dijo la América entera; y lo saludaron con sus cascos de piedra las estatuas de los emperadores mexicanos, con sus volcanes Centro América, con sus palmeros el Brasil, con el mar de sus pampas la Argentina, el araucano distante con sus lanzas. ¿Y nosotros, culpables, cómo lo saludaremos? ¡Danos, oh padre, virtud suficiente para que nos lloren las mujeres de nuestro tiempo, como te lloraron a ti las mujeres del tuyo; o haznos perecer en uno de los cataclismos que tú amabas, si no hemos de saber ser dignos de ti!

NUESTRA AMÉRICA[74]

Cree el aldeano vanidoso que el mundo entero es su aldea, y con tal que él quede de alcalde, o le mortifique al rival que le quitó la novia, o le crezcan en la alcancía los ahorros, ya da por bueno el orden universal, sin saber de los gigantes que llevan siete leguas en las botas y le pueden poner la bota encima, ni de la pelea de los cometas en el cielo, que van por el aire dormido engullendo mundos. Lo que quede de aldea en América ha de despertar. Estos tiempos no son para acostarse con el pañuelo a la cabeza, sino con las armas de almohada, como los varones de Juan de Castellanos[75]: las armas del juicio, que vencen a las otras. Trincheras de ideas valen más que trincheras de piedra.

No hay proa que taje una nube de ideas. Una idea enérgica, flameada a tiempo ante el mundo, para, como la bandera mística del Juicio Final, a un escuadrón de acorazados. Los pueblos que no se conocen han de darse prisa para conocerse, como quienes van a pelear juntos. Los que se enseñan los puños, como hermanos celosos que quieren los dos la misma tierra, o el de casa chica que le tiene envidia al de casa mejor, han de encajar, de modo que sean una, las dos manos. Los que, al amparo de una tradición criminal, cercenaron, con el sable tinto en la sangre de sus mismas venas, la tierra del hermano vencido[76], del hermano castigado más allá de sus culpas, si no quieren que les llame el pueblo ladrones, devuélvanle sus tierras al hermano. Las deudas de honor no las cobra el honrado en dinero, a tanto por la bofetada. Ya no podemos ser el pueblo de hojas, que vive en el aire, con la copa cargada de flor, restallando o zumbando, según la acaricie el capricho de la luz o la tundan y talen las tempestades. ¡Los árboles se han de poner en fila para que no pase el gigante de las siete leguas! Es la hora del recuento y de la marcha unida y hemos de andar en cuadro apretado, como la plata en las raíces de los Andes.

A los sietemesinos sólo les faltará el valor. Los que no tienen fe en su tierra son hombres de siete meses. Porque les falta el valor a ellos, se lo niegan a los demás. No les alcanza al árbol difícil el brazo canijo, el brazo de uñas pintadas y pulsera, el brazo de Madrid o de París, y dicen que no se puede alcanzar el árbol. Hay que cargar los barcos de esos insectos dañinos, que le roen el hueso a la patria que los nutre. Si son parisienses o madrileños, vayan al Prado, de faroles, o vayan a Tortoni, de sorbetes. ¡Estos hijos de carpintero que se avergüenzan de que su padre sea carpintero! ¡Estos nacidos en América que se avergüenzan, porque lleva delantal indio, de la madre que los crió, y reniegan, ¡bribones!, de la madre enferma y la dejan sola en el lecho de las enfermedades! Pues ¿quién es el hombre? ¿El que se queda con la madre a curarle la enfermedad, o el que la pone a trabajar donde no la vean y vive de su sustento en las tierras podridas, con el gusano de corbata, maldiciendo del seno que lo cargó, paseando el letrero de traidor en la espalda de la casaca de papel? ¡Estos hijos de nuestra América, que ha de salvarse con sus indios y va de menos a más; estos desertores que piden fusil en los ejércitos de la América del Norte, que ahoga en sangre a sus indios y va de más a menos! ¡Estos delicados, que son hombres y no quieren hacer el trabajo de hombres! Pues el Washington que les hizo esta tierra, ¿se fue a vivir con los ingleses, a vivir con los ingleses en los años en que los veía venir contra su tierra propia? ¡Estos "increíbles" del honor, que lo arrastran por el suelo extranjero, como los increíbles de la Revolución francesa[77], danzando y relamiéndose, arrastraban las erres!

¿Ni en qué patria puede tener un hombre más orgullo que en nuestras repúblicas dolorosas de América, levantadas entre las masas mudas de indios, al ruido de pelea del libro con el cirial, sobre los brazos sangrientos de un centenar de apóstoles? De factores tan descompuestos, jamás, en menos tiempo histórico, se han creado naciones tan adelantadas y compactas. Cree el soberbio que la tierra fue hecha para servirle de pedestal, porque tiene pluma fácil o la palabra de colores, y acusa de incapaz e irremediable a su república nativa porque no le dan sus selvas nuevas modo continuo de ir por el mundo de gamonal famoso, guiando jacas de Persia y derramando champaña. La incapacidad no está en el país naciente, que pide formas que se le acomoden y grandeza útil, sino en los que quieren regir pueblos originales, de composición singular y violenta, con leyes heredadas de cuatro siglos de práctica libre en los Estados Unidos, de diecinueve siglos de monarquía en Francia. Con un decreto de Hamilton[78] no se le para la pechada al potro del llanero. Con una frase de Sieyès[79] no se desestanca la sangre cuajada de la raza india. A lo que es, allí donde se gobierna, hay que atender para gobernar bien; y el buen gobernante en América no es el que sabe cómo se gobierna el alemán o el francés, sino el que sabe con qué elementos está hecho su país y cómo puede ir guiándolos en junto, para llegar, por métodos e instituciones nacidas del país mismo, a aquel estado apetecible donde cada hombre se conoce y ejerce, y disfrutan todos de la abundancia que la Naturaleza puso para todos en el pueblo que fecundan con su trabajo y defienden con sus vidas. El gobierno ha de nacer del país. El espíritu del gobierno ha de ser del país. La forma del gobierno ha de avenirse a la constitución propia del país. El gobierno no es más que el equilibrio de los elementos naturales del país.

Por eso el libro importado ha sido vencido en América por el hombre natural. Los hombres naturales han vencido a los letrados artificiales. El mestizo autóctono ha vencido al criollo exótico. No hay batalla entre la civilización y la barbarie, sino entre la falsa erudición y la Naturaleza. El hombre natural es bueno y acata y premia la inteligencia superior, mientras ésta no se vale de su sumisión para dañarle, o le ofende prescindiendo de él, que es cosa que no perdona el hombre natural, dispuesto a recobrar por la fuerza el respeto de quien le hiere la susceptibilidad o le perjudica el interés. Por esta conformidad con los elementos naturales desdeñados han subido los tiranos de América al poder, y han caído en cuanto les hicieron traición. Las repúblicas han purgado en las tiranías su incapacidad para conocer los elementos verdaderos del país, derivar de ellos la forma de gobierno y gobernar con ellos. Gobernante, en un pueblo nuevo, quiere decir creador.

En pueblos compuestos de elementos cultos e incultos, los incultos gobernarán, por su hábito de agredir y resolver las dudas con su mano, allí donde los cultos no aprendan el arte del gobierno. La masa inculta es perezosa y tímida en las cosas de la inteligencia, y quiere que la gobiernen bien; pero si el gobierno le lastima, se lo sacude y gobierna ella. ¿Cómo han de salir de las universidades los gobernantes, si no hay Universidad en América donde se enseñe lo rudimentario del arte del gobierno, que es el análisis de los elementos peculiares de los pueblos de América? A adivinar salen los jóvenes al mundo con antiparras yanquis o francesas, y aspiran a dirigir un pueblo que no conocen. En la carrera de la política habría de negarse la entrada a los que desconocen los rudimentos de la política. El premio de los certámenes no ha de ser para la mejor oda, sino para el mejor estudio de los factores del país en que se vive. En el periódico, en la cátedra, en la academia, debe llevarse adelante el estudio de los factores reales del país. Conocerlos basta, sin vendas ni ambages, porque el que pone de lado, por voluntad u olvido, una parte de la verdad, cae a la larga por la verdad que le faltó, que crece en la negligencia y derriba lo que se levanta sin ella. Resolver el problema después de conocer sus elementos, es más fácil que resolver el problema sin conocerlos. Viene el hombre natural, indignado y fuerte, y derriba la justicia acumulada de los libros, porque no se la administra en acuerdo con las necesidades patentes del país. Conocer es resolver. Conocer el país y gobernarlo conforme al conocimiento es el único modo de librarlo de tiranías. La Universidad europea ha de ceder a la Universidad americana. La historia de América, de los incas a acá, ha de enseñarse al dedillo, aunque no se enseñe la de los arcontes de Grecia. Nuestra Grecia es preferible a la Grecia que no es nuestra. Nos es más necesaria. Los políticos nacionales han de reemplazar a los políticos exóticos. Injértese en nuestras repúblicas el mundo; pero el tronco ha de ser el de nuestras repúblicas. Y calle el pedante vencido; que no hay patria en que pueda tener el hombre más orgullo que en nuestras dolorosas repúblicas americanas.

Con los pies en el rosario, la cabeza blanca y el cuello pinto de indio y criollo, vinimos, denodados, al mundo de las naciones. Con el estandarte de la Virgen salimos a la conquista de la libertad. Un cura, unos cuantos tenientes y una mujer[80] alzan en México la República en hombros de indios. Un canónigo español, a la sombra de su capa, instruye en la libertad francesa a unos cuantos bachilleres magníficos, que ponen de jefe de Centroamérica contra España al general de España[81]. Con los hábitos monárquicos y el sol por pecho, se echaron a levantar pueblos los venezolanos por el Norte y los argentinos por el Sur. Cuando los dos héroes chocaron y el continente iba a temblar, uno, que no fue el menos grande, volvió riendas. Y como el heroísmo en la paz es más escaso, porque es menos glorioso que el de la guerra; como al hombre le es más fácil morir con honra que pensar con orden; como gobernar con los sentimientos exaltados y unánimes es más hacedero que dirigir, después de la pelea, los pensamientos diversos, arrogantes, exóticos o ambiciosos; como los poderes arrollados en la arremetida épica zapaban, con la cautela felina de la especie y el peso de lo real, el edificio que había izado en las comarcas burdas y singulares de nuestra América mestiza, en los pueblos de pierna desnuda y casaca de París, la bandera de los pueblos nutridos de savia gobernante en la práctica continua de la razón y de la libertad; como la constitución jerárquica de las colonias resistía la organización democrática de la República, o las capitales de corbatín dejaban en el zaguán al campo de bota-de-potro, o los redentores bibliógenos no entendieron que la revolución que triunfó con el alma de la tierra, desatada a la voz del salvador, con el alma de la tierra había de gobernar, y no contra ella ni sin ella, entró a padecer América, y padece, de la fatiga de acomodación entre los elementos discordantes y hostiles que heredó de un colonizador despótico y avieso y las ideas y formas importadas que han venido retardando, por su falta de realidad local, el gobierno lógico. El continente, descoyuntado durante tres siglos por un mando que negaba el derecho del hombre al ejercicio de su razón, entró, desatendiendo o desoyendo a los ignorantes que lo habían ayudado a redimirse, en un gobierno que tenía por base la razón: la razón de todos en las cosas de todos, y no la razón universitaria de uno sobre la campestre de otros. El problema de la independencia no era el cambio de formas, sino el cambio de espíritu.

Con los oprimidos había que hacer causa común para afianzar el sistema opuesto a los intereses y hábitos de mando de los opresores. El tigre, espantado del fogonazo, vuelve de noche al lugar de la presa. Muere echando llamas por los ojos y con las zarpas al aire. No se le oye venir, sino que viene con zarpas de terciopelo. Cuando la presa despierta, tiene al tigre encima. La colonia continuó viviendo en la república, y nuestra América se está salvando de sus grandes yerros –de la soberbia de las ciudades capitales, del triunfo ciego de los campesinos desdeñados, de la importación excesiva de las ideas y fórmulas ajenas, del desdén inicuo e impolítico de la raza aborigen– por la virtud superior, abonada con sangre necesaria, de la república que lucha contra la colonia. El tigre espera detrás de cada árbol, acurrucado en cada esquina. Morirá, con las zarpas al aire, echando llamas por los ojos.

Pero "estos países se salvarán", como anunció Rivadavia[82], el argentino, el que pecó de finura en tiempos crudos; al machete no le va vaina de seda, ni en el país que se ganó con lanzón se puede echar el lanzón atrás, porque se enoja, y se pone en la puerta del Congreso de Iturbide "a que le hagan emperador al rubio"[83]. Estos países se salvarán, porque con el genio de la moderación que parece imperar, por la armonía serena de la

Naturaleza en el continente de la luz y por el influjo de la lectura crítica que ha sucedido en Europa a la lectura de tanteo y falansterio en que se empapó la generación anterior, le está naciendo a América, en estos tiempos reales, el hombre real.

Éramos una visión, con el pecho de atleta, las manos de petimetre y la frente de niño. Éramos una máscara, con los calzones de Inglaterra, el chaleco parisiense, el chaquetón de Norteamérica y la montera de España. El indio, mudo, nos daba vueltas alrededor y se iba al monte, a la cumbre del monte, a bautizar sus hijos. El negro, oteado, cantaba en la noche la música de su corazón, solo y desconocido, entre las olas y las fieras. El campesino, el creador, se revolvía, ciego de indignación, contra la ciudad desdeñosa, contra su criatura. Éramos charreteras y togas en países que venían al mundo con la alpargata en los pies y la vincha[84] en la cabeza. El genio hubiera estado en hermanar, con la caridad del corazón y con el atrevimiento de los fundadores, la vincha y la toga; en desestancar al indio, en ir haciendo lado al negro suficiente, en ajustar la libertad al cuerpo de los que se alzaron y vencieron por ella. Nos quedó el oidor, y el general, y el letrado, y el prebendado. La juventud angélica, como de los brazos de un pulpo, echaba al cielo, para caer con gloria estéril, la cabeza, coronada de nubes. El pueblo natural, con el empuje del instinto, arrollaba, ciego del triunfo, los bastones de oro. Ni el libro europeo ni el libro yanqui daban la clave del enigma hispanoamericano. Se probó el odio, y los países venían cada año a menos. Cansados del odio inútil, de la resistencia del libro contra la lanza, de la razón contra el cirial, de la ciudad contra el campo, del imperio imposible de las castas urbanas divididas sobre la nación natural, tempestuosa o inerte, se empieza, como sin saberlo, a probar el amor. Se ponen en pie los pueblos y se saludan. "¿Cómo somos?", se preguntan, y unos a otros se van diciendo cómo son. Cuando aparece en Cojímar[85] un problema, no va a buscar la solución a Dantzig[86]. Las levitas son todavía de Francia, pero el pensamiento empieza a ser de América. Los jóvenes de América se ponen la camisa al codo, hunden las manos en la masa y la levantan con la levadura de su sudor. Entienden que se imita demasiado y que la solución está en crear. Crear es la palabra de pase de esta generación. El vino, de plátano, y si sale agrio, ¡es nuestro vino! Se entiende que las formas de gobierno de un país han de acomodarse a sus elementos naturales; que las ideas absolutas, para no caer por un yerro de forma, han de ponerse en formas relativas; que la libertad, para ser viable, tiene que ser sincera y plena; que si la república no abre los brazos a todos y adelanta con todos, muere la república. El tigre de adentro se entra por la hendija, y el tigre de afuera. El general sujeta en la marcha la caballería al paso de los infantes. O si deja a la zaga a los infantes, le envuelve el enemigo la caballería. Estrategia es política. Los pueblos han de vivir criticándose, porque la crítica es la salud, pero con un solo pecho y una sola mente. ¡Bajarse hasta los infelices y alzarlos en los brazos! ¡Con el fuego del corazón deshelar la América coagulada! ¡Echar, bullendo y rebotando por las venas, la sangre natural del país! En pie, con los ojos alegres de los trabajadores, se saludan, de un pueblo a otro, los hombres nuevos americanos. Surgen los estadistas naturales del estudio directo de la Naturaleza. Leen para aplicar, pero no para copiar. Los economistas estudian la dificultad en sus orígenes. Los oradores empiezan a ser sobrios. Los dramaturgos traen los caracteres nativos a la escena. Las academias discuten temas viables. La poesía se corta la melena zorrillesca[87] y cuelga del árbol glorioso el chaleco colorado. La prosa, centelleante y cernida, va cargada de idea. Los gobernadores en las repúblicas de indios, aprenden indio.

De todos sus peligros se va salvando América. Sobre algunas repúblicas está durmiendo el pulpo. Otras, por la ley del equilibrio, se echan a pie a la mar, a recobrar, con prisa loca y sublime, los siglos perdidos. Otras, olvidando que Juárez[88] paseaba en un coche de mulas, ponen coche de viento y de cochero a una pompa de jabón; el lujo venenoso, enemigo de la libertad, pudre al hombre liviano y abre la puerta al extranjero. Otras acendran, con el espíritu épico de la independencia amenazada, el carácter viril. Otras crían, en la guerra rapaz contra el vecino, la soldadesca que puede devorarlas. Pero otro peligro corre acaso nuestra América, que no le viene de sí, sino de la diferencia de orígenes, métodos e intereses entre los dos factores continentales, y es la hora próxima en que se le acerque, demandando relaciones íntimas, un pueblo emprendedor y pujante que la desconoce y la desdeña. Y como los pueblos viriles, que se han hecho de sí propios, con la escopeta y la ley, aman, y sólo aman, a los pueblos viriles; como la hora del desenfreno y la ambición, de que acaso se libre, por el predominio de lo más puro de su sangre, la América del Norte, o en que pudieran lanzarla sus masas vengativas y sórdidas, la tradición de conquista y el interés de un caudillo hábil, no está tan cercana aún a los ojos del más espantadizo, que no dé tiempo a la prueba de altivez, continua y discreta, con que se la pudiera encarar y desviarla; como su decoro de república pone a la América del Norte, ante los pueblos atentos del Universo, un freno que no le ha de quitar la provocación pueril, o la arrogancia ostentosa, o la discordia parricida de nuestra América, el deber urgente de nuestra América es enseñarse como es, una en alma e intento, vencedora veloz de un pasado sofocante, manchada sólo con la sangre de abono que arranca a las manos la pelea con las ruinas, y la de las venas que nos dejaron picadas nuestros dueños. El desdén del vecino formidable, que no la conoce, es el peligro mayor de nuestra América, y urge, porque el día de la visita está próximo, que el vecino la conozca, la conozca pronto, para que no la desdeñe. Por ignorancia llegaría, tal vez, a poner en ella la codicia. Por el respeto, luego que la conociese, sacaría de ella las manos. Se ha de tener fe en lo mejor y desconfiar de lo peor de él. Hay que dar ocasión a lo mejor para que se revele y prevalezca sobre lo peor. Si no, lo peor prevalece. Los pueblos han de tener una picota para quien les azuza a odios inútiles, y otra para quien no les dice a tiempo la verdad.

No hay odio de razas, porque no hay razas. Los pensadores canijos, los pensadores de lámpara, enhebran y recalientan las razas de librería, que el viajero justo y el observador cordial buscan en vano en la justicia de la Naturaleza, donde resalta, en el amor victorioso y el apetito turbulento, la identidad universal del hombre. El alma emana, igual y eterna, de los cuerpos diversos en forma y color. Peca contra la Humanidad el que fomente y propague la oposición y el odio de las razas. Pero en el amasijo de los pueblos se condensan, en la cercanía de otros pueblos diversos, caracteres peculiares y activos, de ideas y de hábitos, de ensanche y adquisición, de vanidad y de avaricia, que del estado latente de preocupaciones nacionales pudieran, en un período de desorden interno o de precipitación del carácter acumulado del país, trocarse en amenaza grave para las tierras vecinas, aisladas y débiles, que el país fuerte declara perecederas e inferiores. Pensar es servir. Ni ha de suponerse, por antipatía de aldea, una maldad ingénita y fatal al pueblo rubio del continente porque no habla nuestro idioma, ni ve la casa como nosotros la vemos, ni se nos parece en sus lacras políticas, que son diferentes de las nuestras; ni tiene en mucho a los hombres biliosos y trigueños, ni mira caritativo, desde su eminencia aún mal segura, a los que, con menos favor de la Historia, suben a tramos heroicos la vía de las repúblicas; ni se han de esconder los datos patentes del problema que puede resolverse, para la paz de los siglos, con el estudio oportuno y la unión tácita y urgente del alma continental. ¡Porque ya suena el himno unánime; la generación actual lleva a cuestas, por el camino abonado por los padres sublimes, la América trabajadora; del Bravo al Magallanes[89], sentado en el lomo del cóndor, regó el Gran Semí[90], por las naciones románticas del continente y por las islas dolorosas del mar, la semilla de la América nueva!

JULIÁN DEL CASAL[91]

Aquel nombre tan bello que al pie de los versos tristes y joyan-
tes parecía invención romántica más que realidad, no es ya el
nombre de un vivo. Aquel fino espíritu, aquel cariño medroso
y tierno, aquella ideal peregrinación, aquel melancólico amor a
la hermosura ausente de su tierra nativa, porque las letras sólo
pueden ser enlutadas o hetairas en un país sin libertad, ya no
son hoy más que un puñado de versos, impresos en papel infeliz, como dicen que fue la vida del poeta.

De la beldad vivía prendida su alma; del cristal tallado y de
la levedad japonesa; del color del ajenjo y de las rosas del jardín; de mujeres de perla, con ornamentos de plata labrada; y él,
como Cellini, ponía en el salero a Júpiter. Aborrecía lo falso y
pomposo. Murió, de su cuerpo endeble, o del pesar de vivir,
con la fantasía elegante y enamorada, en un pueblo servil y deforme. De él se puede decir que, pagado del arte, por gustar del
de Francia tan cerca, le tomó la poesía nula, y de desgano falso
e innecesario, con que los orífices del verso parisiense entretu-
vieron estos años últimos el vacío ideal de su época transitoria.
En el mundo, si se le lleva con dignidad, hay aún poesía para
mucho; todo es el valor moral con que se encare y dome la injusticia aparente de la vida; mientras haya un bien que hacer,
un derecho que defender, un libro sano y fuerte que leer, un
rincón de monte, una mujer buena, un verdadero amigo, tendrá vigor el corazón sensible para amar y loar lo bello y ordena-

do de la vida, odiosa a veces por la brutal maldad con que suelen afearla la venganza y la codicia. El sello de la grandeza es ese triunfo. De Antonio Pérez[92] es esta verdad: "Sólo los grandes estómagos digieren veneno".

Por toda nuestra América era Julián del Casal muy conocido y amado, y ya se oirán los elogios y las tristezas. Y es que en América está ya en flor la gente nueva, que pide peso a la prosa y condición al verso, y quiere trabajo y realidad en la política y en la literatura. Lo hinchado cansó, y la política hueca y rudimentaria, y aquella falsa lozanía de las letras que recuerda los perros aventados del loco de Cervantes[93]. Es como una familia en América esta generación literaria, que principió por el rebusco imitado, y está ya en la elegancia suelta y concisa, y en la expresión artística y sincera, breve y tallada, del sentimiento personal y del juicio criollo y directo. El verso, para estos trabajadores, ha de ir sonando y volando. El verso, hijo de la emoción, ha de ser fino y profundo, como una nota de arpa. No se ha de decir lo raro, sino el instante raro de la emoción noble y graciosa. Y ese verso, con aplauso y cariño de los americanos, era el que trabajaba Julián del Casal. Y luego, había otra razón para que lo amasen; y fue que la poesía doliente y caprichosa que le vino de Francia con la rima excelsa, paró por ser en él la expresión natural del poco apego que artista tan delicado había de sentir por aquel país de sus entrañas, donde la conciencia oculta o confesa de la general humillación trae a todo el mundo como acorralado, o como con antifaz, sin gusto ni poder para la franqueza y las gracias del alma. La poesía vive de honra.

Murió el pobre poeta, y no lo llegamos a conocer. ¡Así vamos todos, en esa pobre tierra nuestra, partidos en dos, con nuestras energías regadas por el mundo, viviendo sin persona en los pueblos ajenos, y con la persona extraña sentada en los sillones de nuestro pueblo propio! Nos agriamos en vez de amarnos. Nos encelamos en vez de abrir vía juntos. Nos queremos como por entre las rejas de una prisión. ¡En verdad que es tiempo de acabar! Ya Julián del Casal acabó, joven y triste. Quedan sus versos. La América lo quiere, por fino y por sincero. Las mujeres lo lloran.

MI RAZA[94]

Esa de racista está siendo una palabra confusa, y hay que ponerla en claro. El hombre no tiene ningún derecho especial porque pertenezca a una raza u otra: dígase hombre, y ya se dicen todos los derechos. El negro, por negro, no es inferior ni superior a ningún otro hombre; peca por redundante el blanco que dice: "Mi raza"; peca por redundante el negro que dice: "Mi raza". Todo lo que divide a los hombres, todo lo que los especifica, aparta o acorrala, es un pecado contra la Humanidad. ¿A qué blanco sensato le ocurre envanecerse de ser blanco, y qué piensan los negros del blanco que se envanece de serlo y cree que tiene derechos especiales por serlo? ¿Qué han de pensar los blancos del negro que se envanece de su color? Insistir en las divisiones de raza, en las diferencias de raza de un pueblo naturalmente dividido, es dificultar la ventura pública y la individual, que están en el mayor acercamiento de los factores que han de vivir en común. Si se dice que en el negro no hay culpa aborígene ni virus que lo inhabilite para desenvolver toda su alma de hombre, se dice la verdad, y ha de decirse y demostrarse, porque la injusticia de este mundo es mucha, y la ignorancia de los mismos que pasan por la sabiduría, y aún hay quien cree de buena fe al negro incapaz de la inteligencia y corazón del blanco; y si a esa defensa de la Naturaleza se le llama racismo, no importa que se llame así, porque no es más que decoro natural, y voz que clama del pecho del hombre por la paz y la vida del país. Si se alega que la condición de esclavitud no acusa inferioridad en la raza esclava, puesto que los galos blancos de ojos azules y cabellos de oro se vendieron como siervos, con la argolla al cuello, en los mercados de Roma, eso es racismo bueno, porque es pura justicia y ayuda a quitar prejuicios al blanco ignorante. Pero ahí acaba el racismo justo, que es el derecho del negro a mantener y probar que su color no le priva de ninguna de las capacidades y derechos de la especie humana.

El racismo blanco, que le cree a su raza derechos superiores, ¿qué derecho tiene para quejarse del racista negro que le vea también especialidad a su raza? El racista negro, que ve en la raza un carácter especial, ¿qué derecho tiene para quejarse del racista blanco? El hombre blanco que, por razón de su raza, se cree superior al hombre negro, admite la idea de la raza y autoriza y provoca al racista negro. El hombre negro que proclama su raza cuando lo que acaso proclama únicamente en esta forma errónea es la identidad espiritual de todas las razas, autoriza y provoca al racista blanco. La paz pide los derechos comunes de la Naturaleza; los derechos diferenciales, contrarios a la Naturaleza, son enemigos de la paz. El blanco que se aísla, aísla al negro. El negro que se aísla, provoca a aislarse el blanco.

En Cuba no hay temor alguno a la guerra de razas. Hombre es más que blanco, más que mulato, más que negro. Cubano es más que blanco, más que mulato, más que negro. En los campos de batalla, muriendo por Cuba, han subido juntas por los aires las almas de los blancos y de los negros. En la vida diaria de defensa, de lealtad, de hermandad, de astucia, al lado de cada blanco hubo siempre un negro. Los negros, como los blancos, se dividen por sus caracteres, tímidos o valerosos, abnegados o egoístas, en los partidos diversos en que se agrupan los hombres. Los partidos políticos son agregados de preocupaciones, de aspiraciones, de intereses y de caracteres. Lo semejante esencial se busca y halla por sobre las diferencias de detalle; y lo fundamental de los caracteres análogos se funde en los partidos, aunque en lo incidental, o en lo postergable al móvil común, difieran. Pero, en suma, la semejanza de los caracteres, superior como factor de unión a las relaciones internas de un color de hombre graduado, y en sus grados a veces opuesto, decide e impera en la formación de los partidos. La afinidad de los caracteres es más poderosa entre los hombres que la afinidad del color. Los negros, distribuidos en las especialidades diversas u hostiles del espíritu humano, jamás se podrán ligar, ni desearán ligarse, contra el blanco, distribuido en las mismas especialidades. Los negros están demasiado cansados de la esclavitud para entrar voluntariamente en la esclavitud del color. Los hombres de pompa e interés se irán de un lado, blancos o negros; y los hombres generosos y desinteresados se irán de otro. Los hombres verdaderos, negros o blancos, se tratarán con lealtad y ternura, por el gusto del mérito y el orgullo de todo lo que honre la tierra en que nacimos, negro o blanco. La palabra "racista" caerá de los labios de los negros que la usan hoy de buena fe, cuando entiendan que ella es el único argumento de apariencia válida, y de validez en los hombres sinceros y asustadizos, para negar al negro la plenitud de sus derechos de hombre. Dos racistas serán igualmente culpables: el racista blanco y el racista negro. Muchos blancos se han olvidado ya de su color, y muchos negros. Juntos trabajan, blancos y negros, por el cultivo de la mente, por la propagación de la virtud, por el triunfo del trabajo creador y de la caridad sublime.

En Cuba no habrá nunca guerra de razas. La República no se puede volver atrás, y la República, desde el día único de redención del negro en Cuba, desde la primera Constitución de la independencia, el 10 de abril en Guáimaro[95], no habló nunca de blancos ni de negros. Los derechos públicos, concedidos ya de pura astucia por el Gobierno español, e iniciados en las costumbres antes de la independencia de la isla, no podrán ya ser negados, ni por el español, que los mantendrá mientras aliente en Cuba, para seguir dividiendo al cubano negro del cubano blanco, ni por la independencia, que no podría negar en la libertad los derechos que el español reconoció en la servidumbre.

Y en lo demás, cada cual será libre en lo sagrado de la casa. El mérito, la prueba patente y continua de cultura y el comercio inexorable acabarán de unir a los hombres. En Cuba hay mucha grandeza, en negros y blancos.

LA VERDAD SOBRE LOS ESTADOS UNIDOS[96]

Es preciso que se sepa en nuestra América la verdad de los Estados Unidos. Ni se debe exagerar sus faltas de propósito, por el prurito de negarles toda virtud, ni se han de esconder sus faltas o pregonarlas como virtudes. No hay razas: no hay más que modificaciones diversas del hombre, en los detalles de hábito y formas que no les cambian lo idéntico y esencial, según las condiciones de clima e historia en que viva. Es de hombres de prólogo y superficie –que no hayan hundido los brazos en las entrañas humanas, que no vean desde la altura imparcial hervir en igual horno las naciones, que en el huevo y tejido de todas ellas no hallen el mismo permanente duelo del interés constructor y el odio inicuo– el entretenimiento de hallar variedad sustancial entre el egoísta sajón y el egoísta latino, el sajón generoso o el latino generoso, el latino burómano o el burómano sajón: de virtudes y defectos son capaces por igual latinos y sajones. Lo que varía es la consecuencia peculiar de la distinta agrupación histórica: en un pueblo de ingleses y holandeses y alemanes afines, cualesquiera que sean los disturbios, mortales tal vez, que les acarree el divorcio original del señorío y la llaneza que a un tiempo lo fundaron, y la hostilidad inevitable, y en la especie humana indígena, de la codicia y vanidad que crean las aristocracias contra el derecho y la abnegación que se les revelan, no puede producirse la confusión de hábitos políticos y la revuelta hornalla de los pueblos en que la necesidad del conquistador dejó viva la población natural, espantada y diversa, a que aún cierra el paso con parricida ceguedad la casta privilegiada que engendró en ella el europeo. Una nación de mocetones del Norte, hechos de siglos atrás al mar y a la nieve, y a la hombría favorecida por la perenne defensa de las libertades locales, no puede ser como una isla del trópico, fácil y sonriente, donde trabajan por su ajuste, bajo un gobierno que es como piratería política, la excrecencia famélica de un pueblo europeo, soldadesco y retrasado, los descendientes de esta tribu áspera e inculta, divididos por el odio de la docilidad acomodaticia a la virtud rebelde, y los africanos pujantes y sencillos, o envilecidos y rencorosos, que de una espantable esclavitud y una sublime guerra han entrado a la conciudadanía con los que los compraron y los vendieron y, gracias a los muertos de la guerra sublime, saludan hoy como a igual al que hacían ayer bailar a latigazos. En lo que se ha de ver si sajones y latinos son distintos, y en lo que únicamente se les puede comparar, es en aquello en que les hayan rodeado condiciones comunes; y es un hecho que en los Estados del sur de la Unión Americana, donde hubo esclavos negros, el carácter dominante es tan soberbio, tan perezoso, tan inclemente, tan desvalido como pudiera ser, en consecuencia de la esclavitud, el de los hijos de Cuba. Es de supina ignorancia y de ligereza infantil y punible hablar de los Estados Unidos y de las conquistas reales o aparentes de una comarca suya o grupo de ellas como de una nación total e igual, de libertad unánime y de conquistas definitivas; semejantes Estados Unidos son una ilusión o una superchería. De las covachas de Dakota[97], y la nación que por allá va alzándose, bárbara y viril, hay todo un mundo a las ciudades del Este, arrellanadas, privilegiadas, encastadas, sensuales, injustas. Hay un mundo, con sus casas de cantería y libertad señorial, del norte de Schenectady[98] a la estación zancuda y lúgubre del sur de Petersburg[99], del pueblo limpio e interesado del Norte a la tienda de holgazanes, sentados en el coro de barriles, de los pueblos coléricos, paupérrimos, descascarados, agrios, grises del Sur. Lo que ha de observar el hombre honrado es precisamente que no sólo no han podido fundirse, en tres siglos de vida común, o uno de ocupación política, los elementos de origen y tendencia diversos con que se crearon los Estados Unidos, sino que la comunidad forzosa exacerba y acentúa sus diferencias primarias y convierte la federación innatural en un estado, áspero, de violenta conquista. Es de gente menor, y de la envidia incapaz y roedora, el picar puntos a la grandeza patente y negarla en redondo, por uno u otro lunar, o empinársele de agorero, como quien quita una mota al sol. Pero no augura, sino certifica, el que observa cómo en los Estados Unidos, en vez de apretarse las causas de unión, se aflojan; en vez de resolverse los problemas de la humanidad, se reproducen; en vez de amalgamarse en la política nacional las localidades, la dividen y la enconan; en vez de robustecerse la democracia y salvarse del odio y miseria de las monarquías, se corrompe y aminora la democracia, y renacen, amenazantes, el odio y la miseria. Y no cumple con su deber quien lo calla, sino quien lo dice. Ni con el deber de hombre cumple, de conocer la verdad y esparcirla; ni con el deber de buen americano, que sólo ve seguras la gloria y paz del continente en el desarrollo franco y libre de sus distintas entidades naturales; ni con su deber de hijo de nuestra América, para que por ignorancia, o deslumbramiento, o impaciencia, no caigan los pueblos de casta española al consejo de la toga remilgada y el interés asustadizo en la servidumbre inmoral y enervante de una civilización dañada y ajena. Es preciso que se sepa en nuestra América la verdad de los Estados Unidos.

Lo malo se ha de aborrecer, aunque sea nuestro; y aun cuando no lo sea. Lo bueno no se ha de desamar sólo porque no sea nuestro. Pero es aspiración irracional y nula, cobarde aspiración de gente segundona e ineficaz, la de llegar a la firmeza de un pueblo extraño por vías distintas de las que llevaron a la seguridad y al orden al pueblo envidiado; por el esfuerzo propio y por la adaptación de la libertad humana a las formas requeridas por la constitución peculiar del país. En unos es el excesivo amor al Norte la expresión, explicable e imprudente, de un deseo de progreso tan vivaz y fogoso que no ve que las ideas, como los árboles, han de venir de larga raíz y ser de suelo afín para que prendan y prosperen, y que al recién nacido no se le da la sazón de la madurez porque se le cuelguen al rostro blando los bigotes y patillas de la edad mayor. Monstruos se crean así y no pueblos; hay que vivir de sí y sudar la calentura. En otros, la yanquimanía es inocente fruto de uno y otro salti-to de placer, como quien juzga de las entrañas de una casa, y de las almas que en ella ruegan o fallecen, por la sonrisa y lujo del salón de recibir, o por la champaña y el clavel de la mesa del convite; padézcase, carézcase, trabájese, ámese, y en vano; estú-diese, con el valor y libertad de sí; vélese por los pobres, llórese con los miserables, ódiese la brutalidad de la riqueza, vívase en el palacio y en la ciudadela, en el salón de la escuela y en sus za-guanes, en el palco del teatro, de jaspes y oro, y en los bastido-res, fríos y desnudos; y así se podrá opinar, con asomos de ra-zón, sobre la República autoritaria y codiciosa y la sensualidad creciente de los Estados Unidos. En otros, póstumos enclen-ques del dandismo literario del Segundo Imperio[100], o escépti-cos postizos bajo cuya máscara de indiferencia suele latir un co-razón de oro, la moda es el desdén, y más, de lo nativo; y no les parece que haya elegancia mayor que la de beberle al extranjero los pantalones y las ideas, e ir por el mundo erguido, como el faldero acariciado, el pompón de la cola. En otros es como sutil aristocracia, con la que, amando en público lo rubio como pro-pio y natural, intentan encubrir el origen que tienen por mesti-zo y humilde, sin ver que fue siempre entre hombres señal de bastardía el andar tildando de ella a los demás, y no hay denun-cia más segura del pecado de una mujer que el alardear de des-precio a las pecadoras. Sea la causa cualquiera –impaciencia de la libertad o miedo de ella, pereza moral o aristocracia risible, idealismo político o ingenuidad recién llegada–, es cierto que conviene, y aun urge, poner delante de nuestra América la ver-dad toda americana, de lo sajón como de lo latino, a fin de que la fe excesiva en la virtud ajena no nos debilite, en nuestra épo-ca de fundación, con la desconfianza inmotivada y funesta de lo propio. En una sola guerra, en la de Secesión, que fue más para disputarse entre Norte y Sur el predominio en la Repúbli-ca que para abolir la esclavitud, perdieron los Estados Unidos, hijos de la práctica republicana de tres siglos en un país de elementos menos hostiles que otro alguno, más hombres que los que en tiempo igual y con igual número de habitantes han perdido juntas todas las repúblicas españolas de América en la obra naturalmente lenta, y de México a Chile vencedora, de poner a flor del mundo nuevo, sin más empuje que el apostolado retórico de una gloriosa minoría y el instinto popular, los pueblos remotos de núcleos distantes y de razas adversas, donde dejó el mando de España toda la rabia e hipocresía de la teocracia y la desidia y el recelo de una prolongada servidumbre. Y es de justicia y de legítima ciencia social reconocer que, en relación con las facilidades del uno y los obstáculos del otro, el carácter norteamericano ha descendido desde la independencia y es hoy menos humano y viril, mientras que el hispanoamericano, a todas luces, es superior hoy, a pesar de sus confusiones y fatigas, a lo que era cuando empezó a surgir de la masa revuelta de clérigos logreros, imperitos ideólogos e ignorantes o silvestres indios. Y para ayudar al conocimiento de la realidad política de América y acompañar o corregir, con la fuerza serena del hecho, el encomio inconsulto –y, en lo excesivo, pernicioso– de la vida política y el carácter norteamericanos, *Patria* inaugura en el número de hoy una sección permanente de "Apuntes sobre los Estados Unidos", donde, estrictamente traducidos de los primeros diarios del país y sin comentario ni mudanza de la redacción, se publiquen aquellos sucesos por donde se revelen, no el crimen o la falta accidental –y en todos los pueblos posibles– en que sólo el espíritu mezquino halla cebo y contento, sino aquellas calidades de constitución que, por su constancia y autoridad, demuestran las dos verdades útiles a nuestra América: el carácter crudo, desigual y decadente de los Estados Unidos y la existencia, en ellos continua, de todas las violencias, discordias, inmoralidades y desórdenes de que se culpa a los pueblos hispanoamericanos.

MANIFIESTO DE MONTECRISTI[101]

EL PARTIDO REVOLUCIONARIO CUBANO A CUBA

La revolución de independencia, iniciada en Yara[102] después de preparación gloriosa y cruenta, ha entrado en Cuba en un nuevo período de guerra, en virtud del orden y acuerdos del Partido Revolucionario en el extranjero y en la isla y de la ejemplar congregación en él de todos los elementos consagrados al saneamiento y emancipación del país, para bien de América y del mundo; y los representantes electos de la revolución que hoy se confirma reconocen y acatan su deber —sin usurpar el acento y las declaraciones, sólo propias de la majestad de la República constituida— de repetir ante la patria, que no se ha de ensangrentar sin razón ni sin justa esperanza de triunfo, los propósitos precisos, hijos del juicio y ajenos de la venganza, con que se ha compuesto, y llegará a su victoria racional la guerra inextinguible que hoy lleva a los combates, en conmovedora y prudente democracia, los elementos todos de la sociedad de Cuba.

La guerra no es, en el concepto sereno de los que aún hoy la representan y de la revolución pública y responsable que los eligió, el insano triunfo de un partido cubano sobre otro, o la humillación siquiera de un grupo equivocado de cubanos, sino la demostración solemne de la voluntad de un país harto probado en la guerra anterior para lanzarse a la ligera en un conflicto sólo terminable por la victoria o el sepulcro, sin causas bastante profundas para sobreponerse a las cobardías humanas y sus varios disfraces, y sin determinación tan respetable por ir firmada por la muerte que debe imponer silencio a aquellos cubanos menos venturosos que no se sienten poseídos de igual fe en las capacidades de su pueblo ni de valor igual con que emanciparlo de su servidumbre.

La guerra no es la tentativa caprichosa de una independencia más temible que útil, que sólo tendrían derecho a demorar o condenar los que mostrasen la virtud y el propósito de conducirla a otra más viable y segura, y que no debe en verdad apetecer un pueblo que no la pueda sustentar, sino el producto disciplinado de la reunión de hombres enteros que en el reposo de la experiencia se han decidido a encarar otra vez los peligros que conocen, y de la congregación cordial de los cubanos de más diverso origen, convencidos de que en la conquista de la libertad se adquieren mejor que en el abyecto abatimiento las virtudes necesarias para mantenerla.

La guerra no es contra el español, que en el seguro de sus hijos y en el acatamiento de la patria que se ganen podrá gozar respetado, y aun amado, de la libertad, que sólo arrollará a los que le salgan, imprevisores, al camino. Ni del desorden, ajeno a la moderación probada del espíritu de Cuba, será cuna la guerra; ni de la tiranía. Los que la fomentaron, y pueden aún llevar su voz, declaran en nombre de ella, ante la patria, su limpieza de todo odio, su indulgencia fraternal para con los cubanos tímidos equivocados, su radical respeto al decoro del hombre, nervio del combate y cimiento de la República; su certidumbre de la aptitud de la guerra para ordenarse de modo que contenga la redención que la inspira, la relación en que un pueblo debe vivir con los demás y la realidad que la guerra es, y su terminante voluntad de respetar, y hacer que se respete, al español neutral y honrado, en la guerra y después de ella, y de ser piadosa con el arrepentimiento e inflexible sólo con el vicio, el crimen y la inhumanidad. En la guerra que se ha reanudado en Cuba no ve la revolución las causas del júbilo que pudieran embargar al heroísmo irreflexivo, sino las responsabilidades que deben preocupar a los fundadores de pueblos.

Entre Cuba en la guerra con la plena seguridad, inaceptable sólo a los cubanos sedentarios y parciales, de la competencia de sus hijos para obtener el triunfo por la energía de la revolución pensadora y magnánima, y de la capacidad de los cubanos, cultivada en diez años primeros de fusión sublime, y en las prácticas modernas del gobierno y el trabajo, para salvar la patria desde su raíz de los desacomodos y tanteos, necesarios al principio del siglo, sin comunicaciones y sin preparación, en las repúblicas feudales y teóricas de Hispanoamérica. Punible ignorancia o alevosía fuera desconocer las causas, a menudo gloriosas y ya generalmente redimidas, de los trastornos americanos, venidos del error de ajustar a moldes extranjeros, de dogma incierto o mera relación a su lugar de origen, la realidad ingenua de los países que conocían sólo de las libertades el ansia que las conquista y la soberanía que se gana por pelear por ellas. La concentración de la cultura meramente literaria en las capitales, el erróneo apego de las repúblicas a las costumbres señoriales de la colonia, la creación de caudillos rivales consiguiente al trato receloso e imperfecto de las comarcas apartadas, la condición rudimentaria de la única industria, agrícola y ganadera, y el abandono y desdén de la fecunda raza indígena en las disputas de credo o localidad que esas causas de los trastornos en los pueblos de América mantenían, no son, de ningún modo, los problemas de la sociedad cubana. Cuba vuelve a la guerra con un pueblo democrático y culto, conocedor celoso de su derecho y del ajeno; o de cultura mucho mayor, en lo más humilde de él, que las masas llaneras o indias con que, a la voz de los héroes primados de la emancipación, se mudaron de hatos en naciones las silenciosas colonias de América; y en el crucero del mundo, al servicio de la guerra y a la fundación de la nacionalidad le vienen a Cuba, del trabajo creador y conservador de los pueblos más hábiles del orbe y del propio esfuerzo en la persecución y miseria del país, los hijos lúcidos, magnates o siervos, que de la época primera de acomodo, ya vencida entre los componentes heterogéneos de la nación cubana, salieron a preparar, o en la misma isla continuaron preparando, con su propio perfeccionamiento, el de la nacionalidad a que concurren hoy con la firmeza de sus personas laboriosas y el seguro de su educación republicana. El civismo de sus guerreros, el cultivo y benignidad de sus artesanos, el empleo real y moderno de un número vasto de sus inteligencias y riquezas, la peculiar moderación del campesino sazonado en el destierro y en la guerra, el trato íntimo y diario y rápida e inevitable uniformación de las diversas secciones del país, la administración recíproca de las virtudes iguales entre los cubanos, que de las diferencias de la esclavitud pasaron a la hermandad del sacrificio, y la benevolencia y aptitud creciente del liberto, superiores a los raros ejemplos de su desvío o encono, aseguran a Cuba, sin ilícita ilusión, un porvenir en que las condiciones de asiento y del trabajo inmediato de un pueblo feraz en la república justa excederán a las de disociación y parcialidad provenientes de la pereza o arrogancia que la guerra a veces cría, del rencor ofensivo de una minoría de amos caída de sus privilegios, de la censurable premura con que una minoría aún invisible de libertos descontentos pudiera aspirar, con violación funesta del albedrío y naturaleza humanos, al respeto social que sola y seguramente ha de venirles de la igualdad probada en las virtudes y talentos y de la súbita desposesión, en gran parte, de los pobladores letrados de las ciudades, de la suntuosidad o abundancia relativa que hoy les viene de las gabelas inmorales y fáciles de la colonia y de los oficios que habrán de desaparecer de la libertad. Un pueblo libre, en el trabajo abierto a todos, enclavado a las bocas del universo rico e industrial, sustituirá, sin obstáculo y con ventaja, después de una guerra inspirada en la más pura abnegación y mantenida conforme a ella, al pueblo avergonzado donde el bienestar sólo se obtiene a cambio de la complicidad expresa o tácita con la tiranía de los extranjeros menesterosos que lo desangran y corrompen. No dudan de Cuba, ni de sus aptitudes para obtener y gobernar su independencia, los que en el heroísmo de la muerte y en el de la fundación callada de la patria ven resplandecer de continuo, en grandes y en pequeños, las dotes de concordia y sensatez, sólo inadvertibles para los que, fuera del alma real de su país, lo juzgan, en el arrogante concepto de sí propios, sin más poder de rebeldía y creación que el que asoma tímidamente en la servidumbre de sus quehaceres coloniales.

De otro temor quisiera acaso valerse hoy, so pretexto de prudencia, la cobardía: el temor insensato, y jamás en Cuba justificado, a la raza negra. La revolución, con su carga de mártires y de guerreros subordinados y generosos, desmiente indignada, como desmiente la larga prueba de la emigración y de la tregua en la isla, la tacha de amenaza de la raza negra con que se quisiese inicuamente levantar por los beneficiarios del régimen de España, el miedo a la revolución. Cubanos hay ya en Cuba de uno y otro color, olvidados para siempre –con la guerra emancipadora y el trabajo donde unidos se gradúan– del odio en que los pudo dividir la esclavitud. La novedad y aspereza de las relaciones sociales, consiguientes a la mudanza súbita del hombre ajeno en propio, son menores que la sincera estimación del cubano blanco por el alma igual, la afanosa cultura, el fervor del hombre libre y el amable carácter de su compatriota negro. Y si a la raza le naciesen demagogos inmundos o almas ávidas cuya impaciencia propia azuzase la de su color, o en quien se convirtiera en injusticia con los demás la piedad por los suyos, con su agradecimiento y su cordura y su amor a la patria, con su convicción de la necesidad de desautorizar por la prueba patente de la inteligencia y la virtud del cubano negro la opinión que aún reine de su incapacidad para ellas, y con la posesión de todo lo real del derecho humano y el consuelo y la fuerza de la estimación de cuanto en los cubanos blancos hay de justo y generoso, la misma raza extirparía en Cuba el peligro negro, sin que tuviera que alzarse a él una sola mano blanca. La revolución lo sabe y lo proclama; la emigración lo proclama también. Allí no tiene el cubano negro escuelas de ira, como no tuvo en la guerra una sola culpa de ensoberbecimiento indebido o de insubordinación. En sus hombros anduvo segura la República, a que no atentó jamás. Sólo los que odian al negro ven en el negro odio, y los que con semejante miedo injusto traficasen para sujetar, con inapetecible oficio, las manos que pudieran erguirse a expulsar de la tierra cubana al ocupante corruptor.

En los habitantes españoles de Cuba, en vez de la deshonrosa ira de la primera guerra, espera hallar la revolución, que ni lisonjea ni teme, tan afectuosa neutralidad o tan veraz ayuda que por ellas vendrá a ser la guerra más breve, sus desastres menores y más fácil y amiga la paz en que han de vivir juntos padres e hijos. Los cubanos empezamos la guerra, y los cubanos y los españoles la terminaremos. No nos maltraten, y no se les maltratará. Respeten, y se les respetará. Al acero responda el acero, y la amistad a la amistad. En el pecho antillano no hay odio, y el cubano saluda en la muerte al español, a quien la crueldad del ejercicio forzoso arrancó de su casa y su terruño para venir a asesinar en pechos de hombres la libertad que él mismo ansía. Más que saludarlo en la muerte, quisiera la revolución acogerlo en vida, y la República será tranquilo hogar para cuantos españoles de trabajo y honor gocen en ella de la libertad y bienes que no han de hallar aún por largo tiempo en la lentitud, desidia y vicios políticos de la tierra propia. Este es el corazón de Cuba, y así será la guerra. ¿Qué enemigos españoles tendrá verdaderamente la revolución? ¿Será el ejército, republicano en mucha parte, que ha aprendido a respetar nuestro valor, como nosotros respetamos el suyo, y más siente impulso a veces de unírsenos que de combatirnos? ¿Serán los quintos, educados ya en las ideas de humanidad, contrarias a derramar sangre de sus semejantes en provecho de un cetro inútil o una patria codiciosa, los quintos segados en la flor de su juventud para venir a defender, contra un pueblo que los acogiera alegre como ciudadanos libres, un trono mal sujeto, sobre la nación vencida por sus guías, con la complicidad de sus privilegios y sus logros? ¿Será la masa, hoy humana y culta, de artesanos y dependientes, a quienes, so pretexto de patria, arrastró ayer a la ferocidad y al crimen el interés de los españoles acaudalados que hoy, con lo más de sus fortunas salvas en España, muestran menos celo que aquél con que ensangrentaron la tierra de su riqueza cuando los sorprendió en ella la guerra con toda su fortuna? ¿O serán los fundadores de familias y de industrias cubanas, fatigados ya del fraude de España y de su desgobierno, y como el cubano vejados y oprimidos, los que, ingratos e imprudentes, sin miramiento por la paz de sus casas y la conservación de una riqueza que el régimen de España amenaza más que la revolución, se revuelvan contra la tierra que de tristes rústicos los ha hecho esposos felices y dueños de una prole capaz de morir sin odio por asegurar al padre sangriento un suelo libre al fin de la discordia permanente entre el criollo y el peninsular; donde la honrada fortuna pueda mantenerse sin cohecho y desarrollarse sin zozobra, y el hijo no vea entre el beso de sus labios y la mano de su padre la sombra aborrecida del opresor? ¿Qué suerte elegirán los españoles: la guerra sin tregua, confesa o disimulada, que amenaza y perturba las relaciones siempre inquietas y violentas del país, o la paz definitiva, que jamás se conseguirá en Cuba sino con la independencia? ¿Entonarán y ensangrentarán los españoles arraigados en Cuba la guerra en que puedan quedar vencidos? ¿Ni con qué derecho nos odiarán los españoles, si los cubanos no los odiamos? La revolución emplea sin miedo este lenguaje, porque el decreto de emancipar de una vez a Cuba de la ineptitud irremediable del gobierno de España y abrirla franca para todos los hombres al mundo nuevo es tan terminante como la voluntad de mirar como a cubanos, sin tibio corazón ni amargas memorias, a los españoles que por su pasión de libertad ayuden a conquistarla en Cuba, y a los que con su respeto a la guerra de hoy rescaten la sangre que en la de ayer manó a sus golpes del pecho de sus hijos.

En las formas que se dé la revolución, conocedora de su desinterés, no hallará sin duda pretexto de reproche la vigilante cobardía, que en los errores formales del país naciente, o en su poca suma visible de república, pudiese procurar razón con que negarle la sangre que le adeuda. No tendrá el patriotismo puro causa de temor por la dignidad y suerte futura de la patria. La dificultad de las guerras de independencia en América y la de sus primeras nacionalidades ha estado, más que en la discordia de sus héroes y en la emulación y recelo inherentes al hombre, en la falta oportuna de forma que a la vez contenga el espíritu de redención que, con apoyo de ímpetus menores, promueve y nutre la guerra, y las prácticas necesarias a la guerra, y que ésta debe desembarazar y sostener. En la guerra inicial, ha de hallar el país maneras tales de gobierno que a un tiempo satisfagan la inteligencia madura y suspicaz de sus hijos cultos y las condiciones requeridas para la ayuda y respeto de los demás pueblos, y permitan en vez de entrabar el desarrollo pleno y término rápido de la guerra fatalmente necesaria a la felicidad pública. Desde sus raíces se ha de constituir la patria con formas viables, y de sí propia nacidas, de modo que un gobierno sin realidad ni sanción no la conduzca a las parcialidades o a la tiranía. Sin atentar con desordenado concepto de su deber, al uso de las facultades íntegras de constitución con que se ordenen y acomoden, en su responsabilidad peculiar ante el mundo contemporáneo, liberal e impaciente, los elementos expertos y novicios, por igual movidos de ímpetu ejecutivo y pureza ideal, que con nobleza idéntica, y el título inexpugnable de su sangre, se lanzan tras el alma y guía de los primeros héroes, a abrir a la Humanidad una República trabajadora; sólo es lícito al Partido Revolucionario Cubano declarar su fe en que la revolución ha de hallar formas que le aseguren, en la unidad y vigor indispensables a una guerra culta, el entusiasmo de los cubanos, la confianza de los españoles y la amistad del mundo. Conocer y fijar la realidad, componer en molde natural la realidad de las ideas que producen o apagan los hechos, y la de los hechos que nacen de las ideas, ordenar la revolución del decoro, el sacrificio y la cultura, de modo que no quede el decoro de un solo hombre lastimado, ni el sacrificio parezca inútil a un solo cubano, ni la revolución inferior a la cultura del país, no a la extranjera y desautorizada cultura que se enajena el respeto de los hombres viriles por la ineficacia de los resultados y el contraste lastimoso entre la poquedad real y la arrogancia de sus estériles poseedores, sino al profundo conocimiento de la labor del hombre en el rescate y sostén de su dignidad; ésos son los deberes y los intentos de la revolución. Ella se regirá de modo que la guerra, pujante y capaz, dé pronto casa firme a la nueva República.

La guerra sana y vigorosa desde el nacer con que hoy reanuda Cuba, con todas las ventajas de su experiencia y la victoria asegurada a las determinaciones finales, el esfuerzo excelso, jamás recordado sin unción, de sus inmarcesibles héroes, no es sólo hoy el piadoso anhelo de dar vida plena al pueblo que, bajo la inmoralidad y ocupación crecientes de un amo inepto, desmigaja o pierde su fuerza superior en la patria sofocada o en los destierros esparcidos. Ni es la guerra el insuficiente prurito de conquistar a Cuba con el sacrificio tentador, la independencia política, que sin derecho pediría a los cubanos su brazo si con ella no fuese la esperanza de crear una patria más a la libertad del pensamiento, la equidad de las costumbres y la paz del trabajo. La guerra de independencia de Cuba, nudo del haz de islas donde se ha de cruzar, en plazo de pocos años, el comercio de los continentes, es suceso de gran alcance humano, y servicio oportuno que el heroísmo juicioso de las Antillas presta a la firmeza y trato justo de las naciones americanas y al equilibrio aún vacilante del mundo. Honra y conmueve pensar que cuando cae en tierra de Cuba un guerrero de la independencia, abandonado tal vez por los pueblos incautos o indiferentes a quienes se inmola, cae por el bien mayor del hombre, la confirmación de la república moral en América y la creación de un archipiélago libre donde las naciones respetuosas derramen las riquezas que a su paso han de caer sobre el crucero del mundo. ¡Apenas podría creerse que con semejantes mártires y tal porvenir hubiera cubanos que atasen a Cuba a la monarquía podrida y aldeana de España y a su miseria inerte y viciosa!

A la revolución cumplirá mañana el deber de explicar de nuevo al país y a las naciones las causas locales y de idea e interés universal con que para el adelanto y servicio de la Humanidad reanuda el pueblo emancipador de Yara y de Guáimaro una guerra digna del respeto de sus enemigos y el apoyo de los pueblos, por el rígido concepto del derecho del hombre y su aborrecimiento de la venganza estéril y la devastación inútil. Hoy, al proclamar desde el umbral de la tierra venerada el espíritu y doctrinas que produjeron y alientan la guerra entera y humanitaria en que se une aún más el pueblo de Cuba, invencible e indivisible, séanos lícito invocar, como guía y ayuda de nuestro pueblo, a los magnánimos fundadores, cuya labor renueva el país agradecido, y al honor, que ha de impedir a los cubanos herir, de palabra o de obra, a los que mueren por ellos. Y al declarar así, en nombre de la patria, y deponer ante ella y ante su libre facultad de constitución la obra idéntica de dos generaciones, suscriben juntos la declaración, por la responsabilidad común de su representación, y en muestra de unidad y solidez de la revolución cubana, el delegado del Partido Revolucionario Cubano, creado para ordenar y auxiliar la guerra actual, y el general en jefe electo en él por todos los miembros activos del Ejército Libertador.

Montecristi, 25 de marzo de 1895

José Martí. M. Gómez[103]

Crónicas

EL PRESIDIO POLÍTICO EN CUBA[104]

I

Dolor infinito debía ser el único nombre de estas páginas.

Dolor infinito, porque el dolor del presidio es el más rudo, el más devastador de los dolores, el que mata la inteligencia y seca el alma y deja en ella huellas que no se borrarán jamás.

Nace con un pedazo de hierro; arrastra consigo este mundo misterioso que agita cada corazón; crece nutrido de todas las penas sombrías, y rueda, al fin, aumentado con todas las lágrimas abrasadoras.

Dante no estuvo en presidio.

Si hubiera sentido desplomarse sobre su cerebro las bóvedas oscuras de aquel tormento de la vida, hubiera desistido de pintar su Infierno. Las hubiera copiado, y lo hubiera pintado mejor.

Si existiera el Dios providente y lo hubiera visto, con la una mano se habría cubierto el rostro y con la otra habría hecho rodar al abismo aquella negación de Dios.

Dios existe, sin embargo, en la idea del bien, que vela el nacimiento de cada ser, y deja en el alma que se encarna en él una lágrima pura. El bien es Dios. La lágrima es la fuente de sentimiento eterno.

Dios existe, y yo vengo en su nombre a romper en las almas españolas el vaso frío que encierra en ellas la lágrima.

Dios existe, y si me hacéis alejar de aquí sin arrancar de vosotros la cobarde, la malaventurada indiferencia, dejadme que os desprecie, ya que yo no puedo odiar a nadie; dejadme que os compadezca en nombre de mi Dios.

Ni os odiaré ni os maldeciré.

Si yo odiara a alguien, me odiaría por ello a mí mismo.

Si mi Dios maldijera, yo negaría por ello a mi Dios.

II

¿Qué es aquello?

Nada.

Ser apaleado, ser pisoteado, ser arrastrado, ser abofeteado en la misma calle, junto a la misma casa, en la misma ventana donde un mes antes recibíamos la bendición de nuestra madre, ¿qué es?

Nada.

Pasar allí con el agua a la cintura, con el pico en la mano, con el grillo en los pies, las horas que días atrás pasábamos en el seno del hogar, porque el sol molestaba nuestras pupilas y el calor alteraba nuestra salud, ¿qué es?

Nada.

Volver ciego, cojo, magullado, herido, al son del palo y la blasfemia, del golpe y del escarnio, por las calles aquellas que meses antes me habían visto pasar sereno, tranquilo, con la hermana de mi amor en los brazos y la paz de la ventura en el corazón, ¿qué es esto?

Nada también.

¡Horrorosa, terrible, desgarradora nada!

Y vosotros los españoles la hicisteis.

Y vosotros la sancionasteis.

Y vosotros la aplaudisteis.

¡Oh, y qué espantoso debe de ser el remordimiento de una nada criminal!

Los ojos atónitos lo ven; la razón escandalizada se espanta; pero la compasión se resiste a creer lo que habéis hecho, lo que hacéis aún.

O sois bárbaros o no sabéis lo que hacéis.

Dejadme, dejadme pensar que no lo sabéis aún.

Dejadme, dejadme pensar que en esta tierra hay honra todavía y que aún puede volver por ella esta España de acá tan injusta, tan indiferente, tan semejante ya a la España repelente y desbordada de más allá del mar.

Volved, volved por vuestra honra: arrancad los grillos a los ancianos, a los idiotas, a los niños; arrancad el palo al miserable apaleador; arrancad vuestra vergüenza al que se embriaga insensato en brazos de la venganza y se olvida de Dios y de vosotros; borrad, arrancad todo esto, y haréis olvidar algunos de sus días más amargos al que ni al golpe del látigo, ni a la voz del insulto, ni al rumor de sus cadenas ha aprendido aún a odiar.

… … … … … … … … … … … … … … … … … … … …

VI

Era el 5 de abril de 1870. Meses hacía que había yo cumplido diecisiete años.

Mi patria me había arrancado de los brazos de mi madre y señalado un lugar en su banquete. Yo besé sus manos y las mojé con el llanto de mi orgullo, y ella partió y me dejó abandonado a mí mismo.

Volvió el día 5 severa, rodeó con una cadena mi pie, me vistió con ropa extraña, cortó mis cabellos y me alargó en la mano un corazón. Yo toqué mi pecho y lo hallé lleno; toqué mi cerebro y lo hallé firme; abrí mis ojos y los sentí soberbios, y rechacé altivo aquella vida que me daban y que rebosaba en mí.

Mi patria me estrechó en sus brazos, y me besó en la frente, y partió de nuevo, señalándome con la una mano el espacio y con la otra las canteras.

Presidio, Dios: ideas para mí tan cercanas como el inmenso sufrimiento y el eterno bien. Sufrir es quizá gozar. Sufrir es morir para la torpe vida por nosotros creada y nacer para la vida de lo bueno, única vida verdadera.

¡Cuánto, cuánto pensamiento extraño agitó mi cabeza! Nunca como entonces supe cuánto el alma es libre en las amargas horas de la esclavitud. Nunca como entonces, que gozaba en sufrir. Sufrir es más que gozar: es verdaderamente vivir.

Pero otros sufrían como yo, otros sufrían más que yo. Y yo no he venido aquí a cantar el poema íntimo de mis luchas y mis horas de Dios. Yo no soy aquí más que un grillo que no se rompe entre otros mil que no se han roto tampoco. Yo no soy aquí más que una gota de sangre caliente en un montón de sangre coagulada. Si meses antes era mi vida un beso de mi madre, y mi gloria mis sueños de colegio; si era mi vida entonces el temor de no besarla nunca y la angustia de haberlos perdido, ¿qué me importa? El desprecio con que acallo estas angustias vale más que todas mis glorias pasadas. El orgullo con que agito estas cadenas valdrá más que todas mis glorias futuras; que el que sufre por su patria y vive para Dios, en este u otros mundos tiene verdadera gloria. ¿A qué hablar de mí mismo, ahora que hablo de sufrimientos, si otros han sufrido más que yo? Cuando otros lloran sangre, ¿qué derecho tengo yo para llorar lágrimas?

Era aún el día 5 de abril.

Mis manos habían movido ya las bombas; mi padre había gemido ya junto a mi reja; mi madre y mis hermanas elevaban al cielo su oración empapada en lágrimas por mi vida; mi espíritu se sentía enérgico y potente; yo esperaba con afán la hora en que volverían aquellos que habían de ser mis compañeros en el más rudo de los trabajos.

Habían partido, me dijeron, mucho antes de salir el Sol, y no habían llegado aún, mucho tiempo después que el Sol se había puesto. Si el Sol tuviera conciencia, trocaría en cenizas sus rayos que alumbran al nacer la mancha de la sangre que se cuaja en los vestidos, y la espuma que brota de los labios, y la mano que alza con la rapidez de la furia el palo, y la espalda que gime al golpe como el junco al soplo del vendaval.

Los tristes de la cantera vinieron al fin. Vinieron dobladas las cabezas, harapientos los vestidos, húmedos los ojos, pálido y demacrado el semblante. No caminaban: se arrastraban; no hablaban: gemían. Parecía que no querían ver; lanzaban sólo sombrías cuanto tristes, débiles cuanto desconsoladoras miradas al azar. Dudé de ellos, dudé de mí. O yo soñaba, o ellos no vivían. Verdad eran, sin embargo, mi sueño y su vida; verdad que vinieron y caminaron apoyándose en las paredes, y miraron con desencajados ojos, y cayeron en sus puestos, como caían los cuerpos muertos de Dante. Verdad que vinieron; y entre ellos, más inclinado, más maciliento, más agostado que todos, un hombre que no tenía un solo cabello negro en la cabeza, cadavérica la faz, escondido el pecho, cubiertos de cal los pies, coronada de nieve la frente.

—¿Qué tal, don Nicolás? —dijo uno más joven que al verle le prestó su hombro.

—Pasando, hijo, pasando —y un movimiento imperceptible se dibujó en sus labios, y un rayo de paciencia iluminó su cara. Pasando, y se apoyó en el joven, y se desprendió de sus hombros para caer en su porción de suelo.

¿Quién era aquel hombre?

Lenta agonía revelaba su rostro y hablaba con bondad. Sangre coagulada manchaba sus ropas y sonreía.

¿Quién era aquel hombre?

Aquel anciano de cabellos canos y ropas manchadas de sangre tenía setenta y seis años, había sido condenado a diez años de presidio, y trabajaba, y se llamaba Nicolás del Castillo. ¡Oh torpe memoria mía, que quiere aquí recordar sus bárbaros dolores! ¡Oh verdad tan terrible, que no me deja mentir ni exagerar! Los colores del infierno en la paleta de Caín no formarían un cuadro en que brillase tanto lujo de horror.

Más de un año ha pasado; sucesos nuevos han llenado mi imaginación; mi vida azarosa de hoy ha debido hacerme olvidar mi vida penosa de ayer; recuerdos de otros días, familia, sed de verdadera vida, ansia de patria, todo bulle en mi cerebro y roba mi memoria y enferma mi corazón. Pero entre mis dolores, el dolor de don Nicolás del Castillo será siempre perenne dolor.

Los hombres de corazón escriben en la primera página de la historia del sufrimiento humano: *Jesús*. Los hijos de Cuba deben escribir en las primeras páginas de su historia de dolores: *Castillo*.

Todas las grandes ideas tienen su gran nazareno, y don Nicolás del Castillo ha sido nuestro nazareno infortunado. Para él, como para Jesús, hubo un Caifás. Para él, como para Jesús, hubo un Longinos. Desgraciadamente para España, ninguno ha tenido para él el triste valor de ser siquiera Pilatos.

¡Oh! Si España no rompe el hierro que lastima sus rugosos pies, España estará para mí ignominiosamente borrada del libro de la vida. La muerte es el único remedio a la vergüenza eterna. Despierte al fin y viva, que el sol de Pelayo está ya viejo y cansado, y no llegarán sus rayos a las generaciones venideras si los de un sol nuevo de grandeza no le unen su esplendor. Despierte y viva una vez más. El león español se ha dormido con una garra sobre Cuba, y Cuba se ha convertido en tábano, y pica sus fauces, y pica su nariz, y se posa en su cabeza, y el león en vano la sacude y ruge en vano. El insecto amarga las más dulces horas del rey de las fieras. Él sorprenderá a Baltasar en el festín, y él será para el Gobierno descuidado el *Mane, Thecel, Phares*[105] de las modernas profecías.

¿España se regenera? No puede regenerarse. Castillo está ahí.

¿España quiere ser libre? No puede ser libre. Castillo está ahí.

¿España quiere regocijarse? No puede regocijarse. Castillo está ahí.

Y si España se regocija, y se regenera, y ansía libertad, entre ella y sus deseos se levantará un gigante ensangrentado, magullado, que se llama don Nicolás del Castillo, que llena setenta y seis páginas del libro de los Tiempos, que es la negación viva de todo noble principio y toda gran idea que quiera desarrollarse aquí. Quien es bastante cobarde o bastante malvado para ver con temor o con indiferencia aquella cabeza blanca tiene roído el corazón y enferma de peste la vida.

Yo lo vi, yo lo vi venir aquella tarde; yo lo vi sonreír en medio de su pena; yo corrí hacia él. Nada en mí había perdido mi natural altivez. Nada aún había magullado mi sombrero negro. Y al verme erguido todavía, y al ver el sombrero que los criminales llaman allí *estampa de la muerte*, y bien lo llaman, me alargó su mano, volvió hacia mí los ojos, en que las lágrimas eran perennes, y me dijo:

—¡Pobre! ¡Pobre!

Yo le miré con ese angustioso afán, con esa dolorosa simpatía que inspira una pena que no se puede remediar. Y él levantó su blusa y me dijo entonces:

—¡Mira!

La pluma escribe con sangre al escribir lo que yo vi; pero la verdad sangrienta es también verdad.

Vi una llaga que con escasos vacíos cubría casi todas las espaldas del anciano, que destilaban sangre en unas partes y materia pútrida y verdinegra en otras. Y en los lugares menos llagados pude contar las señales recientísimas de treinta y tres ventosas.

¿Y España se regocija, y se regenera, y ansía libertad? No puede regocijarse, ni regenerarse, ni ser libre. Castillo está ahí.

Vi la llaga y no pensé en mí ni pensé que quizá al día siguiente me harían otra igual. Pensé en tantas cosas a la vez; sentí un cariño tan acendrado hacia aquel campesino de mi patria; sentí una compasión tan profunda hacia sus flageladores; sentí tan honda lástima de verlos platicar con su conciencia, si esos hombres sin ventura la tienen, que aquel torrente de ideas angustiosas que por mí cruzaban se anudó en mi garganta, se condensó en mi frente, se agolpó en mis ojos. Ellos, fijos, inmóviles, espantados, eran mis únicas palabras. Me espantaba que hubiese manos sacrílegas que manchasen con sangre aquellas canas. Me espantaba de ver allí refundidos el odio, el servilismo, el rencor, la venganza; yo, para quien la venganza y el odio son dos fábulas que en horas malditas se esparcieron por la tierra. Odiar y vengarse cabe en un mercenario azotador de presidio; cabe en el jefe desventurado que le reprende con acritud si no azota con crueldad; pero no cabe en el alma joven de un presidiario cubano, más alto cuando se eleva sobre sus grillos, más erguido cuando se sostiene sobre la pureza de su conciencia y la rectitud indomable de sus principios, que todos aquellos míseros que, a par que las espaldas del cautivo, despedazan el honor y la dignidad de su nación.

Y hago mal en decir esto, porque los hombres son átomos demasiado pequeños para que quien en algo tiene las excelencias puramente espirituales de las vidas futuras humille su criterio a las acciones particulares de un individuo solo. Mi cabeza, sin embargo, no quiere hoy dominar a mi corazón. Él siente, él habla, él tiene todavía resabios de su humana naturaleza.

Tampoco odia Castillo. Tampoco una palabra de rencor interrumpió la mirada inmóvil de mis ojos.

Al fin le dije:

—Pero ¿esto se lo han hecho aquí? ¿Por qué se lo han hecho a usted?

—Hijo mío, quizá no me creerías. Ni a cualquiera otro que te diga por qué.

La fraternidad de la desgracia es la fraternidad más rápida. Mi sombrero negro estaba demasiado bien teñido, mis grillos eran demasiado fuertes para que no fuesen lazos muy estrechos que uniesen de pronto a aquellas almas acongojadas a mi alma. Ellos me contaron la historia de los días anteriores de don Nicolás. Un vigilante de presidio me la contó así más tarde. Los presos peninsulares la cuentan también como ellos.

Días hacía que don Nicolás había llegado a presidio.

Días hacía que andaba a las cuatro y media de la mañana el trecho de más de una legua que separa las canteras del establecimiento penal, y volvía a andarlo a las seis de la tarde, cuando el sol se había ocultado por completo, cuando había cumplido doce horas de trabajo diario.

Una tarde don Nicolás picaba piedra con sus manos despedazadas, porque los palos del brigada no habían logrado que el infeliz caminase sobre dos extensas llagas que cubrían sus pies.

Detalle repugnante, detalle que yo también sufrí, sobre el que yo, sin embargo, caminé, sobre el que mi padre desconsolado lloró. ¡Y qué día tan amargo aquel en que logró verme, y yo procuraba ocultarle las grietas de mi cuerpo, y él colocarme unas almohadillas de mi madre para evitar el roce de los grillos, y vio, al fin, un día después de haberme visto paseando en los salones de la cárcel, aquellas aberturas purulentas, aquellos miembros estrujados, aquella mezcla de sangre y polvo, de materia y fango, sobre que me hacían apoyar el cuerpo, y correr, y correr! ¡Día amarguísimo aquél! Prendido a aquella masa informe, me miraba con espanto, envolvía a hurtadillas el vendaje, me volvía a mirar, y al fin, estrechando febrilmente la pierna triturada, rompió a llorar. Sus lágrimas caían sobre mis llagas; yo luchaba por secar su llanto; sollozos desgarradores anudaban su voz, y en esto sonó la hora del trabajo, y un brazo rudo me arrancó de allí, y él quedó de rodillas en la tierra mojada con mi sangre, y a mí me empujaba el palo hacia el montón de cajones que nos esperaba ya para seis horas. ¡Día amarguísimo aquél! Y yo todavía no sé odiar.

Así también estaba don Nicolás.

Así, cuando llegó del establecimiento un vigilante y habló al brigada, y el brigada le envió a cargar cajones, a caminar sobre las llagas abiertas, a *morir*, como a alguien que le preguntaba adónde iba respondió el anciano.

Es la cantera extenso espacio de ciento y más varas de profundidad. Fórmanla elevados y numerosos montones, ya de piedras de distintas clases: ya de cocó, ya de cal, que hacíamos en los hornos, y al cual subíamos, con más cantidad de la que podía contener el ancho cajón, por cuestas y escaleras muy pendientes, que, unidas, hacían una altura de ciento noventa varas. Estrechos son los caminos que entre los montes quedan, y apenas si por sus recodos y encuentros puede a veces pasar un hombre cargado. Y allí, en aquellos recodos estrechísimos, donde las moles de piedra descienden frecuentemente con estrépito, donde el paso de un hombre suele ser difícil, allí arrojan a los que han caído en tierra desmayados, y allí sufren ora la pisada del que huye del golpe inusitado de los cabos, ora la piedra que rueda del montón al menor choque, ora la tierra que cae del cajón en la fuga continua en que se hace allí el trabajo. Al pie de aquellas moles reciben el sol, que sólo deja dos horas al día las canteras; allí las lluvias, que tan frecuentes son en todas las épocas, y que esperábamos con ansia porque el agua refrescaba nuestros cuerpos y porque si duraba más de media hora nos auguraba algún descanso bajo las excavaciones de las piedras; allí, el palo suelto, que por costumbre deja caer el cabo de vara, que persigue a los penados con el mismo afán con que esquiva la presencia del brigada, y allí, en fin, los golpes de éste, que de vez en cuando pasa para cerciorarse de la certeza del desmayo y se convence a puntapiés. Esto y la carrera vertiginosa de cincuenta hombres, pálidos, demacrados, rápidos a pesar de su demacración, hostigados, agitados por los palos, aturdidos por los gritos; y el ruido de cincuenta cadenas, cruzando algunas de ellas tres veces el cuerpo del penado; y el continuo chasquido del palo en las carnes, y las blasfemias de los apaleadores, y el silencio terrible de los apaleados, y todo repetido incansablemente un día, y una hora y otra hora, y doce horas cada día; he ahí, pálida y débil, la pintura de las canteras. Ninguna pluma que se inspire en el bien puede pintar en todo su horror el frenesí del mal. Todo tiene su término en la monotonía. Hasta el crimen es monótono, que monótono se ha hecho ya el crimen del horrendo cementerio de San Lázaro.

–¡Andar! ¡Andar!

–¡Cargar! ¡Cargar!

Y a cada paso un quejido, y a cada quejido un palo, y a cada muestra de desaliento el brigada que persigue al triste y lo acosa, y él huye y tropieza, y el brigada lo pisa y lo arrastra, y los cabos se reúnen, y como el martillo de los herreros suena uniforme en la fragua, las varas de los cabos dividen a compás las espaldas del desventurado. Y cuando la espuma, mezclada con la sangre, brota de los labios, y el pulso se extingue, y parece que la vida se va, dos presidiarios, el padre, el hermano, el hijo del flagelado, quizá lo cargan por los pies y la cabeza y lo arrojan al suelo, allá al pie de un alto montón.

Y cuando el fardo cae, el brigada le empuja con el pie y se alza sobre una piedra, y enarbola la vara, y dice tranquilo:

–Ya tienes por ahora; veremos esta tarde.

Este tormento, todo este tormento sufrió aquella tarde don Nicolás. Durante una hora el palo se levantaba y caía metódicamente sobre aquel cuerpo magullado que yacía sin conocimiento en el suelo. Y le magulló el brigada, y azotó sus espaldas con la vaina de su sable, e introdujo su extremo entre las costillas del anciano exánime. Y cuando su pie le hizo rodar por el polvo y rodaba como cuerpo muerto, y la espuma sanguinolenta cubría su cara y se cuajaba en ella, el palo cesó y don Nicolás fue arrojado a la falda de un montón de piedra.

Parece esto el refinamiento más bárbaro del odio, el esfuerzo más violento del crimen. Parece que hasta allí, y nada más que hasta allí, llegan la ira y el rencor humanos; pero esto podrá parecer cuando el presidio no es el presidio político de Cuba, el presidio que han sancionado los diputados de la nación.

Hay más, y mucho más, y más espantoso que eso.

Dos de sus compañeros cargaron por orden del brigada el cuerpo inmóvil de don Nicolás hasta el presidio, y allí se le llevó a la visita del médico.

Su espalda era una llaga. Sus canas a trechos eran rojas, a trechos masa fangosa y negruzca. Se levantó ante el médico la ruda camisa; se le hizo notar que su pulso no latía; se le enseñaron las heridas. Y aquel hombre extendió la mano, y profirió una blasfemia, y dijo que aquello se curaba con *baños de cantera*. ¡Hombre desventurado y miserable, hombre que tenía en el alma todo el fango que don Nicolás tenía en el rostro y en el cuerpo!

Don Nicolás no había aún abierto los ojos cuando la campana llamó al trabajo en la madrugada del día siguiente, aquella hora congojosa en que la atmósfera se puebla de ayes, y el ruido de los grillos es más lúgubre, y el grito del enfermo es más agudo, y el dolor de las carnes magulladas es más profundo, y el palo azota más fácil los hinchados miembros; aquella hora que no olvida jamás quien una vez y ciento sintió en ella el más rudo de los dolores del cuerpo, nunca tan rudo como altivo el orgullo que reflejaba su frente y rebosaba en su corazón. Sobre un pedazo mísero de lona embreada, igual a aquel en que tantas noches pasó sentada en mi cabecera la sombra de mi madre; sobre aquella dura lona yacía Castillo, sin vida los ojos, sin palabras la garganta, sin movimiento los brazos y las piernas.

Cuando se llega aquí quizá se alegra el alma, porque presume que en aquel estado un hombre no trabaja, y que el septua-

genario descansaría al fin algunas horas; pero sólo puede ale-
grarse el alma que olvida que aquel presidio era el presidio de
Cuba, la institución del Gobierno, el acto mil veces repetido
del Gobierno que sancionaron aquí los representantes del país.
Una orden impía se apoderó del cuerpo de don Nicolás; le
echó primero en el suelo, le echó después en el carretón. Y allí,
rodando de un lado para otro a cada salto, oyéndose el golpe
seco de su cabeza sobre las tablas, asomando a cada bote del carro algún pedazo de su cuerpo por sobre los maderos de los lados, fue llevado por aquel camino que el polvo hace tan sofocante, que la lluvia hace tan terroso, que las piedras hicieron
tan horrible para el desventurado presidiario.

Golpeaba la cabeza en el carro. Asomaba el cuerpo a cada
bote. Trituraban a un hombre. ¡Miserables! Olvidaban que en
aquel hombre iba Dios.

Ése, ése es Dios; ése es el Dios que os tritura la conciencia, si
la tenéis; que os abrasa el corazón, si no se ha fundido ya al fuego de vuestra infamia. El martirio por la patria es Dios mismo,
como el bien, como las ideas de espontánea generosidad univer-
sales. Apaleadle, heridle, magulladle. Sois demasiados viles para
que os devuelva golpe por golpe y herida por herida. Yo siento
en mí a este Dios; yo tengo en mí a este Dios; este Dios en mí
os tiene lástima, más lástima que horror y que desprecio.

El comandante del presidio había visto llegar la tarde antes
a Castillo.

El comandante del presidio había mandado que saliese por
la mañana. Mi Dios tiene lástima de ese comandante. Ese comandante se llama Mariano Gil de Palacio.

Aquel viaje criminal cesó al fin. Don Nicolás fue arrojado al
suelo. Y porque sus pies se negaban a sostenerle, porque sus
ojos no se abrían, el brigada golpeó su exánime cuerpo. A los
pocos golpes aquella excelsa figura se incorporó sobre sus rodillas como para alzarse, pero abrió los brazos hacia atrás, exhaló
un gemido ahogado y volvió a caer rodando por el suelo.

Eran las cinco y media.

Se le echó al pie de un montón. Llegó el sol; calcinó con su
fuego las piedras. Llegó la lluvia; penetró con el agua las capas

de la tierra. Llegaron las seis de la tarde. Entonces dos hombres fueron al montón a buscar el cuerpo que, calcinado por el sol y penetrado por la lluvia, yacía allí desde las horas primeras de la mañana.

¿Verdad que esto es demasiado horrible? ¿Verdad que esto no ha de ser más así?

El ministro de Ultramar es español. Esto es allá el presidio español. El ministro de Ultramar dirá cómo ha de ser de hoy más, porque yo no supongo al Gobierno tan infame que sepa esto y lo deje como lo sabe.

Y esto fue un día, y otro día, y muchos días. Apenas si el esfuerzo de sus compatriotas había podido lograrle a hurtadillas, que lograrla estaba prohibido, un poco de agua con azúcar por único alimento. Apenas si se veía su espalda, cubierta casi toda por la llaga. Y, sin embargo, días había en que aquella hostigación vertiginosa le hacía trabajar algunas horas. Vivía y trabajaba. Dios vivía y trabajaba entonces en él.

Pero alguien habló, al fin, de esto; a alguien horrorizó a quien se debía complacer, quizás a su misma bárbara conciencia. Se mandó a don Nicolás que no saliese al trabajo en algunos días; que se le pusiesen ventosas. Y le pusieron treinta y tres. Y pasó algún tiempo tendido en su lona. Y se baldeó una vez sobre él. Y se barrió sobre su cuerpo.

Don Nicolás vive todavía. Vive en presidio. Vivía, al menos, siete meses hace, cuando fui a ver, sabe el azar hasta cuándo, aquella que fue morada mía. Vivía trabajando. Y antes de estrechar su mano la última madrugada que lo vi, nuevo castigo inusitado, nuevo refinamiento de crueldad, hizo su víctima a don Nicolás. ¿Por qué esto ahora? ¿Por qué aquello antes?

Cuando yo lo preguntaba, peninsulares y cubanos me replicaban:

—Los voluntarios decían que don Nicolás era brigadier de la insurrección, y el comandante quería complacer a los voluntarios.

Los voluntarios son la integridad nacional.

El presidio es una institución del Gobierno.

El comandante es Mariano Gil de Palacio.

Cantad, cantad, diputados de la nación.

Ahí tenéis la integridad; ahí tenéis el Gobierno que habéis aprobado, que habéis sancionado, que habéis unánimemente aplaudido.

Aplaudid; cantad.

¿No es verdad que vuestra honra os manda cantar y aplaudir?[106]

XII

¡Y tantos han muerto!

¡Y tantos hijos van en las sombras de la noche a llorar en las canteras sobre la piedra bajo la que presumen que descansa el espíritu de sus padres!

¡Y tantas madres han perdido la razón!

¡Madre, madre! ¡Y cómo te siento vivir en mi alma! ¡Cómo me inspira tu recuerdo! ¡Cómo quema mis mejillas la lágrima amarguísima de tu memoria!

¡Madre! ¡Madre! ¡Tantas lloran como tú lloraste! ¡Tantas pierden el brillo de sus ojos como tú lo perdiste!

¡Madre! ¡Madre!

En tanto, aplauden los diputados de la nación.

¡Mirad! ¡Mirad!

Ante mí desfilan en desgarradora y silenciosa procesión espectros que parecen vivos, y vivos que parecen espectros.

¡Mirad! ¡Mirad!

Aquí va el cólera contento, satisfecho, alegre, riendo con horrible risa. Ha trocado su guadaña por el látigo del presidio. Lleva sobre los hombros un montón de cadenas. De vez en cuando de aquel grupo informe que hace un ruido infernal destila una gota de sangre. ¡Siempre sangre! El cólera cargaba esta vez su espalda en el presidio político de Cuba.

¡Mirad! ¡Mirad!

Aquí viene una cabeza vestida de nieve. Se dobla sobre un cuello que gime porque no la puede sostener. Materia purulenta atraviesa su ropaje miserable. Gruesa cadena ruge con sordo son a su pie. Y, sin embargo, sonríe. ¡Siempre la sonrisa! Verdad que el martirio es algo de Dios. ¡Y cuán desventurados son los pueblos cuando matan a Dios!

¡Mirad! ¡Mirad!

Aquí viene la viruela asquerosa, inmunda, lágrima encarnada del infierno, que ríe con risa espantosa. Tiene un ojo como Quasimodo. Sobre su horrenda giba lleva un cuerpo vivo. Lo arroja al suelo, salta a su alrededor, lo pisa, lo lanza al aire, lo recoge en su espalda, lo vuelve a arrojar, y danza en torno, y grita: "¡Lino! ¡Lino!" Y el cuerpo se mueve, y le amarra un grillo al cuerpo, y lo empuja lejos, muy lejos, hondo, muy hondo, allá a la sima que llaman las canteras. "¡Lino! ¡Lino!", se aleja repitiendo. Y el cuerpo se alza, y el látigo vibra y Lino trabaja. ¡Siempre el trabajo! Verdad que el espíritu es Dios mismo. ¡Y cuán descarriados van los pueblos cuando apalean a Dios!

¡Mirad! ¡Mirad!

Aquí viene riendo, riendo, una ancha boca negra. El siglo se apoya en él. La memoria plegó las alas en su cerebro y voló más allá. La crespa lana está ya blanca. Ríe, ríe.

—Mi amo, ¿por qué vivo?

—Mi amo, mi amo, ¡qué feo suena! —y sacude el grillo.

Y ríe, ríe.

Y Dios llora.

¡Y cuánto han de llorar los pueblos cuando hacen llorar a Dios!

¡Mirad! ¡Mirad!

Aquí viene la cantera. Es una mole inmensa. Muchos brazos con galones la empujan. Y rueda, rueda, y a cada vuelta los ojos desesperados de una madre brillan en un disco negro y desaparecen. Y los hombres de los brazos siguen riendo y empujando, y la masa rodando, y a cada vuelta un cuerpo se tritura, y un grillo choca, y una lágrima salta de la piedra y va a posarse en el cuello de los hombres que ríen, que empujan. Y los ojos brillan, y los huesos se rompen, y la lágrima pesa en el cuello, y la masa rueda. ¡Ay! Cuando la masa acabe de rodar, tan rudo cuerpo pesará sobre vuestra cabeza, que no la podréis alzar jamás. ¡Jamás!

En nombre de la compasión, en nombre de la honra, en nombre de Dios, detened la masa, detenedla, no sea que vuelva hacia vosotros y os arrastre con su hórrido peso. Detenedla, que va sembrando muchas lágrimas por la tierra, y las lágrimas de los mártires suben en vapores hasta el cielo y se condensan; y si no la detenéis, el cielo se desplomará sobre vosotros.

El cólera terrible, la cabeza nevada, la viruela espantosa, la ancha boca negra, la masa de piedra. Y todo, como el cadáver se destaca en el ataúd, como la tez blanca se destaca en la túnica negra, todo pasa envuelto en una atmósfera densa, extensa, sofocante, rojiza. ¡Sangre, siempre sangre!

¡Oh! ¡Mirad! ¡Mirad!

España no puede ser libre.

España tiene todavía mucha sangre en la frente.

Ahora, aprobad la conducta del Gobierno en Cuba.

Ahora, los padres de la patria, decid en nombre de la patria que sancionáis la violación más inicua de la moral y el olvido más completo de todo sentimiento de justicia.

Decidlo, sancionadlo, aprobadlo, si podéis.

En Madrid no ha cesado la gorja. Cestas de rubios vinos han cambiado de aposento en las fiestas alegres del Hipódromo y de motivo de deseo en sus mohosos envases, han venido a ser regocijo de la sangre en las calientes venas. Sobre certámenes, carreras de caballos. Y a pesar de éstas, las de toros; no ya con duques y marqueses como arrogantes rejoneros y diestros lidiadores, con sus cohortes de pajes vestidos a la turca, con sus penachos de cristal en hilos, y en sus turbantes encajada la media luna de plata reluciente, y sobre sus hábitos rojos, matizados de viva argentería, golpeando el corvo alfanje; no ya con aquel robusto señor de Medina Sidonia, que en las bodas del rey de los hechizos con la francesa Luisa[108], de dos embestidas de su rejón dio en tierra con dos toros; ni con aquel don Córdoba, que de la manera de caer hacía triunfo, y fue aplaudido –al alzarse del polvo entre sus cien verdes moriscos, enlindados con cintas muy rojas– por palmas de duques; ni con aquellos atrevidos marqués de Camarasa y conde de Rivadavia, que se entraron en liza, con séquito de negros muy galanamente puestos de tela pajiza y esterilla de plata, apretados de argollas los tobillos y de esposas las manos, en signo del poderío y riqueza de sus dueños; sino con estos matadores de oficio, reyes de plebe, favoritos de damas locas, amigos predilectos de nobletes menguados, que tienen el ojo hecho a la sangre, el oído a la injuria popular y la mano a la muerte por la paga. Mas no han sido estas competencias de caballos, ocasionadas a que suenen los nombres de sus dueños vanidosos, como Aladro y Villamejor, y Vega de Armijo, notable por sus artes en política y la entereza de su esposa, que fue de las que puso a aquella reina pálida, Victoria prudentísima, porque se colgaba los hijos de su pecho, y las llaves de palacio de su cintura, aquel apodo de *ventera*, que a otras mejor que a la apodada venía muy propiamente; no han sido estos regocijos importados, ni los toros mismos muertos de la espada del frenético "Frascuelo" o del torvo "Lagartijo"[109], cuyos retratos, entre insignias de toreo, lucen en los aparadores de las tiendas a par de los del joven rey Alfonso[110], cercado de insignias reales: ¡más vacila el trono del rey que el del torero!; ni han sido siquiera los esfuerzos loables de la Institución Libre de Enseñanza[111], donde se explican, sin traba de escuela antigua, letras y ciencias; ni la fiesta de música en la casa que la enseña, donde los que en las mañanitas de frío van allí galancetes y damiselas, desafiando cierzos y pobrezas, que son como otros cierzos, a dar empleo y vía a su anhelo de fama, levantaron, en número de cuatrocientos, sus voces juveniles en loor del poeta de los autos; ni el congreso de Arquitectura, que con ocasión del centenario se inauguró; ni las sesiones de academias; ni el haber buscado cuna en el primer poeta dramático vasto y humano de los españoles, esta cruzada que debiera tener una lanza en cada hombre: la cruzada de Madrid contra la ignorancia; ni tanto galán de lira e hidalgo de péñola que fueron –en el suntuoso y ahora churrigueresco teatro de Oriente, en que la sociedad de escritores, de una parte, y el Ateneo de la otra[112], tuvieron fiestas graves–, como mariposas de antenas y alas negras en torno a aquellas damas, de alto donaire y bajo seno, mariposillas de alas de colores; ni exhibición de glorias de noblezas, ni recompensas a la virtud, ni declamaciones generosas de la sociedad antiesclavista, ni batalladoras asambleas de jóvenes católicos, que suelen echar a golpe de cirio de las iglesias a los que ven en calma y respeto sus vehementes ceremonias, las que lograron, en esos días de holganza justa y patriótico bullicio, encender en pasión a las gentes, como aquella lucida cabalgata, colmo y corona del anheloso esfuerzo madrileño, que arrancó de la calle espaciosa de Serrano, en el barrio de Salamanca, que ha su nombre del rico venturoso[113] que compró timbres de nobleza justamente de aquella facilísima manera que Calderón censura en el alcalde bravío de Zalamea.

Descuajáronse las casas, quedáronse desiertas, y echaron sus deslumbrados habitantes a las aceras y balcones que daban a las calles de la fiesta. Por la abigarrada procesión del 27[114], que fue como redoma de alquimista en busca de oro, hervido de intentos incompletos en solicitud de fama durable no lograda, salieron de sus cuevas del cerrillo de San Blas los míseros *goripas*[115], que hay chicuelos vendedores de arena por Madrid que viven con sus madres y hermanillos, desnudos en invierno, en agujeros rotos en el cerro; y las bailarinas dejaron sus balcones de la montuosa calle de la Primavera; y las modistillas hambrientas y elegantes lucieron su vestido meritorio, que ya cuenta tres luengos veranos, y para revolotear en el centenario fue repintado, a cambio de un peso fuerte, en Barcelona. Y los tristes cesantes, que aún llevan capa limpia por ser cosa reciente la cesantía, olvidan la marcial gloria de Cánovas, y la de Sagasta[116] colérica y mefistofélica; y los empleados novísimos ostentan, bajo el rizado bigote que huele a dinero nuevo, perfumado cigarro; y la familia madrileña, con su tipo confuso y andar suelto, y traje de Francia y habla de Castilla, y aire de Andalucía, acá corre y allí empuja, y por aquí abre brecha, y compra flores a la chiquilla de ojos rasgados que se las ofrece, o los programas de la fiesta, que hubiesen salido mejor de las prensas de Rasco o la de Arámbura, al chistoso granuja, de remendada chaqueta y vieja gorra, que suele tomar visiblemente la *mota*[117] que el programa vale, y, cuando no le vean, las demás que huelguen descuidadas en el bolsillo de su dueño. ¡Qué pregonar de folletos! ¡Qué vocear de discursos! ¡Qué revolver de los granujas vendedores, que, cruzando en velocísima carrera de un lado a otro de la velada calle, fatigan a los guardias enojados, y semejan, envueltos en el periódico que venden, colosales insectos, que llevan alas que suenan y nido de carcajadas en el vientre! ¡Qué esperar con impaciencia, qué comentar con gracia, qué hacer muros de cuerpos, y apretar contra la pared de argamasa y repollo, viva pared humana! Ya viene la cabalgata numerosa; ya se alivia Madrid de su gran peso, porque en raza latina no hay pesadumbre mayor que un deseo pueril no satisfecho; la onda viva, cual mar en que entrase de súbito agua nueva, hínchase, precipítase, oscila, apriétase. Ya aparecen, caballeros en negros caballos, cincuenta guardias apuestos, a la usanza de hoy, cruzado el pecho de bandas amarillas, apretado a la pierna el calzón blanco, luciendo en los pies la negra bota, el triangular sombrero en la rapada testa, el ancho sable en la enguantada mano. Los heraldos les siguen: ocho heraldos, en recios corceles, vestidos de azul paño, como en el siglo XVII, colgante a espalda y pecho la amarilla dalmática, realza en ambos lados con las armas austríacas; tocados de lujosísimo chambergo; afirmando en los fuertes estribos el banderín tirante, ricamente bordado, con su nema y sus flecos, o el flexible oriflama de asta de oro. Vienen luego aquellas armazones colosales con que los burgaleses de otro tiempo, y los zaragozanos, y los del viejo Valladolid, y Santander inquieto, celebraban, vistiéndolas de gigantes chinos, o quijotes escuálidos, o togados enanos, las alegrías de la ciudad. Cien pajecillos, que la muchedumbre aclama, luciendo al sol sereno de Madrid trajes crujientes, varios y vistosos; bellos como ninfas, flotando como alas de colores a sus espaldas las vueltas de los mantos, pasan como visión dichosa, portando en sus cien altos estandartes tantos nombres de dramas del poeta. No ven con ojos buenos los curiosos a esos caballeros que ahora vienen, y que con sus casacas de diputado, o de comisionado de ayuntamiento de provincia, que disuenan con los maceros, de rojos y amarillos aderezos, y los afelipados alguaciles que les preceden; como que les hacen caer inopinadamente de sus sueños de gloria fulgurosos a las realidades domésticas presentes. Aquí llegan ahora, con trabajados estandartes, los que venden vino, y trabajan en tabla, y trafican telas, y otros tráficos. ¡Ah! ¡Qué pesada la carroza que han construido los buenos vecinos del barrio apartado de Chamberí! Ocho caballos tiran de ella, que es la apoteosis de Calderón, ahogado entre tributos, y lo cerca corona ondeante de motes y banderas.

No va mala la carroza del Círculo de la Unión Mercantil, ese que ofrece frecuentemente con tan buen acuerdo prácticas y elocuentes conferencias de asiduos oradores; bien que no tengan mucho que hacer tan juntos, ni color lógico, ni de época, ese templo del arte de la Grecia, simbolizado en columnas graves dóricas, sobre esos barrilillos, y pacas, y anclas, que lucen bajo el templo. Gusta, y lo merece –por los autos sacramentales que, al par que anda, imprime en prensa de madera, como entonces se usaba, y con gran lidia y bullicio de la gente de las aceras, echa al aire, como don gracioso– esa otra armazón de ruedas que ha construido el Fomento de las Artes. Esa que ahora viene, muy lujosa y muy grave, sentadas en la delantera las armas de España, con su diadema real y sus leones; y simulando en esta punta la coronación del poeta famoso, y en aquella la imprenta glorificadora, con una estatua de Guttenberg: es el carruaje rico de la prensa, y van en estandartes los nombres de los periódicos que lo hicieron, y números de ellos sin tasa se reparten. ¡Hermoso es el estandarte de Manila! Murmullos, y ondeos de la muchedumbre, y voces de alabanza, que al fin rompen en vítores, arranca ese movible barco, esa popa arrogante de galera, como las que en Lepanto dieron gloria a Juan de Austria, y a España, con sus remos robustos a los lados y su baranda al frente, presidida por silenciosa y grande lira; que es el regalo que la Marina suntuosa ofrece al séquito. Estrújanse las gentes agitadas: ¡qué marinos aquellos de Don Juan! ¡Y éstos van como aquéllos! Las aceras, mal contenidas, se desbordan; las músicas de Marina, en toda España excelentes, celebran esta, que a las pasadas deben, bulliciosa victoria. Y ecos de estos aplausos férvidos resuenan cuando pasa, no ya triste y avergonzada como debiera, por los actuales vivos dolores coloniales, sino regocijada y olorosa, y monumental y artística, sonando a palmas y excitándolas, la carroza de las provincias ultramarinas, con sus indias de manto rico y plumaje animado en son de América, bajo dosel que lleva el nombre de acongojadísima isla, coronada de escudos que le pesan, todo al fondo, y en el frente arrogante, en que ramos de laurel hacen corona a la efigie del poeta famoso, las columnas del estrecho le dan lados y entre ellas, señalándolas altivo, está el feliz geógrafo, que en procesiones se celebra, pero que llevó en vida vestido de cadenas. Bien viene ¡ay! por lo que sujeta, y la escolta, y la cerca, detrás de ese carruaje de las colonias, la alta torre, fabricada de cañones, que una estatua de Marte remata fieramente; como que envía este edificio bélico el Cuerpo de Ingenieros. Atronador ruido sucede: ¡la artillería que pasa! ¡Allá obuses, cureñas, ruedas, mulas! Y luego sigue, con clásico atavío, la Sociedad de Escritores y de Artistas, que bien pudo, para ocasión tan grande, hallar cosa más propia que esa que, en vasta plaza, con sus columnas rematadas de retazos dóricos sobre trozos sin gracia y pulimento, en sustento de ardientes pebeteros, que echan al viento durador perfume, representa el teatro de oro, alzándose sobre aquel que se alimenta de paráfrasis míseras de Séneca, y glorias de Alejandro y burdas gracejadas de plebeyo. La muchedumbre, atenta, mira: mas como llevada del femenil espíritu que se halla en lo que viene, y quiere verse, agítase y se empuja para ver pasar esa ingeniosa fábrica ligera, si sostenida por hombres invisibles, al parecer tirada por palomas, que sustenta al Genio: ésta la hicieron los maestros de obras. Mas ésta sí que es oportuna y grave, y acusa que un poeta anda entre los cerrajeros de Madrid, o un cerrajero entre los poetas. Vibra el martillo; resplandece la fragua; saltan chispas del yunque; percíbense entre el hervor del entusiasmo, el buen clamor y buen olor del hierro; ésta fue la carroza de las cerrajerías. Ese macizo carruaje que lleva una alegoría de la alegoría del poeta sacerdote, es del Ayuntamiento. Esta, tirada de doce frisones, que ahora sigue, es de la Diputación de Madrid. Y ¡qué suntuosa! ¡Vedle sus maceros, tocados de sombrero de riquísimas plumas, con sus muy grandes mazas, y ese estandarte de terciopelo, y oro en realce, con todas las cabezas de partido, y esa guardia amarilla, tan famosa en tiempos de Olivares y de Valenzuela[118]! De Valencia, cuyas húmedas vegas rinden juntos el higo fresco, la naranja dorada y las crecidas rosas, han venido las flores que de ese carro que pasa ahora vierten sobre las gentes apretadas. Súbito murmullo, como predecesor de maravilla que se acerca, extingue el de la vocinglera competencia que por hacerse de azucenas y lirios se había alzado; y es que a las ancas de doce gruesos bridones, orgullosos de la carga real que portan semejando con sus blancos penachos ambulantes palmeras, y paseando al sol escamas de oro en los vívidos arneses y echados al ancho lomo mantos muy ricos de tejidos blancos, viene como nación que pasa, y como grupo de andaluzas nubes sorprendido y atado, y como monte en que el pincel y los colores hubiesen hecho poderosa fábrica, el suntuosísimo edificio andante con que España celebra a su poeta, y en cuya voluminosa maquinaria, realzada de amarillo terciopelo y grana alegre, aparece aquella nación de los Felipes, ciñendo de magnífica corona las sienes de su muerto muy amado. ¡Oh sí! La muchedumbre como que sentía temblar sus manos, y encogérsele el corazón, y secársele las fauces, vibró de amor y ardor de gloria. Y pasó la carroza, y mucho tiempo hacía que era pasada, y el aire estaba aún lleno de vítores.

Y cerraba al fin la marcha, como cortejo de respeto –porque es ley que honren y acaten a los poetas que no pasan, reyes que pasan–, aquel carruaje de ébano, gala preciada de las caballerizas de palacio, y ya chillante y mate, como si la madera monárquica careciese de buena savia viva, y las ruedas reales estuviesen cansadas de rodar, en que, mortificando a su hermoso y áspero Felipe[119] con tristísimos celos, paseó tantas veces a su lado la mísera Juana la Loca enamorada. Y palafreneros de aquel tiempo, en que eran para la librea de los custodios de los reales palafrenes, el raso de Florencia, de color de llama, y el oro de Milán para avivarlo, y la escarlata para la cómoda capilla. Y autoridades, y comisiones e innumerables grupos, pasaron tras de ellos. Y Barcelona, que ha enviado un macero de los suyos, armado y fornido, y bello y grave, a levantar en medio de la fiesta, en lujosa montura, el escudo pujante de las barras. Y los maceros del Ayuntamiento. Y unos tristes munícipes, de frac y guante blanco. Y unos cuantos caballos, y en ellos seis soldados caballeros. Y la ola de colores pasa y rueda, del Madrid nuevo que tributa la honra, al Madrid viejo de quien la honra viene, por la calle Mayor, de que el poeta, que hoy pasea muerto en ella, huyó espantado cuando vivo, por no oír los clamores de las víctimas que, por dar placer y avivar el celo religioso al menguado don Carlos[120], iban maniatadas y argolladas, ardiendo ya, antes de arder en llamas de leña, en las de espanto, a morir en la plaza de los Autos, guiados del estandarte carmesí de los soldados de la Fe, y de la cruz verde, la espada tajante y la rama de oliva de los inquisidores[121]. Y por la Armería sigue el cortejo, donde reposan hoy las armas que entonces batallaban. Y por la plaza de Oriente, antes lugar de pláticas de nobles, y hoy de desocupados, rapaces y criadillas. Y por el esplendidísimo palacio, por donde corre hoy viento de muerte. Y por la calle ancha de Bailén, morada de cansados y de pobres, y por calles tortuosas, de nombres ignorados, y va a dar, rendido a la par, de trabajo y fatiga el séquito y de alumbrarlo el Sol, en la histórica casa de soldados que llaman la Princesa.

Allá en la noche, en que los teatros hierven, y aquí es un auto, allá una comedia de reír, allá de celos, y una tragedia en éste, y en aquél un poema hablado, día parece la nocturna sombra. De Calderón es cuanto se representa; de sus dramas, con sombra de crítica alemana y escasez visible de profundidad, habla, en edición doblada, un periódico de jóvenes: *El Demócrata*. De las cosas del tiempo, y de cómo casó Carlos, y qué sucedió cuando Felipe, y cómo se quemaban herejes, y se humillaban toros, habla por boca de un bachiller Alonso de Riaña, que pone en plática corriente las del tiempo, el lujoso *Estandarte*. Y *El Espejo*, enamorado de Cánovas, luce, en número excesivo, efigies de magna gente: de Montalván benévolo[122]; de Teresa de amores consumida; de Cano, vencedor del mármol con su San Francisco, y del lienzo con su Jesús crucificado, mas no de su desgracia; de Alarcón, que no alcanzó un buen puesto en Indias, y sí máxima gloria; de Quevedo, que ahondó tanto en lo que venía, que los que hoy vivimos, con su lengua hablamos; de Zurbarán famoso, que ató a la humanidad visible, y robó al cielo falso, la pintura; de Murillo, que fijó el cielo; de Cervantes, que pasmó la Tierra; del padre Gabriel Téllez, dueño de la lengua y de la escena, mas no de las iras a que le mueven las traviesas damas; de fray Lope, en cuya frente cabían todos sus dramas; del blando Garcilaso; de Alemán el profundo; del sencillo Iriarte; de aquel Solís que embelleció y mintió la historia; del generoso Ercilla, que nos tiene obligados y atónitos con la grandeza de su Caupolicán y de su Glaura[123]. Mas ni en la abigarrada procesión del 27, que bien pudo ser copia excelentísima de aquellos reales tiempos de Mentidero y Buen Retiro; ni en los galanes de veste noguerada, gregüescos de rizo y recogido fieltro; ni en las damas de guardainfante, porque de ellos les guardaba, y lechuguillo, que daba amparo al blanco seno; ni en los retazos breves de época, que alabanza tan grande recabaron, con lo que se mire cuanto no hubiese la época completa conseguido; ni en las letras mismas impresas, salvo –en lo que ha venido– las de *El Día*, que es maravilla de arte y gracia, halla la mente inquieta, enamorada por humana de aquel poeta potente que dio tipo al ansia de libertad con Segismundo y a la de dignidad con *El Alcalde*[124], cosa tal que responda a lo que de sus hijos bien merece aquel que lo fue glorioso de la humanidad, de España, del teatro y del claustro, y que, si fue torturado de hondos celos, por cuanto no hay dolor más vivo para el ánima alta que el desestimar a la mujer que ha amado, los dio a sus émulos vencidos con la grandeza de su mente altiva, tantas veces celebrada por el blando ruido de tiernos guantes de ámbar, y por la que caminito del teatro, arena entonces encendida de burlones *chorizos* y alborotadores *polacos*[125], acariciaron las calles tortuosas tantos breves chapines, y se revolvieron al viento madrileño tantos suaves y diestros mantos de humo.

FIESTAS DE LA ESTATUA DE LA LIBERTAD[126]

Terrible es, libertad, hablar de ti para el que no te tiene. Una fiera vencida por el domador no dobla la rodilla con más ira. Se conoce la hondura del infierno, y se mira desde ella, en su arrogancia de sol, al hombre vivo. Se muerde el aire, como muerde una hiena el hierro de su jaula. Se retuerce el espíritu en el cuerpo como un envenenado.

Del fango de las calles quisiera hacerse el miserable que vive sin libertad la vestidura que le asienta. Los que te tienen, oh libertad, no te conocen. Los que no te tienen no deben hablar de ti, sino conquistarte.

Pero levántate, ¡oh insecto!, que toda la ciudad está llena de águilas. Anda aunque sea a rastras: mira, aunque se te salten los ojos de vergüenza. Escúrrete, como un lacayo abofeteado, entre ese ejército resplandeciente de señores. ¡Anda, aunque sientas que a pedazos se va cayendo la carne de tu cuerpo! ¡Ah!, pero si supieran cuánto lloras, te levantarían del suelo, como a un herido de muerte: ¡y tú también sabrías alzar el brazo hacia la eternidad!

Levántate, oh insecto, que la ciudad es una oda. Las almas dan sonidos, como los más acordes instrumentos. Y está oscuro, no hay sol en el cielo, porque toda la luz está en las almas. Florece en las entrañas de los hombres.

¡Libertad, es tu hora de llegada! El mundo entero te ha traído hasta estas playas, tirando de tu carro de victoria. Aquí estás como el sueño del poeta, grande como el espacio de la tierra al cielo.

Ese ruido es el del triunfo que descansa.

Esa oscuridad no es la del día lluvioso, ni del pardo octubre, sino la del polvo, sombreado por la muerte, que tu carro ha levantado en su camino.

Yo los veo, con la espada desenvainada, con la cabeza en las manos, con los miembros deshuesados como un montón informe, con las llamas enroscadas alrededor del cuerpo, con el vapor de la vida escapándose de su frente rota en forma de alas. Túnicas, armaduras, rollos de pergamino, escudos, libros, todo a tus pies se amasa y resplandece; y tú imperas al fin por sobre las ciudades del interés y las columnas de la guerra ¡oh aroma del mundo! ¡oh diosa hija del hombre!

El hombre crece: ¡mira como ya no cabe en las iglesias, y escoge el cielo como único templo digno de cobijar a su deidad! Pero tú, oh maravilla, creces al mismo tiempo que el hombre; y los ejércitos, y la ciudad entera, y los barcos empavesados que van a celebrarte llegan hasta tus plantas veladas por la niebla, como las conchas de colores que sacude sobre la roca el mar sombrío, cuando el espíritu de la tempestad, envuelto en rayos, recorre el cielo en una nube negra.

¡Tienes razón, libertad, en revelarte al mundo en un día oscuro, porque aún no puedes estar satisfecha de ti misma! ¡Y tú, corazón sin fiesta, canta la fiesta!

Ayer fue, día 28 de octubre, cuando los Estados Unidos aceptaron solemnemente la Estatua de la Libertad que les ha regalado el pueblo de Francia, en memoria del 4 de Julio de 1776, en que declararon su independencia de Inglaterra, ganada con ayuda de sangre francesa. Estaba áspero el día, el aire ceniciento, lodosas las calles, la llovizna terca: pero pocas veces ha sido tan vivo el júbilo del hombre.

Sentíase un gozo apacible, como si suavizase un bálsamo las almas: las frentes en que no es escasa la luz la enseñaban mejor, y aun de los espíritus opacos surgía, con un arranque de ola,

ese delicioso instinto del decoro humano que da esplendor a
los rostros más oscuros.

La emoción era gigante. El movimiento tenía algo de cordillera de montañas. En las calles no se veía punto vacío. Los dos ríos
parecían tierra firme. Los vapores, vestidos de perla por la bruma,
maniobraban rueda a rueda repletos de gente. Gemía bajo su carga de transeúntes el puente de Brooklyn; Nueva York y sus subur-
bios, como quien está invitado a una boda, se habían levantado
temprano. Y en el gentío que a paso alegre llenaba las calles no
había cosa más bella, ni los trabajadores olvidados de sus penas, ni
las mujeres, ni los niños, que los viejos venidos del campo, con su
corbatín y su gabán flotante, a saludar en la estatua que lo conme-
mora el heroico espíritu de aquel marqués de Lafayette[127], a quien
de mozos salieron a recibir con palmas y con ramos, porque amó
a Washington y lo ayudó a hacer su pueblo libre.

Un grano de poesía sazona un siglo. ¿Quién no recuerda aquella
amistad hermosa? Grave era Washington y de más edad: a Lafayette no le asomaba el bozo; pero en los dos había, bajo diversa
envoltura, aquella ciega determinación y factura de ascenso en
que se confunden los grandes caracteres. Mujer y monarca dejó
aquel noble niño por ayudar a las tropas infelices que del lado de
América echaban sobre el mar al rey inglés, y ponían en sublimes
palabras los mandamientos de la Enciclopedia, por donde la especie humana anunció su virilidad, con no menor estruendo que
el que acompañó la revelación de su infancia en el Sinaí.

Iba la aurora con aquel héroe de cabellos rubios; y el hombre en marcha gustaba más a su alma fuerte que la pompa inicua con que en los hombros de vasallos hambrientos como santo en andas sobre cargadores descalzos, paseaba con luces de
ópalo la majestad. Su rey le persigue, le persigue Inglaterra;
pero su mujer le ayuda.

¡Dios tenga piedad del corazón heroico que no halla en el
hogar acogida para sus nobles empresas! Deja su casa, y su riqueza regia: arma su barco: desde su barco escribe: "Íntima-
mente unida a la felicidad de la familia humana está la suerte

de América, destinada a ser el asilo seguro de la virtud, la tolerancia y la libertad tranquila". ¡Qué tamaño el de esa alma, que depone todos los privilegios de la fortuna, para seguir en sus marchas por la nieve a un puñado de rebeldes mal vestidos! Salta a tierra: vuela al congreso continental: "Quiero servir a América como voluntario y sin paga". En la tierra suceden cosas que esparcen por ella una claridad de cielo.

La humanidad parecía haber madrugado en aquel cuerpo joven. Se muestra general de generales. Con una mano se sujeta la herida para mandar a vencer con la otra a los soldados que se preparaban a la fuga. De un centelleo de la espada recoge la columna dividida por un jefe traidor.

Si sus soldados van a pie, él va a pie. Si la república no tiene dinero, él, que le da su vida, le adelanta su fortuna: ¡he aquí un hombre que brilla, como si fuera todo de oro! Cuando su fama le ha devuelto el cariño de su rey, ve que puede aprovechar el odio de Francia a Inglaterra para echar de América a los ingleses abatidos.

El congreso continental le ciñe una espada de honor, y escribe al rey de Francia: "Recomendamos este noble joven a vuestra majestad por su prudencia en el consejo, su valor en el campo de batalla, y su paciencia en las privaciones de la guerra".

Le pide alas al mar. Francia, el primero de los pueblos, se cuelga de rosas para recibir a su héroe. "¡Es maravilla que Lafayette no se quiera llevar para su América los muebles de Versalles!", dice el ministro francés, cuando ya Lafayette cruza el océano con los auxilios de Francia a la república naciente, con el ejército de Rochambeau y la armada de De Grasse[128].

Washington mismo desesperaba en aquellos instantes de la victoria. Nobles franceses y labriegos cierran contra el inglés Cornwallis y lo rinden en Yorktown[129].

Así aseguraron los Estados Unidos con el auxilio de Francia la independencia que aprendieron a desear en las ideas francesas. Y es tal el prestigio de un hecho heroico, que aquel marqués esbelto ha bastado para retener unidos durante un siglo a dos pueblos diversos en el calor del espíritu, la idea de la vida y el concepto mismo de la libertad, egoísta e interesada en los Estados Unidos, y en Francia generosa y expansiva. ¡Bendito sea el pueblo que irradia!

Sigamos, sigamos por las calles a la muchedumbre que de todas partes acude y las llena: hoy es el día en que se descubre el monumento que consagra la amistad de Washington y de Lafayette. Todas las lenguas asisten a la ceremonia.

La alegría viene de la gente llana. En los espíritus hay mucha bandera: en las casas poca. Las tribunas de pino embanderadas esperan, en el camino de la procesión, al Presidente de la República, a los delegados de Francia, al cuerpo diplomático, a los gobernadores de Estado, a los generales del ejército.

Aceras, portadas, balcones, aleros, todo se va cuajando de gozoso gentío. Muchos van por los muelles a esperar la procesión naval, los buques de guerra, la flota de vapores, los remolcadores vocingleros que llevarán los invitados a la Isla de Bedloe[130], donde, cubierto aún el rostro con el pabellón francés, espera sobre su pedestal ciclópeo la escultura. Pero los más afluyen al camino de la gran parada.

Acá llega una banda. Allá viene un destacamento de bomberos, con su bomba antigua, montada sobre zancos: visten de calzón negro y blusa roja. Abre paso el gentío a un grupo de franceses, que van locos de gozo. Por allí llega otro grupo: uniforme muy lindo, todo realzado de cordones de oro, gran pantalón de franja, chacó con mucha pluma, mostacho fiero, cuerpo menudo, parla bullente, ojo negrísimo: es una compañía de voluntarios italianos. Por una esquina se divisa el ferrocarril elevado: arriba, el tren repleto: abajo, reparte sus patrullas la policía, bien cerrada en sus levitas azules de botón dorado. A nadie quita la lluvia la sonrisa.

Ya la multitud se repliega sobre las aceras, porque viene a caballo, empilándola con sus ancas, la policía montada. Una mujer cruza la calle, llena la capa de hule de medallas de la estatua: de un lado está el monumento; de otro, el amable rostro del escultor Bartholdi[131]. Allí va un hombre de mirada ansiosa, tomando apuntes a la par que anda. ¿Y Francia?

¡Ah! de Francia, poca gente habla. No hablan de Lafayette, ni saben de él. No se fijan en que se celebra un don magnífico del pueblo francés moderno al pueblo americano.

De Lafayette, hay una estatua en la plaza de la Unión; pero también la hizo Bartholdi, también la regaló Francia. Los literatos y los viejos de corbatín recuerdan sólo al marqués admirable. En la caldera enorme hierve una vida nueva. Este pueblo en que cada uno vive con fatiga para sí, ama poco en realidad a aquel otro pueblo que ha abonado con su sangre toda semilla humana.

"Francia –dice un ingrato– nos ayudó porque su rey era enemigo de Inglaterra." "Francia –rumia otro en un rincón– nos regala la estatua de la libertad para que le dejemos acabar en paz el canal de Panamá."

"Laboulaye[132] –dice otro– es el que nos regaló la estatua. Él quería poner freno inglés a la libertad francesa. Así como Jefferson aprendió en los enciclopedistas los principios de la declaración de independencia, así Laboulaye y Henry Martin[133] quisieron llevar a Francia los métodos de gobierno que los Estados Unidos heredaron de la Magna Carta."

"Sí, sí: fue Laboulaye quien inspiró a Bartholdi: en su casa nació la idea: Ve, le dijo, y propón a los Estados Unidos construir con nosotros un monumento soberbio en conmemoración de su independencia: sí, la estatua quiso significar la admiración de los franceses prudentes a las prácticas pacíficas de la libertad americana."

Así nació la idea, como crece en lo alto del monte el hilo de agua que, hinchado en su carrera, entra al fin a ser parte del mar. En la tribuna están los delegados de Francia, el escultor, el orador, el periodista, el general, el almirante, el que une los mares y abre la tierra: aires franceses mariposean por la ciudad: el pabellón francés golpea en los balcones y flota en el tope de los edificios; pero lo que aviva todos los ojos y tiene alegres las almas, no es el don de una tierra generosa, que acaso no se recibe aquí con el entusiasmo que conviene, sino el desborde del placer humano, al ver erguido con estupenda firmeza en un símbolo de hermosura arrebatadora aquel instinto de la propia majestad que está en la médula de nuestros huesos, y es la raíz y gloria de la vida.

Vedlos: ¡todos revelan una alegría de resucitados! ¿No es este pueblo, a pesar de su rudeza, la casa hospitalaria de los oprimidos? De adentro vienen, fuera de la voluntad, las voces que impelen y aconsejan. Reflejos de bandera hay en los rostros: un dulce amor conmueve las entrañas: un superior sentido de soberanía saca la paz, y aun la belleza, a las facciones; y todos estos infelices, irlandeses, polacos, italianos, bohemios, alemanes, redimidos de la opresión o la miseria, celebran el monumento de la libertad porque en él les parece que se levantan y recobran a sí propios.

¡Vedlos correr, gozosos como náufragos que creen ver una vela salvadora, hacia los muelles desde donde la estatua se divisa! Son los más infelices, los que tienen miedo a las calles populosas y a la gente limpia: cigarreros pálidos, cargadores gibosos, italianas con sus pañuelos de colores: no corren como en las fiestas vulgares, con brutalidad y desorden, sino en masas amigas y sin ira: bajan del este, bajan del oeste, bajan de los callejones apiñados en lo pobre de la ciudad: los novios parecen casados: el marido da el brazo a su mujer: la madre arrastra a sus pequeñuelos: se preguntan, se animan, se agolpan por donde creen que la verán más cerca.

Ruedan en tanto entre los hurras de la multitud las cureñas empavesadas por las calles suntuosas: parecen con sus lenguas de banderas, hablar y saludar los edificios, enfrénanse, piafan y dejan en la playa a sus jinetes los ferrocarriles elevados, que giran sumisos, como aérea y humeante caballería: los vapores, cual cargados de un alma impaciente, ensayan el ala que los ata a la orilla; y allá, a lo lejos, envuelta en humo, como si la saludasen a la vez todos los incensarios de la tierra, se alza la estatua enorme, coronada de nubes como una montaña.

En la plaza de Madison es la fiesta mayor, porque allí, frente al impío monumento que recuerda la victoria ingloriosa de los norteamericanos sobre México, se levanta, cubierta de pabellones de los Estados Unidos y de Francia, la tribuna donde ha de ver la parada el Presidente. Todavía no ha llegado; pero la plaza es toda una cabeza. Surgen de entre la masa negra los cascos pardos de los policías. Cuelgan por las fachadas festones tricolores.

Parece un ramo de rosas en aquel campo oscuro la tribuna. De vez en cuando recorre un murmullo los grupos cercanos, como si de pronto se hubiera enriquecido el alma pública. ¡Es Lesseps[134] que sube a la tribuna: es Spuller, el amigo de Gambetta[135], de ojos de acero y de cabeza fuerte: es Jaurés, valeroso, que sacó con gloria del combate de Mamers los doce mil soldados, mordidos de cerca por los alemanes: es Pelissier, que herido en Nogent-sur-Marne empuja con la mano pálida la rueda de sus cañones: es el teniente Ney, que cuando sus franceses aterrados huían de una trinchera toda en fuego, abrió los brazos y afirmó el pie en tierra, y a empellones, bello el rostro con un resplandor de bronce encendido, echó a los cobardes sobre la boca terrible, y entró por ella: es Laussédat, el coronel canoso que amasó murallas con manos de joven contra las armas prusianas: es Bureaux de Pussy, que no dejó caer entre los enemigos la espada de su bisabuelo Lafayette: es Deschamps, el alcalde de París, que fue tres veces hecho prisionero por los alemanes, y se escapó tres veces: es el joven marino Villegente, figura viva de un cuadro de Neuville: es Caubert, abogado de espada, que quiso hacer con los abogados y los jueces una legión para sujetar el paso a Prusia: es Bigot, es Meunier, es Desmons, es Hielard, es Giroud, que han servido a la patria bravamente con la bolsa o la pluma: es Bartholdi, el creador de la estatua, el que en los ijares de la fortaleza de Belfort clavó su león sublime, el que forjó para Gambetta en plata aquella Alsacia desgarradora que maldice, el que lleva en sus ojos, melancólicos como los de los hombres verdaderamente grandes, todo el dolor del abanderado que en el regazo de su Alsacia muere, y toda la fe del niño en que a su lado la patria resucita.

No se vive sin sacar luz en familiaridad con lo enorme. El hábito de domar da al rostro de los escultores un aire de triunfo y rebeldía. Engrandece la simple capacidad de admirar lo grande, cuanto más el moldearlo, el acariciarlo, el ponerle alas, el sacar del espíritu en idea lo que a brazos, a miradas profundas, a golpes de cariño ha de ir encorvando y encendiendo el mármol y el bronce.

Este creador de montes nació con alma libre en la ciudad alsaciana de Colmar, que le robó luego el alemán enemigo; y la hermosura y grandeza de la libertad tomaron a sus ojos, hechos a contemplar los colosos de Egipto, esas gigantes proporciones y majestad eminente a que la patria sube en el espíritu de los que viven sin ella: de la esperanza de la patria entera hizo Bartholdi su estatua soberana.

Jamás sin dolor profundo produjo el hombre obras verdaderamente bellas. Por eso va la estatua adelantando, como para pisar la tierra prometida; por eso tiene inclinada la cabeza, y un tinte de viudez en el semblante; por eso, como quien manda y guía, tiende su brazo fieramente al cielo.

¡A Alsacia, a Alsacia!, dice toda ella; y a pedir la Alsacia para Francia[136] ha venido esa virgen dolorosa, más que a alumbrar la libertad del mundo.

Disfraz abominable y losa fúnebre son las sonrisas y los pensamientos cuando se vive sin patria, o se ve en garras enemigas un pedazo de ella: un vapor de embriaguez perturba el juicio, sujeta la palabra, apaga el verso, y todo lo que produce entonces la mente nacional es deforme y vacío, a no ser lo que expresa el anhelo de las almas. ¿Quién siente mejor la ausencia de un bien que el que lo ha poseído y lo pierde? De la vehemencia de los dolores viene la grandeza de su representación.

Ved a Bartholdi, que toma su puesto en la tribuna saludado amorosamente por sus compañeros: una vaga tristeza le baña el semblante: un dolor casto le luce en los ojos: anda como en un sueño: mira hacia lo que no se ve: hacen pensar en los cipreses y en las banderas rotas los cabellos inquietos que caen sobre su frente.

Ved a los diputados: todos ellos han sido escogidos entre los que pelearon con mayor bravura en la guerra en que perdió Francia a la Alsacia.

Ved a Spuller, el amigo de Gambetta, en la fiesta que dio en honra de sus compatriotas el Círculo francés de la Armonía. ¿Habían hablado de vagos cumplimientos, de histórica fraternidad, de abstracciones generosas?

Vino sobre las luces Spuller, como viniera un león: comenzó como una plegaria su discurso: hablaba lenta y dolorosamente, como quien lleva una vergüenza encima: en un augusto y lloroso silencio se iba tendiendo su inflamada palabra: cuando la recogió, todo el teatro estaba en pie, envolvía a Spuller una bandera invisible: el aire retemblaba, como un acero sacudido: ¡A Alsacia! ¡A Alsacia!

Spuller trae ahora baja la cabeza, como todos aquellos que se recogen para acometer.

Desde aquella tribuna, juntos vieron los delegados franceses, con los prohombres de la república en torno al Presidente Cleveland[137], la parada de fiesta con que celebró Nueva York la inauguración de la estatua: ríos de bayonetas: millas de camisas rojas: milicianos grises, azules y verdes: una mancha de gorros blancos en la escuadra; en un carro llevan al Monitor[138] en miniatura, y va a la rueda un niño vestido de marino.

Pasa la artillería, con sus soldados de uniforme azul; la policía, con su marcha pesada; la caballería, con sus solapas amarillas: a un lado y otro las dos aceras negras. El hurra que empezaba al pie del Parque Central, coreado de boca en boca, iba a morir en el estruendo de la batería. Pasan los estudiantes de Columbia[139], con sus gorros cuadrados; pasan en coches los veteranos, los inválidos y los jueces; pasan los negros; y redoblan las músicas, y por toda la vía los va siguiendo un himno.

Aplaude la tribuna el paso firme de la milicia elegante del 7º regimiento: va muy bella en sus capas de campaña la milicia del regimiento 22: dos niñas alemanas, que vienen con una compañía, le dan al Presidente dos cestos de flores; apenas puede hablar una criatura vestida de azul que alcanza a Lesseps un estandarte de seda para Bartholdi: vuela la Marsellesa, con su clarín de oro, por toda la procesión; el Presidente, con la cabeza descubierta, saluda a los pabellones desgarrados: humillan sus colores las compañías cuando cruzan delante de la tribuna, y los oficiales de la milicia francesa besan al llegar a ella el puño de su espada. Pasan las mangas sin brazo, entre frenéticos saludos de las aceras, tribunas y balcones: pasan los banderines atravesados por las balas: pasan las piernas de madera.

A rastras viene un viejo en su capote de color de tórtola, y la ciudad entera le quiere dar la mano: hala su cuerpo roto bravamente, como haló en su mocedad en el tiempo de los voluntarios las bombas de incendio: se rompió los brazos por recibir en ellos a un niño encendido: por salvar a un anciano se dejó caer una pared sobre las piernas: los bomberos le siguen, en sus trajes de antes, tirando de las cuerdas que arrastran las bombas: y cuando, cuidada como una niña, toda llena de plata y de flores, viene a la zaga de los mozos de camisa roja la bomba más antigua tambaleando en sus ligeras ruedas, desbócase sobre el gentío, a apagar un incendio cercano, una de las bombas modernas formidables. Deja el aire caliente y herido. Negro es el humo y los caballos negros. Derriba carros y atropella gentes. Bocanadas de chispas dan un color rojizo a la humareda.

Sigue desalado el carro de las escalas, como en una nube: rueda tras él la enorme torre de agua, con fragor de artillería.

Se oye una campana que parece una orden: el gentío se aparta con respeto, y pasa en una ambulancia un hombre herido. A lo lejos se oían los regimientos. Con su clarín de oro volaba sobre la ciudad la Marsellesa.

Entonces los espíritus, llegada la hora de descorrer el pabellón que velaba el rostro de la estatua, bulleron de manera que pareció que se cubría el cielo en un toldo de águilas. Era prisa de novio la que empujaba a la ciudad a los vapores.

Los vapores mismos, orlados de banderas, parecían guirnaldas, y sonreían, cuchicheaban, se movían alegres y precipitados, como las niñas que hacen de testigos en las bodas.

Un respeto profundo engrandecía los pensamientos como si la fiesta de la libertad evocase ante los ojos todos los que han perecido por conquistarla. ¡Qué batalla de sombras surgía sobre las cabezas! ¡Qué picas, qué rodelas, qué muertes esculturales, qué agonías soberanas! La sombra de un solo combatiente llenaba una plaza. Se erguían, abrían los brazos, miraban a los hombres como si los creasen, y emprendían el vuelo.

La claridad que hendía de súbito la atmósfera oscura no eran rayos del sol, sino los cortes de los escudos en la niebla, por donde descendía la luz de la batalla. Lidiaban, sucumbían, morían cantando: tal, por sobre el de los campanarios y los cañones, es el himno de triunfo que conviene a esta estatua hecha, más que de bronce, de todo lo que en el alma humana es oda y sol.

Un cañonazo, un vuelo de campanas, una columna de humo fueron la bahía y ciudad de Nueva York desde que cerró la parada hasta que, al caer el crepúsculo, acabaron las fiestas en la isla donde se eleva el monumento.

¡A encías desdentadas se asemejaban las hileras de muelles, huérfanas de sus vapores! El cañoneo incesante aumentaba la lluvia. Por la parda neblina pasaron camino de la isla doscientos buques, como una procesión de elefantes. Como palomas encintadas iban apiñándose los vapores curiosos en torno a la figura, que se destacaba entre ellos vagamente. Había un rumor de nido. Como alas desprendidas salían de los vapores llamaradas de música. ¿Quién que no haya sufrido por la libertad podrá entender la frenética alegría que enloqueció las almas, cuando por fin se reveló a los ojos aquella a quien todos hablan como a una amante adorada?

¡Allí está por fin, sobre su pedestal más alto que las torres, grandiosa como la tempestad y amable como el cielo! Vuelven en su presencia los ojos secos a saber lo que son lágrimas. Parecía que las almas se abrían, y volaban a cobijarse en los pliegues de su túnica, a murmurar en sus oídos, a posarse en sus hombros, a morir como las mariposas en su luz. Parecía viva: el humo de los vapores la envolvía: una vaga claridad la coronaba: ¡era en verdad como un altar, con los vapores arrodillados a sus pies! ¡Ni el Apolo de Rodas[140], con la urna de fuego sobre su cabeza y la saeta de la luz en la mano, fue más alto! Ni el Júpiter de Fidias, todo de oro y marfil, hijo del tiempo en que aún eran mujeres los hombres. Ni la estatua de Sumnat de los hindúes, incrustada, como su fantasía, de piedras preciosas. Ni las dos estatuas sedentes de Tebas, cautivas como el alma del desierto en sus pedestales tallados. Ni los cuatro colosos que defienden, en la boca de la tierra, el templo de Ipsambul. Más grande que el San Carlos Borromeo, de torpe bronce, en el cerro de Arona, junto al lago; más grande que la Virgen de Puy, concebida sin alas, sobre el monte que ampara el caserío; más grande que el Arminio de los Cheruskos, que se alza por sobre la puerta de Tautenberg citando con su espada las tribus germánicas para anonadar las legiones de Varus; más grande que la Germania de Niederwald, infecunda hermosura acorazada que no abre los brazos; más grande que la Baviera de Shwautaler que se corona soberbiamente en el llano de Munich, con un león a las plantas, por sobre las iglesias de todos los credos y por sobre las obras todas de los hombres se levanta de las entrañas de una estrella la "Libertad iluminando al mundo", sin león y sin espada. Está hecha de todo el arte del universo, como está hecha la libertad de todos los padecimientos de los hombres.

De Moisés tiene las tablas de la ley: de la Minerva el brazo levantado: del Apolo la llama de la antorcha: de la Esfinge el misterio de la faz: del Cristianismo la diadema aérea.

Como los montes, de las profundidades de la tierra ha surgido esta estatua, "inmensidad de idea en una inmensidad de forma", de la valiente aspiración del alma humana.

El alma humana es paz, luz y pureza; sencilla en los vestidos, buscando el cielo por su natural morada. Los cintos le queman; desdeña las coronas que esconden la frente; ama la desnudez, símbolo de la naturaleza; para en la luz de donde fue nacida.

La túnica y el *peplum* le convienen, para abrigarse del desamor y el deseo impuro: le sienta la tristeza, que desaparecerá sólo de sus ojos cuando todos los hombres se amen: va bien en pies desnudos, como quien sólo en el corazón siente la vida: hecha del fuego de sus pensamientos, brota la diadema naturalmente de sus sienes, y tal como remata en cumbre el monte, toda la estatua, en lo alto de la antorcha, se condensa en luz.

Pequeña como una amapola lucía a los pies de la estatua la ancha tribuna, construida para celebrar la fiesta con pinos frescos y pabellones vírgenes. Los invitados más favorecidos ocupaban la explanada frente a la tribuna. La isla entera parecía un solo ser humano.

¡No se concibe cómo voceó este pueblo, cuando su Presidente, nacido como él de la mesa del trabajo, puso el pie en la lancha de honor para ir a recibir la imagen en que cada hombre se ve como redimido y encumbrado!

Sólo los estremecimientos de la tierra dan idea de explosión semejante.

El clamor de los hombres moría ahogado por el estampido de los cañones: de las calderas de las fábricas y los buques se exhalaba a la vez el vapor preso con un júbilo loco, conmovedor y salvaje: ya parecía el alma india, que pasaba a caballo por el cielo, con su clamor de guerra: ya que, sacudiendo al encorvarse las campanas todas, se arrodillaban las iglesias: ya eran débiles o estridentes, imitados por las chimeneas de los vapores, los cantos del gallo con que se simboliza el triunfo.

Se hizo pueril lo enorme: traveseaba el vapor en las calderas: jugueteaban por la neblina los remolcadores: azuzaba la concurrencia de los vapores a sus músicas: los fogoneros vestidos de oro por el resplandor del fuego, henchían de carbón las máquinas: por entre la nube de humo se veía a los marineros de la armada, de pie sobre las vergas.

En vano pedía silencio desde la tribuna, moviendo su sombrero negro de tres picos, el mayor general de los ejércitos americanos: ni la plegaria misma del sacerdote Storrs[141], perdida en la confusión, acalló el vocerío: pero Lesseps, Lesseps, con su cabeza de ochenta años desnuda bajo la lluvia, supo domarlo. Jamás se olvidará aquel espectáculo magnífico. Más que de un paso, de un salto se puso en pie el gran viejo.

Es pequeño: cabe en el hueco de la mano de la estatua de la Libertad; pero rompió a hablar con voz tan segura y fresca que la concurrencia ilustre, arrebatada y seducida, saludó con un vítor que no parecía acabar a aquel monumento humano. ¿Qué era el estruendo, el vocear de las máquinas, el cañonear de los barcos, el monumento arriba, a aquel hombre hecho a tajar la tierra y a enlazar los mares?

¿No hizo reír, reír delante de la estatua, con su primera frase? "El vapor, señores, nos ha hecho progresar de una manera pasmosa; pero en este momento nos hace mucho daño."

¡Viejo maravilloso! Los americanos no lo quieren, porque hace a pesar de ellos lo que ellos no tuvieron el valor de hacer; pero con su primera frase sedujo a los americanos. Luego leyó su discurso, escrito por su misma mano en páginas sueltas, blancas y grandes. Decía cosas de familia o daba forma familiar a las cosas más graves: se ve en su modo de frasear cómo le ha sido fácil alterar la tierra: cada idea, breve como una nuez, lleva adentro un monte.

No se está quieto cuando habla: se vuelve hacia todos los lados, como para dar a todo el mundo el rostro: algunas frases las dice, y las apoya con toda la cabeza, como si las quisiera clavar: habla un francés marcial, que suena a bronce: su gesto favorito es levantar rápidamente el brazo: sabe que por la tierra se ha de pasar venciendo: la voz, lejos de extinguírsele, le crece con el discurso: sus frases cortas ondean y acaban en punta como los gallardetes: el gobierno americano lo convidó a la fiesta, como el primero de los franceses.

"Me he dado prisa a venir, dice poniendo la mano sobre el pabellón de Francia que viste el antepecho de la tribuna: la erección de la estatua de la Libertad honra ahora a los que la concibieron, y a los que la han comprendido aceptándola." Francia es para él la madre de los pueblos, y con egregia habilidad, deja caer en su discurso este juicio de Hepworth Dixon[142] sin contradecirlo: "Un historiador inglés, Hepworth Dixon, después de decir en su obra sobre la Nueva América que vuestra Constitución no es producto del suelo, ni procede del espíritu inglés, ha añadido: se puede, por el contrario, considerarla como una planta exótica nacida en la atmósfera de Francia."

No se detiene en símbolos, sino en objetos. Las cosas a sus ojos son por aquello para que sirven. Por la Estatua de la Libertad va él a su canal de Panamá. "Gustáis de los hombres que osan y que perseveran: yo digo como vosotros: *go ahead*[143]: ¡nosotros nos entendemos cuando yo uso este lenguaje!"

¡Ah, piadoso viejo: antes de que se siente, premiado por los aplausos de sus enemigos mismos, rendidos y maravillados, démosle gracias, allá, en la América que no ha tenido todavía su fiesta, porque recordó nuestros pueblos y pronunció nuestro nombre olvidado en el día histórico en que América consagró a la libertad: ¿pues quién sabe morir por ella mejor que nosotros? ¿y amarla más?

"¡Hasta luego, en Panamá!, donde el pabellón de las treinta y ocho estrellas de la América del Norte irá a flotar al lado de las banderas de los Estados independientes de la América del Sur, y formará en el nuevo mundo, para el bien de la humanidad, la alianza pacífica y fecunda de la raza francolatina y de la raza anglosajona."

¡Buen viejo, que encanta a las serpientes! ¡Alma clara, que no ve lo grande del corazón bajo los vestidos manchados de sangre! A ti, que hablaste de la libertad como si fuera tu hija, la otra América te ama!

Y antes de que se levantara el senador Evarts[144] a ofrecer la estatua al Presidente de los Estados Unidos en nombre de la Comisión americana, la concurrencia, conmovida por Lesseps, quiso saludar a Bartholdi, que con feliz modestia se levantó a dar las gracias al público desde su asiento en la tribuna. Nunca habla el senador Evarts sin noble lenguaje y superior sentido, y es su elocuencia diestra y genuina, que va a las almas porque nace de ellas.

Pero la voz se le apagaba, cuando leía en páginas estrechas el discurso en que pinta, con frase llena de cintas y pompones, la generosidad de Francia.

Y después de Lesseps, parecía una caña abatida: ya en la cabeza no tiene más que frente: apenas puede abrirse paso la inspiración por su rostro enjuto y apergaminado: viste gabán, y lleva el cuello vuelto; le cubría la cabeza un gorro negro.

Y cuando inopinadamente, en medio de su discurso, creyeron llegada la hora de descorrer, como estaba previsto, el pabellón que cubría el rostro de la estatua, la escuadra, la flotilla, la ciudad, rompió en un grito unánime que parecía ir subiendo por el cielo como un escudo de bronce resonante: ¡Pompa asombrosa y majestad sublime!; ¡nunca ante altar alguno, se postró un pueblo con tanta reverencia!; los hombres pasmados de su pequeñez, se miraban al pie del pedestal, como si hubieran caído de su propia altura: el cañón a lo lejos retemblaba: en el humo los mástiles se perdían: el grito, fortalecido, cubría el aire: la estatua, allá en las nubes, aparecía como una madre inmensa.

Digno de hablar ante ella pareció a todos el Presidente Cleveland. Él también tiene estilo de médula, acento sincero, y voz simpática, clara y robusta. Sugiere más que explica. Dijo esas cosas amplias y elevadas que están bien frente a los monumentos. Con una mano tenía asido el borde de la tribuna, y la derecha la hundió en el pecho bajo la solapa de la levita. Mira con ese amable desafío que sienta a los vencedores honrados.

¿No se ha de perdonar un poco de altivez a quien sabe que, por ser puro, está lleno de enemigos? Su carne es gruesa y mucha; pero la inteligencia la echa atrás. Aparece como es, bueno y enérgico. Lesseps lo miraba cariñosamente, como si se estuviera haciendo de él un amigo.

También él, como Lesseps, habló con la cabeza descubierta. Sus palabras solicitan el aplauso, más que por la pompa de la frase y autoridad del ademán, por lo vibrante del acento y firme del sentido. Si vaciasen la estatua en palabras, eso mismo diría: "Esta muestra del afecto y consideración del pueblo de Francia demuestra el parentesco de las repúblicas, y nos asegura de que en nuestros esfuerzos para recomendar a los hombres la excelencia de un gobierno fundado en la voluntad popular, tenemos del otro lado del continente americano una firme aliada". "No estamos aquí hoy para doblar la cabeza ante la imagen de un dios belicoso y temible, lleno de rabia y venganza, sino para contemplar con júbilo a nuestra deidad propia, guardando y vigilando las puertas de América, más grande que todas las que celebraron los cantos antiguos: y en vez de asir en su mano los rayos del terror y de la muerte, levanta al cielo la luz que ilumina el camino de la emancipación del hombre." Nació de los corazones cariñosos el largo aplauso que premió a este hombre honrado.

Chauncey Depew, "el orador de plata"[145], comenzó enseguida la oración de la fiesta. Bella hubo de ser, para sujetar sin fatiga, ya al caer la tarde, la atención del concurso.

¿Quién es Chauncey Depew? Todo lo que puede ser el talento, sin la generosidad.

Ferrocarriles son sus ocupaciones; millones sus cifras; emperadores su público; los Vanderbilt, sus Mecenas y amigos. El hombre le importa poco; le importa más el ferrocarril. Tiene el ojo rapaz, la frente ancha y altiva, la nariz corva, el labio superior fino y estrecho, la barba lampiña larga y en punta; y aquí se miran en él por lo armonioso y brillante de su lenguaje, lo agresivo y agudo de su voluntad, y lo listo y seguro de su juicio. Su estilo, fresco y versátil, no chispea ahora como suele en sus oraciones celebradísimas de sobremesa; ni expone con cerrada lógica, como en sus casos de abogado y director de caminos de hierro; ni tunde a sus adversarios sin misericordia como es fama que hace en los malignos y temibles ejercicios de las asambleas políticas: sino cuenta en encendidas frases la vida generosa de aquel que, no satisfecho de haber ayudado a Washington a fundar su pueblo, volvió ¡bendito sea el marqués de Lafayette! a pedir al Congreso norteamericano que diese libertad a "sus hermanos los negros".

Pintó Depew con encendidos párrafos las pláticas amigas de Lafayette y Washington en el hogar modesto de Mount Vernon[146], y aquel adiós del marqués "purificado por las batallas y las privaciones" al congreso de América, en que veía él "un templo inmenso de la libertad, una lección para los opresores, y una esperanza para los oprimidos de la tierra".

Ni el "noventa y tres"[147] lo aterró, ni el calabozo de Olmütz[148] lo domó, ni la victoria de Napoleón lo convenció: ¿qué son, para quien siente de veras la libertad en el alma, más que acicates las persecuciones y bombas de jabón los imperios injustos de la tierra? Estos hombres de instinto guían el mundo. Raciocinan después que obran.

El pensamiento corrige sus errores; pero no posee la virtud de sus arrebatos. Sienten y empujan. ¡Así, por la voluntad de la naturaleza, en la historia de los hombres está escrito!

Magistrado parecía Clauncey Depew cuando, sacudiendo sobre su cabeza cubierta de un gorro de seda el brazo en que temblaba el dedo índice, reunía en cuadro admirable los beneficios de que goza el hombre de esta tierra fecunda por la libertad, y con el fuego del corcel que lleva la espuela hundida en los ijares, trocaba en valor el disimulado miedo, se erguía en nombre de las instituciones libres contra los fanáticos que se acogen de ellas para trabajar por volcarlas, y enseñado por el ímpetu creciente con que se viene encima en los Estados Unidos el problema social, humilló la soberbia por que este caballero de la palabra de plata es afamado, y haló inspirados acentos para decir cual suyas las frases mismas que ostenta como su evangelio la revolución obrera.

¡Tu sombra, pues, oh libertad, convence: y los que te odian o se sirven de ti se postran al mando de tu brazo!

Un obispo en aquel instante surgió en la tribuna, alzó la mano comida por los años, y en el magnífico silencio, puestos en pie a su lado el genio y el poder, bendijo en nombre de Dios la redentora estatua. Entonó la concurrencia, guiada por el obispo, un himno lento y suave, la Doxología mística[149]. De lo alto de la antorcha anunció una señal que había terminado la ceremonia.

Ríos de gente, temerosa de la torva noche, se echaron precipitados, sin respeto a la edad ni a la eminencia, sobre el angosto embarcadero. Pálidamente resonaron las músicas, como si desmayasen la luz de la tarde.

El peso del contento, más que el de los seres humanos, hundía los buques. El humo de los cañonazos envolvía la lancha de honor que llevaba a la ciudad al Presidente. Las aves sorprendidas, en lo alto de la estatua, giraban como medrosas en torno al monte nuevo. Más firmes dentro del pecho sentían los hombres las almas.

Y cuando de la isla convertida ya en altar, arrancaban en la sombra nocturna los últimos vapores, una voz cristalina exhaló una melodía popular, que fue de buque a buque, y mientras en la distancia se destacaban en las coronas de los edificios guirnaldas de luces que enrojecían la bóveda del cielo, un canto a la vez tierno y formidable se tendió al pie de la estatua por el río, y con unción fortificada por la noche, el pueblo entero, apiñado en las popas de los barcos, cantaba con el rostro vuelto a la isla: "¡Adiós mi único amor!"[150]

EL TERREMOTO DE CHARLESTON[151]

Un terremoto ha destrozado la ciudad de Charleston[152]. Ruina es hoy lo que ayer era flor, y por un lado se miraba en el agua arenosa de sus ríos surgiendo entre ellos como un cesto de frutas, y por el otro se extendía a lo interior en pueblos lindos, rodeados de bosques de magnolias y de naranjos y jardines.

Los blancos vencidos y los negros bien hallados viven allí después de la guerra en lánguida concordia: allí no se caen las hojas de los árboles; allí se mira al mar desde los colgadizos vestidos de enredaderas; allí, a la boca del Atlántico, se levanta casi oculto por la arena el fuerte Sumter[153] en cuyos muros rebotó la bala que llamó al fin a guerra al Sur y al Norte; allí recibieron con bondad a los viajeros infortunados de la barca Puig[154].

Las calles van derecho a los dos ríos: borda la población una alameda que se levanta sobre el agua: hay un pueblo de buques en los muelles, cargando algodón para Europa y la India: en la calle de King se comercia; la de Meeting ostenta hoteles ricos: viven los negros parleros y apretados en un barrio populoso; y el resto de la ciudad es de residencias bellas, no fabricadas hombro a hombro como estas casas impúdicas y esclavas de las ciudades frías del Norte, sino con ese noble apartamiento que ayuda tanto a la poesía y decoro de la vida. Cada casita tiene sus rosales, y su patio en cuadro, lleno de yerba y girasoles y sus naranjos a la puerta.

Se destacan sobre las paredes blancas las alfombras y ornamentos de colores alegres que en la mañana tienden, en la baranda del colgadizo alto, las negras risueñas, cubierta la cabeza con el pañuelo azul o rojo: el polvo de la derrota vela en otros lugares el color crudo del ladrillo de las moradas opulentas, se vive con valor en el alma y con luz en la mente en aquel pueblo apacible de ojos negros.

Y ¡hoy los ferrocarriles que llegan a sus puertas se detienen a medio camino sobre sus rieles torcidos, partidos, hundidos, levantados; las torres están por tierra; la población ha pasado una semana de rodillas; los negros y sus antiguos señores han dormido bajo la misma lona, y comido del mismo pan de lástima, frente a las ruinas de sus casas, a las paredes caídas, a las rejas lanzadas de su base de piedra, a las columnas rotas!

Los cincuenta mil habitantes de Charleston, sorprendidos en las primeras horas de la noche por el temblor de tierra que sacudió como nidos de paja sus hogares, viven aún en las calles y en las plazas, en carros, bajo tiendas, bajo casuchas cubiertas con sus propias ropas.

Ocho millones de pesos rodaron en polvo en veinticinco segundos. Sesenta han muerto, unos aplastados por las paredes que caían, otros de espanto. Y en la misma hora tremenda, muchos niños vinieron a la vida.

Estas desdichas que arrancan de las entrañas de la tierra, hay que verlas desde lo alto de los cielos.

De allí los terremotos con todo su espantable arreo de dolores humanos, no son más que el ajuste del suelo visible sobre sus entrañas encogidas, indispensable para el equilibrio de la creación: ¡con toda la majestad de sus pesares, con todo el empuje de olas de su juicio, con todo ese universo de alas que le golpea de adentro el cráneo, no es el hombre más que una de esas burbujas resplandecientes que danzan a tumbos ciegos en un rayo de sol!: ¡pobre guerrero del aire, recamado de oro, siempre lanzado a tierra por un enemigo que no ve, siempre levantándose aturdido del golpe, pronto a la nueva pelea, sin que sus manos le basten nunca a apartar los torrentes de la propia sangre que le cubren los ojos!

¡Pero siente que sube, como la burbuja por el rayo del sol!: ¡pero siente en su seno todos los goces y luces, y todas las tempestades y padecimientos, de la naturaleza que ayuda a levantar!

Toda esta majestad rodó por tierra en la hora de horror del terremoto en Charleston.

Serían las diez de la noche. Como abejas de oro trabajaban sobre sus cajas de imprimir los buenos hermanos que hacen los periódicos: ponía fin a sus rezos en las iglesias la gente devota, que en Charleston, como país de poca ciencia e imaginación ardiente, es mucha: las puertas se cerraban, y al amor o al reposo pedían fuerzas los que habían de reñir al otro día la batalla de la casa: el aire sofocante y lento no llevaba bien el olor de las rosas, dormía medio Charleston: ¡ni la luz va más aprisa que la desgracia que la esperaba!

Nunca allí se había estremecido la tierra, que en blanda pendiente se inclina hacia el mar: sobre suelo de lluvias, que es el de la planicie de la costa, se extiende el pueblo; jamás hubo cerca volcanes ni volcanillos, columnas de humo, levantamientos ni solfataras: de aromas eran las únicas columnas, aromas de los naranjos perennemente cubiertos de flores blancas. Ni del mar venían tampoco sobre sus costas de agua baja, que amarillea con la arena de la cuenca, esas olas robustas que echa sobre la orilla, oscuras como fauces, el Océano cuando su asiento se desequilibra, quiebra o levanta, y sube de lo hondo la tremenda fuerza que hincha y encorva la ola y la despide como un monte hambriento contra la playa.

En esa paz señora de las ciudades del Mediodía empezaba a irse la noche, cuando se oyó un ruido que era apenas como el de un cuerpo pesado que empujan de prisa.

Decirlo es verlo. Se hinchó el sonido: lámparas y ventanas retemblaron… rodaba ya bajo tierra pavorosa artillería: sus letras sobre las cajas dejaron caer los impresores, con sus casullas huían los clérigos, sin ropas se lanzaban a las calles las mujeres olvidadas de sus hijos: corrían los hombres desalados por entre las paredes bamboleantes: ¿quién asía por el cinto a la ciudad, y la sacudía en el aire, con mano terrible y la descoyuntaba?

Los suelos ondulaban; los muros se partían; las casas se mecían de un lado a otro: la gente casi desnuda besaba la tierra: ¡oh Señor! ¡oh, mi hermoso Señor!, decían llorando las voces sofocadas: ¡abajo, un pórtico entero!: huía el valor del pecho y el pensamiento se turbaba: ya se apaga, ya tiembla menos, ya cesa: ¡el polvo de las casas caídas subía por encima de los árboles y de los techos de las casas!

Los padres desesperados aprovechan la tregua para volver por sus criaturas: con sus manos aparta las ruinas de su puerta propia una madre joven de grande belleza: hermanos y maridos llevan a rastras o en brazos a mujeres desmayadas: un infeliz que se echó de una ventana, anda sobre su vientre dando gritos horrendos, con los brazos y las piernas rotas: una anciana es acometida de un temblor, y muere: otra, a quien mata el miedo, agoniza abandonada en un espasmo: las luces de gas débiles, que apenas se distinguen en el aire espeso, alumbran la población desatentada, que corre de un lado a otro, orando, llamando a grandes voces a Jesús, sacudiendo los brazos en alto. Y de pronto en la sombra se yerguen, bañando de esplendor rojo la escena, altos incendios que mueven pesadamente sus anchas llamas.

Se nota en todas las caras, a la súbita luz, que acaban de ver la muerte: la razón flota en jirones en torno a muchos rostros, en torno de otros se le ve que vaga, cual buscando su asiento ciega y aturdida. Ya las llamas son palio, y el incendio sube; pero ¿quién cuenta en palabras lo que vio entonces? Se oye venir de nuevo el ruido sordo: giran las gentes, como estudiando la mejor salida; rompen a huir en todas direcciones: la ola de abajo crece y serpentea; cada cual cree que tiene encima a un tigre.

Unos caen de rodillas: otros se echan de bruces: viejos señores pasan en brazos de sus criados fieles: se abre en grietas la tierra: ondean los muros como un lienzo al viento: topan en lo alto las cornisas de los edificios que se dan el frente: el horror de las bestias aumenta el de las gentes: los caballos que no han podido desuncirse de sus carros los vuelcan de un lado a otro con las sacudidas de sus flancos: uno dobla las patas delanteras:

otros husmean el suelo: a otro, a la luz de las llamas se le ven los ojos rojos y el cuerpo temblante como caña en tormenta: ¿qué tambor espantoso llama en las entrañas de la tierra a la batalla?

Entonces, cuando cesó la ola segunda, cuando ya estaban las almas preñadas de miedo, cuando de bajo los escombros salían, como si tuvieran brazos, los gritos ahogados de los moribundos, cuando hubo que atar a tierra como a elefantes bravíos a los caballos trémulos, cuando los muros habían arrastrado al caer los hilos y los postes del telégrafo, cuando los heridos se desembarazaban de los ladrillos y maderos que les cortaron la fuga, cuando vislumbraron en la sombra con la vista maravillosa del amor sus casas rotas las pobres mujeres, cuando el espanto dejó encendida la imaginación tempestuosa de los negros, entonces empezó a levantarse por sobre aquella alfombra de cuerpos postrados un clamor que parecía venir de honduras jamás explotadas, que se alzaba temblando por el aire con alas que lo hendían como si fueran flechas. Se cernía aquel grito sobre las cabezas, y parecía que llovían lágrimas.

Los pocos bravos que quedaban en pie, ¡que eran muy pocos!, procuraban en vano sofocar aquel clamor creciente que se les entraba por las carnes: ¡cincuenta mil criaturas a un tiempo adulando a Dios con las lisonjas más locas del miedo!

Apagaban el fuego los más bravos, levantaban a los caídos, dejaban caer a los que ya no tenían para qué levantarse, se llevaban a cuestas a los ancianos paralizados por el horror. Nadie sabía la hora: todos los relojes se habían parado, en el primer estremecimiento.

La madrugada reveló el desastre.

Con el claror del día se fueron viendo los cadáveres tendidos en las calles, los montones de escombros, las paredes deshechas en polvo, los pórticos rebanados como a cercén, las rejas y los postes de hierro combados y retorcidos, las casas caídas en pliegues sobre sus cimientos, y las torres volcadas y la espira más alta prendida sólo a su iglesia por un leve hilo de hierro.

El sol fue calentando los corazones: los muertos fueron llevados al cementerio donde está sin hablar aquel Calhoun[155] que habló tan bien, y Gaddens, y Rutledge y Pinckney; los médicos atendían a los enfermos: un sacerdote confesaba a los temerosos: en persianas y en hojas de puerta recogían a los heridos.

Apilaban los escombros sobre las aceras. Entraban en las casas en busca de sábanas y colchas para levantar tiendas. Frenesí mostraban los negros por alcanzar el hielo que se repartía desde unos carros: humeaban muchas cosas: por las hendiduras recién abiertas en la tierra había salido una arena de olor sulfuroso.

Todos llevan y traen. Unos preparan camas de paja. Otros duermen a un niño sobre una almohada y lo cobijan con un quitasol. Huyen aquéllos de una pared que está cayendo. ¡Cae allí un muro sobre dos pobres viejos que no tuvieron tiempo para huir!: va besando al muerto el hijo barbado que lo lleva en brazos, mientras el llanto le corre a hilos.

Se ve que muchos niños han nacido en la noche, y que, bajo una tienda azul precisamente, vinieron de una misma madre dos gemelos.

San Michael de sonoras campanas, Saint Phillips de la torre soberbia, el Salón hiberniano[156] en que se han dicho discursos que brillaban como bayonetas, la casa de la guardia, lo mejor de la ciudad, en fin, se ha desplomado o se está inclinando sobre la tierra.

Un hombre manco, de gran bigote negro y rostro enjuto, se acerca con los ojos flameantes de gozo a un grupo sentado tristemente sobre un frontón roto: "no ha caído, muchachos, no ha caído"; ¡lo que no había caído era la casa de justicia, donde al oír el primer disparo de los federales sobre Fort Sumter, se despojó de su toga de juez el ardiente MacGrath[157]; juró dar al Sur toda su sangre, y se la dio!

En las casas ¡qué desolación! No hay pared firme en toda la ciudad, ni techo que no esté abierto: muchos techos de los colgadizos se mantienen sin el sustento de sus columnas, como rostros a que faltase la mandíbula inferior: las lámparas se han clavado en la pared o en forma de araña han quedado aplastadas contra el pavimento: las estatuas han descendido de sus pedestales: el agua de los tanques, colocados en lo alto de la casa, se ha filtrado por las grietas y la inunda: en el pórtico mismo parecen entender el daño los jazmines marchitos en el árbol y las rosas plegadas y mustias.

Grande fue la angustia de la ciudad en los dos días primeros. Nadie volvía a las casas. No había comercio ni mercado. Un temblor sucedía a otro, aunque cada vez menos violentos. La ciudad era un jubileo religioso; y los blancos arrogantes, cuando arreciaba el temor, unían su voz humildemente a los himnos improvisados de los negros frenéticos: ¡muchas pobres negritas cogían del vestido a las blancas que pasaban, y les pedían llorando que las llevasen con ellas –que así el hábito llega a convertir en bondad y a dar poesía a los mismos crímenes–, ¡así esas criaturas, concebidas en la miseria por padres a quienes la esclavitud heló el espíritu, aún reconocen poder sobrenatural a la casta que lo poseyó sobre sus padres!: ¡así es de buena y humilde esa raza que sólo los malvados desfiguran o desdeñan!, ¡pues su mayor vergüenza es nuestra más grande obligación de perdonarla!

Caravanas de negros salían al campo en busca de mejoras, para volver a poco aterrados de lo que veían. En veinte millas a lo interior el suelo estaba por todas partes agujereado y abierto: había grietas de dos pies de ancho a que no se hallaba fondo: de multitud de pozos nuevos salía una arena fina y blanca mezclada con agua, o arena sólo, que se apilaba a los bordes del pozo como en los hormigueros, o agua y lodo azulado, o montoncillos de lodo que llevaban encima otros de arena, como si bajo la capa de la tierra estuviese el lodo primero y la arena más a lo hondo. El agua nueva sabía a azufre y hierro.

Un tanque de cien acres se secó de súbito en el primer temblor, y estaba lleno de peces muertos. Una esclusa se había roto, y sus aguas se lo llevaron todo delante de sí.

Los ferrocarriles no podían llegar a Charleston, porque los rieles habían salido de quicio, y estallado, o culebreaban sobre sus durmientes suspendidos.

Una locomotora venía en carrera triunfante a la hora del primer temblor, y dio un salto, y sacudiendo tras de sí como un rosario a los vagones lanzados del carril, se echó de bruces con su maquinista muerto en la hendidura en que se abrió el camino. Otra a poca distancia seguía silbando alegremente, la alzó en peso el terremoto, y la echó a un tanque cercano, donde está bajo cuarenta pies de agua.

Los árboles son las casas en todos los pueblos medrosos de las cercanías; y no sale de las iglesias la muchedumbre campesina, que oye espantada los mensajes de ira con que visitan sus cabezas los necios pastores: los cantos y oraciones de los templos campestres pueden oírse a millas de distancia. Todo el pueblo de Summerville[158] ha venido abajo, y por allí parece estar el centro de esta rotura de la tierra.

En Columbia las gentes se apoyaban en las paredes, como los mareados. En Abbeville el temblor echó a vuelo las campanas, que ya tocaban a somatén desenfrenado, ya plañían. En Savannah, tal fue el espanto que las mujeres saltaron por las ventanas con sus niños de pecho, y ahora mismo se está viendo desde la ciudad levantarse en el mar a pocos metros de la costa una columna de humo.

Los bosques aquella noche se llenaron de la gente poblana, que huía de los techos sacudidos, y se amparaba de los árboles, juntándose en lo obscuro de la selva para cantar en coro, arrodillada, las alabanzas de Dios e impetrar su misericordia. En Illinois, en Kentucky, en Missouri, en Ohio, tembló y se abrió la tierra. Un masón despavorido, que se iniciaba en una logia, huyó a la calle con una cuerda atada a la cintura.

Un indio cheroquí que venía de poner mano brutal sobre su pobre mujer, cayó de hinojos al sentir que el suelo se movía bajo sus plantas, y empeñaba su palabra al Señor de no volverla a castigar jamás.

¡Qué extraña escena vieron los que al fin, saltando grietas y pozos, pudieron llevar a Charleston socorro de dinero y tiendas de campaña! De noche llegaron. Eran las calles líneas de carros, como las caravanas del Oeste. En las plazas, que son pequeñas, las familias dormían bajo tiendas armadas con mantas de abrigo, con toallas a veces y trajes de lienzo. Tiendas moradas, carmesíes, amarillas; tiendas blancas y azules con listas rojas.

Ya habían sido echadas por tierra las paredes que más amenazaban. Alrededor de los carros de hielo, bombas de incendio y ambulancias, se habían levantado tolderías con apariencias de feria. Se oía de lejos, como viniendo de barrios apartados, un vocear salvaje. Se abrazaban llorando al encontrarse las mujeres, y su llanto era el lenguaje de su gratitud al cielo: se ponían en silencio de rodillas: oraban: se separaban consoladas.

Hay unos peregrinos que van y vienen con su tienda al hombro, y se sientan, y echan a andar, y cantan en coro, y no parecen hallar puesto seguro para sus harapos y su miedo. Son negros, negros en quienes ha resucitado, en lamentosos himnos y en terribles danzas, el miedo primitivo que los fenómenos de la naturaleza inspiran a su encendida raza.

Aves de espanto, ignoradas de los demás hombres, parecen haberse prendido de sus cráneos y picotear en ellos, y flagelarles las espaldas con sus alas en furia loca.

Se vio, desde que en el horror de aquella noche se tuvo ojos con que ver, que de la empañada memoria de los pobres negros iba surgiendo a su rostro una naturaleza extraña; ¡era la raza comprimida, era el África de los padres y de los abuelos, era ese signo de propiedad que cada naturaleza pone a su hombre, y a despecho de todo accidente y violación humana, vive su vida y se abre su camino!

Trae cada raza al mundo su mandato, y hay que dejar la vía libre a cada raza, si no se ha de estorbar la armonía del universo, para que emplee su fuerza y cumpla su obra, en todo el decoro y fruto de su natural independencia: ni ¿quién cree que sin atraerse un castigo lógico pueda interrumpirse la armonía espiritual del mundo, cerrando el camino, so pretexto de una superioridad que no es más que grado en tiempo, a una de sus razas?

¡Tal parece que alumbraba a aquellos hombres de África un sol negro! Su sangre es un incendio; su pasión, mordida; llamas sus ojos; y todo en su naturaleza tiene la energía de sus venenos y la potencia perdurable de sus bálsamos.

Tiene el negro una gran bondad nativa, que ni el martirio de la esclavitud pervierte, ni se oscurece con su varonil bravura.

Pero tiene, más que otra raza alguna, tan íntima comunión con la naturaleza, que parece más apto que los demás hombres a estremecerse y regocijarse con sus cambios.

Hay en su espanto y alegría algo sobrenatural y maravilloso que no existe en las demás razas primitivas, y recuerda en sus movimientos y miradas la majestad del león: hay en su afecto una lealtad tan dulce que no hace pensar en los perros, sino en las palomas: y hay en sus pasiones tal claridad, tenacidad, intensidad, que se parecen a las de los rayos del sol.

Miserable parodia de esa soberana constitución son esas criaturas deformadas en quienes látigo y miedo sólo les dejaron acaso vivas para trasmitir a sus descendientes, engendrados en las noches tétricas y atormentadas de la servidumbre, las emociones bestiales del instinto, y el reflejo débil de su naturaleza arrebatada y libre.

Pero ni la esclavitud que apagaría al mismo sol, puede apagar completamente el espíritu de una raza: ¡así se la vio surgir en estas almas calladas cuando el mayor espanto de su vida sacudió en lo heredado de su sangre lo que traen en ella de viento de selva, de oscilación de mimbre, de ruido de caña! ¡Así resucitó en toda su melancólica barbarie en estos negros nacidos en su mayor parte en tierra de América y enseñados en sus prácticas, ese temor violento e ingenuo, como todos los de su raza llameante, a los cambios de la naturaleza encandecida, que cría en la planta el manzanillo, y en el animal el león!

Biblia les han enseñado, y hablaban su espanto en la profética lengua de la Biblia. Desde el primer instante del temblor de tierra, el horror en los negros llegó al colmo.

Jesús es lo que más aman de todo lo que saben de la cristiandad estos desconsolados, porque lo ven fusteado y manso como se vieron ellos.

Jesús es de ellos, y le llaman en sus preces "mi dueño Jesús", "mi dulce Jesús", "mi Cristo bendito". A él imploraban de rodillas, golpeándose la cabeza y los muslos con grandes palmadas, cuando estaban viniéndose abajo espiras y columnas. "Esto es Sodoma y Gomorra"[159], se decían temblando: "¡Se va abrir, se va abrir el monte Horeb!"[160] Y lloraban, y abrían los brazos, y columpiaban su cuerpo. El convencimiento de su expatriación, de la terrible expatriación de raza, les asaltó de súbito por primera vez acaso de sus vidas, y como se ama lo que se ve y lo que hace padecer, se prendían en su terror a los blancos y les rogaban que los tuviesen con ellos hasta que "se acabase el juicio".

Iban, venían, arrastraban en loca carrera a sus hijos; y cuando aparecieron los pobres viejos de su casta, los viejos sagrados para todos los hombres menos para el hombre blanco, postráronse en torno suyo en grandes grupos, oíanlos de hinojos con la frente pegada a la tierra, repetían en un coro convulsivo sus exhortaciones misteriosas, que del vigor e ingenuidad de su naturaleza y del divino carácter de la vejez traían tal fuerza sacerdotal que los blancos mismos, los mismos blancos cultos, penetrados de veneración, unían la música de su alma atribulada a aquel dialecto tierno y ridículo.

Como seis muchachos negros, en lo más triste de la noche, se arrastraban en grupo por el suelo, presa de este frenesí de raza que tenía aparato religioso. Verdaderamente se arrastraban. Temblaba en su canto una indecible ansia. Tenían los rostros bañados de lágrimas: "¡Son los angelitos, son los angelitos que llaman a la puerta!" Sollozaban en voz baja la misma estrofa que cantaban en voz alta. Luego el refrán venía, henchido de plegaria, incisivo, desesperado: "¡Oh, dile a Noé, que haga pronto el arca!" Las plegarias de los viejos no son de frase ligada, sino de esa frase corta de las emociones genuinas y las razas sencillas.

Tienen las contorsiones, la monotonía, la fuerza, la fatiga de los bailes. El grupo que le oye inventa un ritmo al fin de frase que le parece musical y se acomoda al estado de las almas: y sin previo acuerdo todos se juntan en el mismo caso. Esta verdad da singular influjo y encanto positivo a estos rezos grotescos, esmaltados a veces de pura poesía: "¡Oh, mi Señor, no toques, oh, mi Señor, no toques otra vez a mi ciudad!"

"Los pájaros tienen sus nidos: ¡Señor, déjanos nuestros nidos!" Y todo el grupo, con los rostros en tierra, repite con una agonía que se posesiona del alma: "¡Déjanos nuestros nidos!"

En la puerta de una tienda se nota una negra a quien da fantástica apariencia su mucha edad. Sus labios se mueven; pero no se la oye hablar: sus labios se mueven; y mece su cuerpo, lo mece incesantemente hacia adelante y hacia atrás. Muchos negros y blancos la rodean con ansiedad visible, hasta que la anciana prorrumpe en este himno: "¡Oh, déjame ir, Jacob, déjame ir!"

La muchedumbre toda se le une, todos cantando, todos meciendo el cuerpo como ella de un lado a otro, levantando las manos al cielo, expresando con palmadas su éxtasis. Un hombre cae por tierra pidiendo misericordia. Es el primer convertido. Las mujeres traen una lámpara, y se encuclillan a su rededor, le toman de la mano. Él se estremece, balbucea, entona plegarias; sus músculos se tienden, las manos se le crispan: un paño de dichosa muerte parece irle cubriendo el rostro: allí queda junto a la tienda desmayado. Y otros como él después. Y en cada tienda una escena como ésa. Y al alba todavía ni el canto ni el mecer de la anciana habían cesado. Allá en los barrios viciosos, caen so pretexto de religión en orgías abominables, las bestias que abundan en todas las razas.

Ya, después de siete días de miedo y oraciones, empieza la gente a habitar sus casas: las mujeres fueron las primeras en volver, y dieron ánimo a los hombres; la mujer, fácil para la alarma y primera en la resignación: el corregidor vive ya con su familia en la parte que quedó en pie de su morada suntuosa: por los rieles compuestos entran cargados de algodones los ferrocarriles: se llena de forasteros la ciudad consagrada por el valor en la guerra, y ahora por la catástrofe: levanta el municipio un empréstito nacional de diez millones de pesos para reparar los edificios rotos y reponer los que han venido a tierra.

De las bolsas, de los teatros, de los diarios, de los bancos les van socorros ricos en dinero: ya se pliegan por falta de ocupantes muchas de las tiendas que improvisó el gobierno en los jardines y en las plazas. Tiembla aún el suelo, como si no se hubiese acomodado definitivamente sobre su nuevo quicio: ¿cuál ha podido ser la causa de este sacudimiento de la tierra?

¿Será que encogidas sus entrañas por la pérdida lenta de calor que echa sin cesar afuera en sus manantiales y en sus lavas, se haya contraído aquí como en otras partes la corteza terrestre para ajustarse a su interior cambiado y reducido que llama a sí la superficie?

La tierra entonces, cuando ya no puede resistir la tensión, se encoge y alza en ondas y se quiebra, y una de las bocas de la rajadura se monta sobre la otra con terrible estruendo, y tremor sucesivo de las rocas adyacentes siempre elásticas, que hacia arriba y a los lados van empujando el suelo hasta que el eco del estruendo cesa.

Pero acá no hay volcanes en el área extensa en que se sintió el terremoto; y los azufres y vapores que expele por los agujeros y grietas la superficie, son los que abundan naturalmente por la formación del suelo en esta planicie costal del Atlántico baja y arenosa.

¿Será que allá en los senos de la mar, por virtud de ese mismo enfriamiento gradual del centro encendido, ondease el fondo demasiado extenso para cubrir la bóveda amenguada, se abriera como todo cuerpo que violentamente se contrae, y al cerrarse con enorme empuje sobre el borde roto, estremeciera los cimientos todos, y subiese rugiendo el movimiento hasta la superficie de las olas?

Pero entonces se habría arrugado la llanura del mar en una ola monstruosa, y con las bocas de ella habría la tierra herida cebado su dolor en la ciudad galana que cría flores y mujeres de ojos negros en la arena insegura de la orilla.

¿O será que, cargada por los residuos seculares de los ríos la planicie pendiente de roca fragmentaria de la costa, se arrancó con violencia, cediendo al fin al peso, a la masa de gneis[161] que baja de los montes Alleghanys[162], y resbaló sobre el cimiento granítico que a tres mil pies de hondura la sustenta a la orilla de la mar, comprimiendo con la pesadumbre de la parte más alta desasida de la roca las gradas inferiores de la planicie, e hinchando el suelo y sacudiendo las ciudades levantadas sobre el terreno plegado al choque en ondas?

Eso dicen que es: que la planicie costal del Atlántico blanda y candente, cediendo al peso de los residuos depositados sobre ella en el curso de siglos por los ríos, se deslizó sobre su lecho granítico en dirección al mar.

¡Así, sencillamente, tragando hombres y arrebatando sus casas como arrebata hojas el viento, cumplió su ley de formación el suelo, con la majestad que conviene a los actos de creación y dolor de la naturaleza!

¡El hombre herido procura secarse la sangre que le cubre a torrentes los ojos, y se busca la espada en el cinto para combatir al enemigo eterno, y sigue danzando al viento en su camino de átomo, subiendo siempre, como guerrero que escala, por el rayo del sol!

Ya Charleston revive, cuando aún no ha acabado su agonía, ni se ha aquietado el suelo bajo sus casas bamboleantes.

Los parientes y amigos de los difuntos, hallan que el trabajo rehace en el alma las raíces que le arranca la muerte. Vuelven los negros humildes, caído el fuego que en la hora del espanto les llameó en los ojos, a sus quehaceres mansos y su larga prole. Las jóvenes valientes sacuden en los pórticos repuestos el polvo de las rosas.

Y ríen todavía en la plaza pública, a los dos lados de su madre alegre, los dos gemelos que en la hora misma de la desolación nacieron bajo una tienda azul.

UN DRAMA TERRIBLE[163]

Ni el miedo a las justicias sociales, ni la simpatía ciega por los que las intentan, debe guiar a los pueblos en sus crisis, ni al que las narra. Sólo sirve dignamente a la libertad el que, a riesgo de ser tomado por su enemigo, la preserva sin temblar de los que la comprometen con sus errores. No merece el dictado de defensor de la libertad quien excusa sus vicios y crímenes por el temor mujeril de parecer tibio en su defensa. Ni merecen perdón los que, incapaces de domar el odio y la antipatía que el crimen inspira, juzgan los delitos sociales sin conocer y pesar las causas históricas de que nacieron, ni los impulsos de generosidad que los producen.

En procesión solemne, cubiertos los féretros de flores y los rostros de sus sectarios de luto, acaban de ser llevados a la tumba los cuatro anarquistas que sentenció Chicago a la horca, y el que por no morir en ella hizo estallar en su propio cuerpo una bomba de dinamita que llevaba oculta en los rizos espesos de su cabello de joven, su selvoso cabello castaño.

Acusados de autores o cómplices de la muerte espantable de uno de los policías que intimó la dispersión del concurso reunido para protestar contra la muerte de seis obreros, a manos de la policía, en el ataque a la única fábrica que trabajaba a pesar de la huelga: acusados de haber compuesto y ayudado a lanzar, cuando no lanzado, la bomba del tamaño de una naranja que tendió por tierra las filas delanteras de los policías, dejó a uno muerto, causó después la muerte a seis más y abrió en otros cincuenta heridas graves, el juez, conforme al veredicto del jurado, condenó a uno de los reos a quince años de penitenciaría y a pena de horca a siete.

Jamás, desde la guerra del Sur, desde los días trágicos en que John Brown[164] murió como criminal por intentar solo en Harper's Ferry lo que como corona de gloria intentó luego la nación precipitada por su bravura, hubo en los Estados Unidos tal clamor e interés alrededor de un cadalso.

La república entera ha peleado, con rabia semejante a la del lobo, para que los esfuerzos de un abogado benévolo, una niña enamorada de uno de los presos y una mestiza de india y español, mujer de otro, solas contra el país iracundo, no arrebatasen al cadalso los siete cuerpos humanos que creía esenciales a su mantenimiento.

Amedrentada la república por el poder creciente de la casta llana; por el acuerdo súbito de las masas obreras, contenido sólo ante las rivalidades de sus jefes, por el deslinde próximo de la población nacional en las dos clases de privilegiados y descontentos que agitan las sociedades europeas, determinó valerse por un convenio tácito semejante a la complicidad, de un crimen nacido de sus propios delitos tanto como del fanatismo de los criminales, para aterrar con el ejemplo de ellos, no a la chusma adolorida que jamás podrá triunfar en un país de razón, sino a las tremendas capas nacientes. El horror natural del hombre libre al crimen, junto con el acerbo encono del irlandés despótico que mira a este país como suyo y al alemán y eslavo como su invasor, pusieron de parte de los privilegios, en este proceso que ha sido una batalla, una batalla mal ganada e hipócrita, las simpatías y casi inhumana ayuda de los que padecen de los mismos males, el mismo desamparo, el mismo bestial trabajo, la misma desgarradora miseria cuyo espectáculo constante encendió en los anarquistas de Chicago tal ansia de remediarlos que les embotó el juicio.

Avergonzados los unos y temerosos de la venganza bárbara los otros, acudieron, ya cuando el carpintero ensamblaba las vigas del cadalso, a pedir merced al gobernador del Estado, anciano flojo rendido a la súplica y a la lisonja de la casta rica que le pedía que, aun a riesgo de su vida, salvara a la sociedad amenazada.

Tres voces nada más habían osado hasta entonces interceder, fuera de sus defensores de oficio y sus amigos naturales, por los que, so pretexto de una acusación concreta que no llegó a probarse, so pretexto de haber procurado establecer el reino del terror, morían víctimas del terror social: Howells[165], el novelista bostoniano que al mostrarse generoso sacrificó fama y amigos; Adler[166], el pensador cauto y robusto que vislumbra en la pena de nuestro siglo el mundo nuevo; y Train, un monomaníaco que vive en la plaza pública dando pan a los pájaros y hablando con los niños.

Ya, en danza horrible, murieron dando vueltas en el aire, embutidos en sayones blancos.

Ya, sin que haya más fuego en las estufas, ni más pan en las despensas, ni más justicia en el reparto social, ni más salvaguardia contra el hambre de los útiles, ni más luz y esperanza para los tugurios, ni más bálsamo para todo lo que hierve y padece, pusieron en un ataúd de nogal los pedazos mal juntos del que, creyendo dar sublime ejemplo de amor a los hombres, aventó su vida con el arma que creyó revelada para redimirlos. Esta república, por el culto desmedido a la riqueza, ha caído, sin ninguna de las trabas de la tradición, en la desigualdad, injusticia y violencia de los países monárquicos.

Como gotas de sangre que se lleva la mar eran en los Estados Unidos las teorías revolucionarias del obrero europeo, mientras con ancha tierra y vida republicana ganaba aquí el recién llegado el pan, y en su casa propia ponía de lado una parte para la vejez.

Pero vinieron luego la guerra corruptora, el hábito de autoridad y dominio que es su dejo amargo, el crédito que estimuló la creación de fortunas colosales y la inmigración desordenada, y la holganza de los desocupados de la guerra, dispuestos siempre, por sostener su bienestar y por la afición fatal del que ha olido sangre, a servir los intereses impuros que nacen de ella.

De una apacible aldea pasmosa se convirtió la república en una monarquía disimulada.

Los inmigrantes europeos denunciaron con renovada ira los males que creían haber dejado tras sí en su tiránica patria.

El rencor de los trabajadores del país, al verse víctimas de la avaricia y desigualdad de los pueblos feudales, estalló con más fe en la libertad que esperan ver triunfar en lo social como triunfa en lo político.

Habituados los del país a vencer sin sangre por la fuerza del voto, ni entienden ni excusan a los que, nacidos en pueblos donde el sufragio es un instrumento de la tiranía, sólo ven en su obra despaciosa una faz nueva del abuso que flagelan sus pensadores, desafían sus héroes, y maldicen sus poetas. Pero, aunque las diferencias esenciales en las prácticas políticas y el desacuerdo y rivalidad de las razas que ya se disputan la supremacía en esta parte del continente, estorbasen la composición inmediata de un formidable partido obrero con unánimes métodos y fines, la identidad del dolor aceleró la acción concertada por todos los que lo padecen, y ha sido necesario un acto horrendo, por más que fuese consecuencia natural de las pasiones encendidas, para que los que arrancan con invencible ímpetu de la misma desventura interrumpan su labor, su labor de desarraigar y recomponer, mientras quedan por su ineficacia condenados los recursos sangrientos de que por un amor insensato a la justicia echan mano los que han perdido la fe en la libertad.

En el Oeste recién nacido, donde no pone tanta traba a los elementos nuevos la influencia imperante de una sociedad antigua, como la del Este, reflejada en su literatura y en sus hábitos; donde la vida como más rudimentaria facilita el trato íntimo entre los hombres, más fatigados y dispersos en las ciudades de mayor extensión y cultura; donde la misma rapidez asombrosa del crecimiento, acumulando los palacios de una parte y las factorías, y de otra la miserable muchedumbre, revela a las claras la iniquidad del sistema que castiga al más laborioso con el hambre, al más generoso con la persecución, al padre útil con la miseria de sus hijos; en el Oeste, donde se juntan con su mujer y su prole los obreros necesitados a leer los libros que enseñan las causas y proponen los remedios de su desdicha; donde justificados a sus propios ojos por el éxito de sus fábricas majestuosas, extreman los dueños, en el precipicio de la prosperidad, los métodos injustos y el trato áspero con que la sustentan; donde tiene en fermento a la masa obrera la levadura alemana, que sale del país imperial, acosada e inteligente, vomitando sobre la patria inicua las tres maldiciones terribles de Heine[167]; en el Oeste y en su metrópoli Chicago sobre todo, hallaron expresión viva los descontentos de la masa obrera, los consejos ardientes de sus amigos, y la rabia amontonada por el descaro e inclemencia de sus señores.

Y como todo tiende a la vez a lo grande y a lo pequeño, tal como el agua que va de mar a vapor y de vapor a mar, el problema humano, condensado en Chicago por la merced de las instituciones libres, a la vez que infundía miedo o esperanza por la república y el mundo, se convertía, en virtud de los sucesos de la ciudad y las pasiones de sus hombres, en un problema local, agrio y colérico.

El odio a la injusticia se trocaba en odio a sus representantes.

La furia secular, caída por herencia, mordiendo y consumiendo como la lava, en hombres que, por lo férvido de su compasión, veíanse como entidades sacras, se concentró, estimulada por los resentimientos individuales, sobre los que insistían en los abusos que la provocan. La mente, puesta a obrar, no cesa; el dolor, puesto a bullir, estalla; la palabra, puesta a agitar, se desordena; la vanidad, puesta a lucir, arrastra; la esperanza, puesta en acción, acaba en el triunfo o la catástrofe: "¡para el revolucionario, dijo Saint-Just, no hay más descanso que la tumba!"[168]

¿Quién que anda con ideas no sabe que la armonía de todas ellas, en que el amor preside a la pasión, se revela apenas a las mentes sumas que ven hervir el mundo sentados, con la mano sobre el sol, en la cumbre del tiempo? ¿Quién que trata con hombres no sabe que, siendo en ellos más la carne que la luz, apenas conocen lo que palpan, apenas vislumbran la superficie, apenas ven más que lo que les lastima o lo que desean;

apenas conciben más que el viento que les da en el rostro, o el recurso aparente, y no siempre real, que puede levantar obstáculo al que cierra el paso a su odio, soberbia o apetito? ¿Quién que sufre de los males humanos, por muy enfrenada que tenga su razón, no siente que se le inflama y extravía cuando ve de cerca, como si le abofeteasen, como si lo cubriesen de lodo, como si le manchasen de sangre las manos, una de esas miserias sociales que bien pueden mantener en estado de constante locura a los que ven podrirse en ellas a sus hijos y a sus mujeres?

Una vez reconocido el mal, el ánimo generoso sale a buscarle remedio: una vez agotado el recurso pacífico, el ánimo generoso, donde labra el dolor ajeno como el gusano en la llaga viva, acude al remedio violento.

¿No lo decía Desmoulins?[169] "Con tal de abrazar la libertad, ¿qué importa que sea sobre montones de cadáveres?"

Cegados por la generosidad, ofuscados por la vanidad, ebrios por la popularidad, adementados por la constante ofensa, por su impotencia aparente en las luchas del sufragio, por la esperanza de poder constituir en una comarca naciente su pueblo ideal, las cabezas vivas de esta masa colérica, educadas en tierras donde el voto apenas nace, no se salen de lo presente, no osan parecer débiles ante los que les siguen, no ven que el único obstáculo en este pueblo libre para un cambio social sinceramente deseado está en la falta de acuerdo de los que lo solicitan, no creen, cansados ya de sufrir, y con la visión del falansterio universal en la mente, que por la paz pueda llegarse jamás en el mundo a hacer triunfar la justicia.

Júzganse como bestias acorraladas. Todo lo que va creciendo les parece que crece contra ellos. "Mi hija trabaja quince horas para ganar quince centavos." "No he tenido trabajo este invierno porque pertenezco a una junta de obreros."

El juez los sentencia.

La policía, con el orgullo de la levita de paño y la autoridad, temible en el hombre inculto, los aporrea y asesina.

Tienen frío y hambre, viven en casas hediondas.

¡América es, pues, lo mismo que Europa!

No comprenden que ellos son mera rueda del engrane social, y hay que cambiar, para que ellas cambien, todo el engranaje. El jabalí perseguido no oye la música del aire alegre, ni el canto del universo, ni el andar grandioso de la fábrica cósmica: el jabalí clava las ancas contra un tronco oscuro, hunde el colmillo en el vientre de su perseguidor y le vuelca el redaño[170].

¿Dónde hallará esa masa fatigada, que sufre cada día dolores crecientes, aquel divino estado de grandeza a que necesita ascender el pensador para domar la ira que la miseria innecesaria levanta? Todos los recursos que conciben, ya los han intentado. Es aquel reinado del terror que Carlyle pinta, "la negra y desesperada batalla de los hombres contra su condición y todo lo que los rodea".

Y así como la vida del hombre se concentra en la médula espinal, y la de la tierra en las masas volcánicas, surgen de entre esas muchedumbres, erguidos y vomitando fuego, seres en quienes parece haberse amasado todo su horror, sus desesperaciones y sus lágrimas.

Del infierno vienen: ¿qué lengua han de hablar sino la del infierno?

Sus discursos, aun leídos, despiden centellas, bocanadas de humo, alimentos a medio digerir, vahos rojizos.

Este mundo es horrible: ¡créese otro mundo!; como en el Sinaí, entre truenos[171]: como en el Noventa y Tres, de un mar de sangre: "¡mejor es hacer volar a diez hombres con dinamita, que matar a diez hombres, como en las fábricas, lentamente de hambre!"

Se vuelve a oír el decreto de Moctezuma: "¡Los dioses tienen sed!"

Un joven bello[172], que se hace retratar con las nubes detrás de la cabeza y el sol sobre el rostro, se sienta a una mesa de escribir, rodeado de bombas, cruza las piernas, enciende un cigarro, y como quien junta las piezas de madera de una casa de juguete, explica el mundo justo que florecerá sobre la tierra cuando el estampido de la revolución social de Chicago, símbolo de la opresión del universo, reviente en átomos.

Pero todo era verba, juntas por los rincones, ejercicios de armas en uno que otro sótano, circulación de tres periódicos rivales entre dos mil lectores desesperados, y propaganda de los modos novísimos de matar —¡de que son más culpables los que por vanagloria de libertad la permitían que los que por violenta generosidad la ejercitaban!

Donde los obreros enseñaron más la voluntad de mejorar su fortuna, más se enseñó por los que la emplean la decisión de resistirlos.

Cree el obrero tener derecho a cierta seguridad para lo porvenir, a cierta holgura y limpieza para su casa, a alimentar sin ansiedad los hijos que engendra, a una parte más equitativa en los productos del trabajo de que es factor indispensable, a alguna hora de sol en que ayudar a su mujer a sembrar un rosal en el patio de la casa, a algún rincón para vivir que no sea un tugurio fétido donde, como en las ciudades de Nueva York, no se puede entrar sin bascas. Y cada vez que en alguna forma esto pedían en Chicago los obreros, combinábanse los capitalistas, castigábanlos negándoles el trabajo que para ellos es la carne, el fuego y la luz; echábanles encima la policía, ganosa siempre de cebar sus porras en cabezas de gente mal vestida; mataba la policía a veces a algún osado que le resistía con piedras, o a algún niño; reducíanlos al fin por hambre a volver a su trabajo, con el alma torva, con la miseria enconada, con el decoro ofendido, rumiando venganza.

Escuchados sólo por sus escasos sectarios, año sobre año venían reuniéndose los anarquistas, organizados en grupos, en cada uno de los cuales había una sección armada. En sus tres periódicos, de diverso matiz, abogaban públicamente por la revolución social; declaraban, en nombre de la humanidad, la guerra a la sociedad existente; decidían la ineficacia de procurar una conversión radical por medios pacíficos, y recomendaban el uso de la dinamita, como el arma santa del desheredado, y los modos de prepararla.

No en sombra traidora, sino a la faz de los que consideraban sus enemigos se proclamaban libres y rebeldes, para emancipar al hombre, se reconocían en estado de guerra, bendecían

el descubrimiento de una sustancia que por su poder singular
había de igualar fuerzas y ahorrar sangre, y excitaban al estudio
y la fabricación del arma nueva, con el mismo frío horror y dia-
bólica calma de un tratado común de balística: se ven círculos
de color de hueso –cuando se leen estas enseñanzas– en un mar
de humareda: por la habitación, llena de sombra, se entra un
duende, roe una costilla humana, y se afila las uñas: para medir
todo lo profundo de la desesperación del hombre, es necesario
ver si el espanto que suele en calma preparar supera a aquel
contra el que, con furor de siglos, se levanta indignado, es necesario vivir desterrado de la patria o de la humanidad.

Los domingos, el americano Parsons[173], propuesto una vez
por sus amigos socialistas para la Presidencia de la República,
creyendo en la humanidad como en su único Dios, reunía a sus
sectarios para levantarles el alma hasta el valor necesario a su
defensa. Hablaba a saltos, a latigazos, a cuchilladas: lo llevaba
lejos de sí la palabra encendida.

Su mujer, la apasionada mestiza en cuyo corazón caen
como puñales los dolores de la gente obrera, solía, después de
él, romper en arrebatado discurso, tal que dicen que con tanta
elocuencia, burda y llameante, no se pintó jamás el tormento de
las clases abatidas; rayos los ojos, metralla las palabras, cerrados
los dos puños, y luego, hablando de las penas de una madre
pobre, tonos dulcísimos e hilos de lágrimas.

Spies[174], el director del *Arbeiter Zeitung*, escribía como desde la cámara de la muerte, con cierto frío de huesa: razonaba la
anarquía: la pintaba como la entrada deseable a la vida verdaderamente libre: durante siete años explicó sus fundamentos en
su periódico diario, y luego la necesidad de la revolución, y por
fin como Parsons en el *Alarm*, el modo de organizarse para ha-
cerla triunfar.

Leerlo es como poner el pie en el vacío. ¿Qué le pasa al mundo que da vueltas?

Spies seguía sereno, donde la razón más firme siente que le
falta el pie. Recorta su estilo como si descascarase un diamante.
Narciso fúnebre, se asombra y complace de su grandeza. Mañana le dará su vida una pobre niña, una niña que se prende a

la reja de su calabozo como la mártir cristiana se prendía de la cruz, y él apenas dejará caer de sus labios las palabras frías, recordando que Jesús, ocupado en redimir a los hombres, no amó a Magdalena.

Cuando Spies arengaba a los obreros, desembarazándose de la levita que llevaba bien, no era hombre lo que hablaba, sino silbo de tempestad, lejano y lúgubre. Era palabra sin carne. Tendía el cuerpo hacia sus oyentes, como un árbol doblado por el huracán: y parecía de veras que un viento helado salía de entre las ramas, y pasaba por sobre las cabezas de los hombres.

Metía la mano en aquellos pechos revueltos y velludos, y las paseaba por ante los ojos, les exprimía, les daba a oler las propias entrañas. Cuando la policía acababa de dar muerte a un huelguista en una refriega, lívido subía al carro, la tribuna vacilante de las revoluciones, y con el horrendo incentivo su palabra seca relucía pronto y caldeaba, como un carcaj de fuego. Se iba luego solo por las calles sombrías.

Engel[175], celoso de Spies, pujaba por tener al anarquismo en pie de guerra, él a la cabeza de una compañía: él donde se enseñaba a cargar el rifle o a apuntar de modo que diera en el corazón: él, en el sótano, las noches de ejercicio, "para cuando llegue la gran hora": él, con su *Anarchist* y sus conversaciones, acusando a Spies de tibio, por envidia de su pensamiento: él solo era el puro, el inmaculado, el digno de ser oído: la anarquía, la que sin más espera deje a los hombres dueños de todo por igual, es la única buena: perinola del mundo y él, y él, el mango: ¡bien iría el mundo hacia arriba, "cuando los trabajadores tuvieran vergüenza", como la pelota de la perinola!

Él iba de un grupo a otro: él asistía al comité general anarquista, compuesto de delegados de los grupos: él tachaba al comité de pusilánime y traidor, porque no decretaba "con los que somos, nada más, con estos ochenta que somos" la revolución de veras, la que quería Parsons, la que llama a la dinamita "sustancia sublime", la que dice a los obreros que "vayan a tomar lo que les haga falta a las tiendas de State Street, que son suyas las tiendas, que todo es suyo": él es miembro del "Lehr und Wehr Verein"[176], del que Spies es también miembro, desde que un ataque brutal de la policía, que dejó en tierra a muchos trabajadores, los provocó a armarse, a armarse para defenderse, a cambiar, como hacen cambiar siempre los ataques brutales, la idea del periódico por el rifle Springfield. Engel era el sol, como su propio rechoncho cuerpo: el "gran rebelde", el "autónomo".

¿Y Lingg?[177] No consumía su viril hermosura en los amorzuelos enervantes que suelen dejar sin jugo al hombre en los años gloriosos de la juventud, sino que criado en una ciudad alemana entre el padre inválido y la madre hambrienta, conoció la vida por donde es justo que un alma generosa la odie. Cargador era su padre, y su madre lavandera, y él bello como Tannhäuser o Lohengrin[178], cuerpo de plata, ojos de amor, cabello opulento, ensortijado y castaño. ¿A qué su belleza, siendo horrible el mundo? Halló su propia historia en la de la clase obrera, y el bozo le nació aprendiendo a hacer bombas. ¡Puesto que la infamia llega al riñón del globo, el estallido ha de llegar al cielo!

Acababa de llegar de Alemania: veintidós años cumplía: lo que en los demás es palabra, en él será acción: él, él solo, fabricaba bombas, porque, salvo en los hombres de ciega energía, el hombre, ser fundador, sólo para libertarse de ella halla natural dar la muerte.

Y mientras Schwab[179], nutrido en la lectura de los poetas, ayuda a escribir a Spies, mientras Fielden, de bella oratoria, va de pueblo en pueblo levantando las almas al conocimiento de la reforma venidera, mientras Fischer alienta y Neebe organiza, él, en un cuarto escondido, con cuatro compañeros, de los que uno lo ha de traicionar, fabrica bombas, como en su "Ciencia de la guerra revolucionaria" manda Most[180], y vendada la boca, como aconseja Spies en el *Alarm*, rellena la esfera mortal de dinamita, cubre el orificio con un casquillo, por cuyo centro corre la mecha que en lo interior acaba en fulminante, y, cruzado de brazos, aguarda la hora.

Y así iban en Chicago adelantando las fuerzas anárquicas, con tal lentitud, envidias y desorden intestinos, con tal diversidad de pensamientos sobre la hora oportuna para la rebelión armada, con tal escasez de sus espantables recursos de guerra, y de los fieros artífices prontos a elaborarlos, que el único poder cierto de la anarquía, desmelenada dueña de unos cuantos corazones encendidos, era el furor que en un instante extremo produjese el desdén social en las masas que la rechazan. El obrero, que es hombre y aspira, resiste, con la sabiduría de la naturaleza, la idea de un mundo donde queda aniquilado el hombre; pero cuando, fusilado en granel por pedir una hora libre para ver a la luz del sol a sus hijos, se levanta del charco mortal apartándose de la frente, como dos cortinas rojas, las crenchas de sangre, puede el sueño de muerte de un trágico grupo de locos de piedad, desplegando las alas humeantes, revolando sobre la turba siniestra, con el cadáver clamoroso en las manos, difundiendo sobre los torvos corazones la claridad de la aurora infernal, envolver como turbia humareda las almas desesperadas.

La ley, ¿no los amparaba? La prensa exasperándolos con su odio en vez de aquietarlos con justicia, ¿no los popularizaba? Sus periódicos, creciendo en indignación con el desdén y en atrevimiento con la impunidad, ¿no circulaban sin obstáculos? Pues ¿qué querían ellos, puesto que es claro a sus ojos que se vive bajo abyecto despotismo, que cumplir el deber que aconseja la declaración de independencia derribándolo, y sustituirlo con una asociación libre de comunidades que cambien entre sí sus productos equivalentes, se rijan sin guerra por acuerdos mutuos y se eduquen conforme a ciencia sin distinción de raza, iglesia o sexo? ¿No se estaba levantando la nación, como manada de elefantes que dormía en la yerba, con sus mismos dolores y sus mismos gritos? ¿No es la amenaza verosímil del recurso de fuerza, medio probable aunque peligroso de obtener por intimidación lo que no logra el derecho? Y aquellas ideas suyas, que se iban atenuando con la cordialidad de los privilegiados tal como con su desafío se iban trocando en rifle y dinamita, ¿no nacían de lo más puro de su piedad, exaltada hasta la insensatez por el espectáculo de la miseria irremediable, y ungida por la esperanza de tiempos justos y sublimes? ¿No había sido Parsons, el evangelista del jubileo universal, propuesto para la

Presidencia de la República? ¿No había luchado Spies con ese programa en las elecciones como candidato a un asiento en el Congreso? ¿No les solicitaban los partidos políticos sus votos, con la oferta de respetar la propaganda de sus doctrinas? ¿Cómo habían de creer criminales los actos y palabras que les permitía la ley? Y ¿no fueron las fiestas de sangre de la policía, ebria del vino del verdugo como toda plebe revestida de autoridad, las que decidieron a armarse a los más bravos?

Lingg, el recién llegado, odiaba con la terquedad del novicio a Spies, el hombre de idea, irresoluto y moroso: Spies, el filósofo del sistema, lo dominaba por aquel mismo entendimiento superior; pero aquel arte y grandeza que aun en las obras de destrucción requiere la cultura, excitaban la ojeriza del grupo exiguo de irreconciliables, que en Engel, enamorado de Lingg, veían su jefe propio. Engel, contento de verse en guerra con el universo, medía su valor por su adversario.

Parsons, celoso de Engel que le emula en pasión, se une a Spies, como el héroe de la palabra y amigo de las letras. Fielden, viendo subir en su ciudad de Londres la cólera popular, creía, prendado de la patria cuyo egoísta amor prohíbe su sistema, ayudar con el fomento de la anarquía en América el triunfo difícil de los ingleses desheredados. Engel: "ha llegado la hora": Spies: "¿habrá llegado esta terrible hora?": Lingg, revolviendo con una púa de madera arcilla y nitroglicerina: "¡ya verán, cuando yo acabe mis bombas, si ha llegado la hora!": Fielden, que ve levantarse, contusa y temible de un mar a otro de los Estados Unidos, la casta obrera, determinada a pedir como prueba de su poder que el trabajo se reduzca a ocho horas diarias, recorre los grupos, unidos sólo hasta entonces en el odio a la opresión industrial y a la policía que les da caza y muerte, y repite: "sí, amigos, si no nos dejan ver a nuestros hijos al sol, ha llegado la hora".

Entonces vino la primavera amiga de los pobres; y sin el miedo del frío, con la fuerza que da la luz, con la esperanza de cubrir con los ahorros del invierno las primeras hambres, decidió un millón de obreros, repartidos por toda la república, demandar a las fábricas que, en cumplimiento de la ley desobedecida, no excediese el trabajo de las ocho horas legales. ¡Quien quiera saber si lo que pedían era justo, venga aquí; véalos volver, como bueyes tundidos, a sus moradas inmundas, ya negra la noche; véalos venir de sus tugurios distantes, tiritando los hombres, despeinadas y lívidas las mujeres, cuando aún no ha cesado de reposar el mismo sol!

En Chicago, adolorido y colérico, segura de la resistencia que provocaba con sus alardes, alistado el fusil de motín, la policía, y, no con la calma de la ley, sino con la prisa del aborrecimiento, convidaba a los obreros a duelo.

Los obreros, decididos a ayudar por el recurso legal de la huelga su derecho, volvían la espalda a los oradores lúgubres del anarquismo y a los que magullados por la porra o atravesados por la bala policial, resolvieron, con la mano sobre sus heridas, oponer en el próximo ataque hierro a hierro.

Llegó marzo. Las fábricas, como quien echa perros sarnosos a la calle, echaron a los obreros que fueron a presentarles su demanda. En masa, como la orden de los Caballeros del Trabajo lo dispuso, abandonaron los obreros las fábricas. El cerdo se pudría sin envasadores que lo amortajaran, mugían desatendidos en los corrales los ganados revueltos; mudos se levantaban, en el silencio terrible, los elevadores de granos que como hilera de gigantes vigilan el río. Pero en aquella sorda calma, como el oriflama triunfante del poder industrial que vence al fin en todas las contiendas, salía de las segadoras de McCormick[181], ocupadas por obreros a quienes la miseria fuerza a servir de instrumentos contra sus hermanos, un hilo de humo que como negra serpiente se tendía, se enroscaba, se acurrucaba sobre el cielo azul.

A los tres días de cólera, se fue llenando una tarde nublada el Camino Negro, que así se llama el de McCormick, de obreros airados que subían calle arriba, con la levita al hombro, enseñando el puño cerrado al hilo de humo: ¿no va siempre el hombre, por misterioso decreto, adonde lo espera el peligro, y parece gozarse en escarbar su propia miseria?: "¡allí estaba la fábrica insolente, empleando, para reducir a los obreros que luchan contra el hambre y el frío, a las mismas víctimas desesperadas del hambre!: ¿no se va a acabar, pues, este combate por el pan y el carbón en que por la fuerza del mal mismo se levantan contra el obrero sus propios hermanos?: pues, ¿no es ésta la batalla del mundo, en que los que lo edifican deben triunfar sobre los que lo explotan?: ¡de veras, queremos ver de qué lado llevan la cara esos traidores!" Y hasta ocho mil fueron llegando, ya al caer de la tarde; sentándose en grupos sobre las rocas peladas; andando en hileras por el camino tortuoso; apuntando con ira a las casuchas míseras que se destacan, como manchas de lepra, en el áspero paisaje.

Los oradores, que hablan sobre las rocas, sacuden con sus invectivas aquel concurso en que los ojos centellean y se ven temblar las barbas. El orador es un carrero, un fundidor, un albañil: el humo de McCormick caracolea sobre el molino: ya se acerca la hora de salida: "¡a ver qué cara nos ponen esos traidores!": "¡fuera, fuera ese que habla, que es un socialista!..."

Y el que habla, levantando como con las propias manos los dolores más recónditos de aquellos corazones iracundos, excitando a aquellos ansiosos padres a resistir hasta vencer, aunque los hijos les pidan pan en vano, por el bien duradero de los hijos, el que habla es Spies: primero lo abandonan, después lo rodean, después se miran, se reconocen en aquella implacable pintura, lo aprueban y aclaman: "¡ése, que sabe hablar, para que hable en nuestro nombre con las fábricas!" Pero ya los obreros han oído la campana de la suelta en el molino: ¿qué importa lo que está diciendo Spies?: arrancan todas las piedras del camino, corren sobre la fábrica, ¡y caen en trizas todos los cristales! ¡Por tierra, al ímpetu de la muchedumbre, el policía que le sale al paso!: "¡aquéllos, aquéllos son, blancos como muertos, los que por el salario de un día ayudan a oprimir a sus hermanos!" ¡Piedras! Los obreros del molino, en la torre, donde se juntan medrosos, parecen fantasmas: vomitando fuego viene camino arriba, bajo pedrea rabiosa, un carro de patrulla de la policía, uno al estribo vaciando el revólver, otro al pescante, los de adentro agachados se abren paso a balazos en la turba, que los caballos arrollan y atropellan: saltan del carro, fórmanse en batalla, y cargan a tiros sobre la muchedumbre que a pedradas y disparos locos se defiende. Cuando la turba acorralada por las patrullas que de toda la ciudad acuden, se asila, para no dormir, en sus barrios donde las mujeres compiten en ira con los hombres, a escondidas, a fin de que no triunfe nuevamente su enemigo, entierran los obreros seis cadáveres.

¿No se ve hervir todos aquellos pechos? ¿juntarse a los anarquistas? ¿escribir Spies un relato ardiente en su *Arbeiter Zeitung*? ¿reclamar Engel la declaración de que aquélla es por fin la hora? ¿poner Lingg, que meses atrás fue aporreado en la cabeza por la patrulla, las bombas cargadas en un baúl de cuero? ¿acumularse, con el ataque ciego de la policía, el odio que su brutalidad ha venido levantando? "¡A las armas, trabajadores!", dice Spies en una circular fogosa que todos leen estremeciéndose: "¡a las armas, contra los que os matan porque ejercitáis vuestros derechos de hombre!" "¡Mañana nos reuniremos" –acuerdan los anarquistas– "y de manera y en lugar que les cueste caro vencernos si nos atacan!" "Spies, pon *ruhe* en tu *Arbeiter*. *Ruhe* quiere decir que todos debemos ir armados." Y de la imprenta del *Arbeiter* salió la circular que invitaba a los obreros, con permiso del corregidor, para reunirse en la plaza de Haymarket a protestar contra los asesinatos de la policía[182].

Se reunieron en número de cincuenta mil, con sus mujeres y sus hijos, a oír a los que les ofrecían dar voz a su dolor; pero no estaba la tribuna, como otras veces, en lo abierto de la plaza, sino en uno de sus recodos, por donde daba a dos oscuras callejas. Spies, que había borrado del convite impreso las palabras: "Trabajadores a las armas", habló de la injuria con cáustica elocuencia, mas no de modo que sus oyentes perdieran el sentido, sino tratando con singular moderación de fortalecer sus ánimos para las reformas necesarias: "¿Es esto Alemania, o Rusia, o España?", decía Spies. Parsons, en los instantes mismos en que el corregidor presenciaba la junta sin interrumpirla, declamó, sujeto por la ocasión grave y lo vasto del concurso, uno de sus editoriales cien veces impunemente publicados. Y en el instante en que Fielden preguntaba en bravo arranque si, puestos a morir, no era lo mismo acabar en un trabajo bestial o caer defendiéndose contra el enemigo, nótase que la multitud se arremolina; que la policía, con fuerza de ciento ochenta, viene revólver en mano, calle arriba. Llega a la tribuna: intima la dispersión; no cejan pronto los trabajadores; "¿qué hemos hecho contra la paz?", dice Fielden saltando del carro; rompe la policía el fuego.

Y entonces se vio descender sobre sus cabezas, caracoleando por el aire, un hilo rojo. Tiembla la tierra; húndese el proyectil cuatro pies en su seno; caen rugiendo, unos sobre otros, los soldados de las dos primeras líneas; los gritos de un moribundo desgarran el aire. Repuesta la policía, con valor sobrehumano, salta por sobre sus compañeros a bala graneada contra los trabajadores que le resisten: "¡huimos sin disparar un tiro!", dicen unos; "apenas intentamos resistir", dicen otros; "nos recibieron a fuego raso", dice la policía. Y pocos instantes después no había en el recodo funesto más que camillas, pólvora y humo. Por zaguanes y sótanos escondían otra vez los obreros a sus muertos. De los policías, uno muere en la plaza; otro, que lleva la mano entera metida en la herida, la saca para mandar a su mujer su último aliento; otro, que sigue a pie, va agujereado de pies a cabeza; y los pedazos de la bomba de dinamita, al rasar la carne, la habían rebanado como un cincel.

¿Pintar el terror de Chicago, y de la República? Spies les parece Robespierre; Engel, Marat; Parsons, Danton[183]. ¿Qué?: ¡menos!; ésos son bestias feroces, Tinvilles, Henriots, Chaumettes[184], ¡los que quieren vaciar el mundo viejo por un caño de sangre, los que quieren abonar con carne viva el mundo! ¡A lazo cáceseles por las calles, como ellos quisieron cazar ayer a un policía! ¡salúdeseles a balazos por dondequiera que asomen, como sus mujeres saludaban ayer a los "traidores" con sus huevos podridos! ¿No dicen, aunque es falso, que tienen los sótanos llenos de bombas? ¿No dicen, aunque es falso también, que sus mujeres, furias verdaderas, derriten el plomo, como aquéllas de París que arañaban la pared para dar cal con que hacer pólvora a sus maridos? ¡Quememos este gusano que nos come! ¡Ahí están, como en los motines del Terror, asaltando la tienda de un boticario que denunció a la policía el lugar de sus juntas, machacando sus frascos, muriendo en la calle como perros, envenenados con el vino de *colchydium*[185]! ¡Abajo la cabeza de cuantos la hayan asomado! ¡A la horca las lenguas y los pensamientos! Spies, Schwab y Fischer caen presos en la imprenta, donde la policía halla una carta de Johann Most, carta de sapo, rastrera y babosa, en que trata a Spies como íntimo amigo, y le habla de las bombas, de "la medicina", y de un rival suyo, de Paulus el Grande "que anda que se lame por los pantanos de ese perro periódico de Shevitch". A Fielden, herido, lo sacan de su casa. A Engel y a Neebe, de su casa también. Y a Lingg, de su cueva: ve entrar al policía; le pone al pecho un revólver, el policía lo abraza: y él y Lingg, que jura y maldice, ruedan luchando, levantándose, cayendo en el zaquizamí lleno de tuercas, escoplos y bombas: las mesas quedan sin pie, las sillas sin espaldar; Lingg casi tiene ahogado a su adversario, cuando cae sobre él otro policía que lo ahoga: ¡ni inglés habla siquiera este mancebo que quiere desventrar la ley inglesa! Trescientos presos en un día. Está espantado el país, repletas las cárceles.

¿El proceso? Todo lo que va dicho, se pudo probar; pero no que los ocho anarquistas, acusados del asesinato del policía Degan, hubiesen preparado, ni encubierto siquiera, una conspiración que rematase en su muerte. Los testigos fueron los policías mismos, y cuatro anarquistas comprados, uno de ellos confeso de perjurio. Lingg mismo, cuyas bombas eran semejantes, como se vio por el casquete, a la de Haymarket, estaba, según el proceso, lejos de la catástrofe. Parsons, contento de su discurso, contemplaba la multitud desde una casa vecina. El perjuro fue quien dijo, y desdijo luego, que vio a Spies encender el fósforo con que se prendió la mecha de la bomba. Que Lingg cargó con otro hasta un rincón cercano a la plaza el baúl de cuero. Que la noche de los seis muertos del molino acordaron los anarquistas, a petición de Engel, armarse para resistir nuevos ataques, y publicar en el *Arbeiter* la palabra "ruhe". Que Spies estuvo un instante en el lugar donde se tomó el acuerdo. Que en su despacho había bombas, y en una u otra casa rimeros de "manuales de guerra revolucionaria". Lo que sí se probó con prueba plena, fue que, según todos los testigos adversos, el que arrojó la bomba era un desconocido. Lo que sí sucedió fue que Parsons, hermano amado de un noble general del Sur, se presentase un día espontáneamente en el tribunal a compartir la suerte de sus compañeros. Lo que sí estremece es la desdicha de la leal Nina Van Zandt, que prendada de la arrogante hermosura y dogma humanitario de Spies, se le ofreció de esposa en el dintel de la muerte, y de mano de su madre, de distinguida familia, casó en la persona de su hermano con el preso; llevó a su reja día sobre día el consuelo de su amor, libros y flores; publicó con sus ahorros, para allegar recursos a la defensa, la autobiografía soberbia y breve de su desposado; y se fue a echar de rodillas a los pies del gobernador. Lo que sí pasma es la tempestuosa elocuencia de la mestiza Lucy Parsons, que paseó los Estados Unidos, aquí rechazada, allí silbada, allá presa, hoy seguida de obreros llorosos, mañana de campesinos que la echan como a bruja, después de catervas crueles de chicuelos, para "pintar al mundo el horror de la condición de castas infelices, mayor mil veces que el de los medios propuestos para terminarlo". ¿El proceso? Los siete fueron condenados a muerte en la horca, y Neebe a la penitenciaría, en virtud de un cargo especial de conspiración de homicidio de ningún modo probado, por explicar en la prensa y en la tribuna las doctrinas cuya propaganda les permitía la ley; ¡y han sido castigados en Nueva York, en un caso de excitación directa a la rebeldía, con doce meses de cárcel y doscientos cincuenta pesos de multa!

¿Quién que castiga crímenes, aun probados, no tiene en cuenta las circunstancias que los precipitan, las pasiones que los atenúan, y el móvil con que se cometen? Los pueblos, como los médicos, han de preferir prever la enfermedad, o curarla en sus raíces, a dejar que florezca en toda su pujanza, para combatir el mal desenvuelto por su propia culpa, con medios sangrientos y desesperados.

Pero no han de morir los siete. El año pasa. La Suprema Corte, en dictamen indigno del asunto, confirma la sentencia de muerte. ¿Qué sucede entonces, sea remordimiento o miedo, que

Chicago pide clemencia con el mismo ardor con que pidió antes castigo; que los gremios obreros de la república envían al fin a Chicago a sus representantes para que intercedan por los culpables de haber amado la causa obrera con exceso; que iguala el clamor de odio de la nación al impulso de piedad de los que asistieron, desde la crueldad que lo provocó al crimen?

La prensa entera, de San Francisco a Nueva York, falseando el proceso, pinta a los siete condenados como bestias dañinas, pone todas las mañanas sobre la mesa de almorzar, la imagen de los policías despedazados por la bomba; describe sus hogares desiertos, sus niños rubios como el oro, sus desoladas viudas. ¿Qué hace ese viejo gobernador, que no confirma la sentencia? ¡Quién nos defenderá mañana, cuando se alce el monstruo obrero, si la policía ve que el perdón de sus enemigos los anima a reincidir en el crimen! ¡Qué ingratitud para con la policía, no matar a esos hombres! "¡No!", grita un jefe de la policía, a Nina Van Zandt, que va con su madre a pedirle una firma de clemencia sin poder hablar del llanto. ¡Y ni una mano recoge de la pobre criatura el memorial que uno por uno, mortalmente pálida, les va presentando!

¿Será vana la súplica de Félix Adler, la recomendación de los jueces del Estado, el alegato magistral en que demuestra la torpeza y crueldad de la causa Trumbull?[186] La cárcel es jubileo: de la ciudad salen y entran repletos los trenes: Spies, Fielden y Schwab han firmado, a instancias de su abogado, una carta al gobernador donde aseguran no haber intentado nunca recursos de fuerza: los otros no, los otros escriben al gobernador cartas osadas: "¡o la libertad, o la muerte, a que no tenemos miedo!" ¿Se salvará ese cínico de Spies, ese implacable Engel, ese diabólico Parsons? Fielden y Schwab acaso se salven, porque el proceso dice de ellos poco, y, ancianos como son, el gobernador los compadece, que es también anciano.

En romería van los abogados de la defensa, los diputados de los gremios obreros, las madres, esposas y hermanas de los reos, a implorar por su vida, en recepción interrumpida por los sollozos, ante el gobernador. ¡Allí, en la hora real, se vio el vacío de la elocuencia retórica! ¡Frases ante la muerte! "Señor, dice un

obrero, ¿condenarás a siete anarquistas a morir porque un anarquista lanzó una bomba contra la policía, cuando los tribunales
no han querido condenar a la policía de Pinkerton, porque
uno de sus soldados mató sin provocación de un tiro a un niño
obrero?" Sí: el gobernador los condenará; la república entera le
pide que los condene para ejemplo: ¿quién puso ayer en la celda de Lingg las cuatro bombas que descubrieron en ella los lla-
veros?: ¿de modo que esa alma feroz quiere morir sobre las ruinas de la cárcel, símbolo a sus ojos de la maldad del mundo? ¿a
quién salvará por fin el gobernador Oglesby la vida?

¡No será a Lingg, de cuya celda, sacudida por súbita explosión sale, como el vapor de un cigarro, un hilo de humo azul!
Allí está Lingg tendido vivo, despedazado, la cara un charco de
sangre, los dos ojos abiertos entre la masa roja: se puso entre los
dientes una cápsula de dinamita que tenía oculta en el lujoso
cabello, con la bujía encendió la mecha, y se llevó la cápsula a
la barba: lo cargan brutalmente: lo dejan caer sobre el suelo del
baño: cuando el agua ha barrido los coágulos, por entre los jirones de carne raída se le ve la laringe rota, y, como las fuentes
de un manantial, corren por entre los rizos de su cabellera vetas
de sangre. ¡Y escribió! ¡Y pidió que lo sentaran! ¡Y murió a las
seis horas, cuando ya Fielden y Schwab estaban perdonados,
cuando convencidas de la desventura de sus hombres, las mujeres, las mujeres sublimes, están llamando por última vez, no
con flores y frutas como en los días de la esperanza, sino pálidas como la ceniza, a aquellas bárbaras puertas!

La primera es la mujer de Fischer: ¡la muerte se le conoce
en los labios blancos!

Lo esperó sin llorar: pero ¿saldrá viva de aquel abrazo espantoso?: ¡así, así se desprende el alma del cuerpo! Él la arrulla, le
vierte miel en los oídos, la levanta contra su pecho, la besa en la
boca, en el cuello, en la espalda. "¡Adiós!": la aleja de sí, y se va a
paso firme, con la cabeza baja y los brazos cruzados. Y Engel
¿cómo recibe la visita postrera de su hija? ¿no se querrán, que ni
ella ni él quedan muertos? ¡oh, sí la quiere, porque tiemblan los
que se llevaron del brazo a Engel al recordar, como de un hombre que crece de súbito entre sus ligaduras, la luz llorosa de su

última mirada! "¡Adiós, mi hijo!", dice tendiendo los brazos hacia él la madre de Spies, a quien sacan lejos del hijo ahogado, a rastras. "¡Oh, Nina, Nina!", exclama Spies apretando a su pecho por primera y última vez a la viuda que no fue nunca esposa: y al borde de la muerte se le ve florecer, temblar como la flor, deshojarse como la flor, en la dicha terrible de aquel beso adorado.

No se la llama desmayada, no; sino que, conocedora por aquel instante de la fuerza de la vida y la beldad de la muerte, tal como Ofelia vuelta a la razón, cruza, jacinto vivo, por entre los alcaides, que le tienden respetuosos la mano. Y a Lucy Parsons[187] no la dejaron decir adiós a su marido, porque lo pedía, abrazada a sus hijos, con el calor y la furia de las llamas.

Y ya entrada la noche y todo oscuro en el corredor de la cárcel pintado de cal verdosa, por sobre el paso de los guardias con la escopeta al hombro, por sobre el voceo y risas de los carceleros y escritores mezclado de vez en cuando a un repique de llaves, por sobre el golpeo incesante del telégrafo que el *Sun* de Nueva York tenía en el mismo corredor establecido, y culebreaba, reñía, se desbocaba, imitando, como una dentadura de calavera, las inflexiones de la voz del hombre, por sobre el silencio que encima de todos estos ruidos se cernía, oíanse los últimos martillazos del carpintero en el cadalso. Al fin del corredor se levantaba el cadalso. "¡Oh, las cuerdas son buenas: ya las probó el alcaide!" "El verdugo halará, escondido en la garita del fondo, de la cuerda que sujeta el pestillo de la trampa." "La trampa está firme, a unos diez pies del suelo." "No: los maderos de la horca no son nuevos: los han repintado de ocre, para que parezcan bien en esta ocasión; porque todo ha de hacerse decente, muy decente." "Sí, la milicia está a mano: y a la cárcel no se dejará acercar a nadie." "¡De veras que Lingg era hermoso!" Risas, tabacos, brandy, humo que ahoga en sus celdas a los reos despiertos. En el aire espeso y húmedo chisporrotean, cocean, bloquean, las luces eléctricas. Inmóvil sobre la baranda de las celdas, mira al cadalso un gato... ¡cuando de pronto una melodiosa voz, llena de fuerza y sentido, la voz de uno de estos hombres a quienes se supone fieras humanas, trémula primero, vibrante enseguida, pura luego y serena, como quien ya se siente libre de polvo y ataduras, resonó en la celda de Engel, que, arrebatado por el éxtasis, recitaba "El Tejedor" de Henry Heine, como ofreciendo al cielo el espíritu, con los dos brazos en alto[188]:

> Con ojos secos, lúgubres y ardientes
> Rechinando los dientes,
> Se sienta en su telar el tejedor:
> ¡Germania vieja, tu capuz zurcimos!
> Tres maldiciones en la tela urdimos;
> ¡Adelante, adelante el tejedor!
>
> ¡Maldito el falso Dios que implora en vano,
> En invierno tirano,
> Muerto de hambre el jayán en su obrador!
> ¡En vano fue la queja y la esperanza!
> Al Dios que nos burló, guerra y venganza:
> ¡Adelante, adelante el tejedor!
>
> ¡Maldito el falso rey del poderoso
> Cuyo pecho orgulloso
> Nuestra angustia mortal no conmovió!
> ¡El último doblón nos arrebata,
> Y como a perros luego el rey nos mata!
> ¡Adelante, adelante el tejedor!
>
> ¡Maldito el falso Estado en que florece,
> Y como yedra crece
> Vasto y sin tasa el público baldón;
> Donde la tempestad la flor avienta
> Y el gusano con podre se sustenta!
> ¡Adelante, adelante el tejedor!
>
> ¡Corre, corre sin miedo, tela mía!
> ¡Corre bien noche y día
> Tierra maldita, tierra sin honor!

Con mano firme tu capuz zurcimos:
Tres veces, tres, la maldición urdimos:
¡Adelante, adelante el tejedor!

Y rompiendo en sollozos, se dejó Engel caer sentado en su lite-
ra, hundiendo en las palmas el rostro envejecido. Muda lo había escuchado la cárcel entera, los unos como orando, los presos asomados a los barrotes, estremecidos los escritores y los
alcaides, suspenso el telégrafo, Spies a medio sentar, Parsons de
pie en su celda, con los brazos abiertos, como quien va a emprender el vuelo.

   El día sorprendió a Engel hablando entre sus guardas, con
la palabra voluble del condenado a muerte, sobre lances curiosos de su vida de conspirador; a Spies, fortalecido por el largo
sueño; a Fischer, vistiéndose sin prisa las ropas que se quitó al
empezar la noche, para descansar mejor; a Parsons, cuyos labios se mueven sin cesar, saltando sobre sus vestidos, después
de un corto sueño histérico.

   "¡Oh, Fischer, cómo puedes estar sereno, cuando el alcaide
que ha de dar la señal de tu muerte, rojo por no llorar, pasea
como una fiera la alcaidía!" "Porque" –responde Fischer, cla-
vando una mano sobre el brazo trémulo del guarda y mirándo-
le de lleno en los ojos– "creo que mi muerte ayudará a la causa
con que me desposé desde que comencé mi vida, y amo yo más
que a mi vida misma, la causa del trabajador, ¡y porque mi sentencia es parcial, ilegal e injusta!" "¡Pero, Engel, ahora que son
las ocho de la mañana, cuando ya sólo te faltan dos horas para
morir, cuando en la bondad de las caras, en el afecto de los saludos, en los maullidos lúgubres del gato, en el rastreo de las
voces, y los pies, están leyendo que la sangre se te hiela, cómo
no tiemblas, Engel!" "¡Temblar porque me han vencido aquellos a quienes hubiera querido yo vencer? Este mundo no me
parece justo; y yo he batallado, y batallo ahora con morir, para
crear un mundo justo. ¿Qué me importa que mi muerte sea un
asesinato judicial? ¿Cabe en un hombre que ha abrazado una
causa tan gloriosa como la nuestra desear vivir cuando puede

morir por ella? ¡No: alcaide, no quiero drogas: quiero vino de Oporto!" Y uno sobre otro se bebe tres vasos... Spies, con las piernas cruzadas, como cuando pintaba para el *Arbeiter Zeitung* el universo dichoso, color de llama y hueso, que sucedería a esta civilización de esbirros y mastines, escribe largas cartas, las lee con calma, las pone lentamente en sus sobres, y una u otra vez deja descansar la pluma, para echar al aire, reclinado en su silla, como los estudiantes alemanes, bocanadas y aros de humo: ¡oh, patria, raíz de la vida, que aun a los que te niegan por el amor más vasto a la humanidad, acudes y confortas, como aire y como luz, por mil medios sutiles! "Sí, alcaide, dice Spies, beberé un vaso de vino del Rhin!"... Fischer, Fischer alemán, cuando el silencio comenzó a ser angustioso, en aquel instante en que en las ejecuciones como en los banquetes callan a la vez, como ante solemne aparición, los concurrentes todos, prorrumpió, iluminada la faz por venturosa sonrisa, en las estrofas de "La Marsellesa" que cantó con la cara vuelta al cielo... Parsons a grandes pasos mide el cuarto: tiene delante un auditorio enorme, un auditorio de ángeles que surgen resplandecientes de la bruma, y le ofrecen, para que como astro purificante cruce el mundo, la capa de fuego del profeta Elías[189]: tiende las manos, como para recibir el don, vuélvese hacia la reja, como para enseñar a los matadores su triunfo: gesticula, argumenta, sacude el puño alzado, y la palabra alborotada al dar contra los labios se le extingue, como en la arena movediza se confunden y perecen las olas.

Llenaba de fuego el sol las celdas de tres de los reos, que rodeados de lóbregos muros parecían, como el bíblico, vivos en medio de las llamas, cuando el ruido improviso, los pasos rápidos, el cuchicheo ominoso, el alcaide y los carceleros que aparecen a sus rejas, el color de sangre que sin causa visible enciende la atmósfera, les anuncian, lo que oyen sin inmutarse, que es aquélla la hora.

Salen de sus celdas al pasadizo angosto: ¿Bien? "¡Bien!": Se dan la mano, sonríen, crecen. "¡Vamos!" El médico les había dado estimulantes: a Spies y a Fischer les trajeron vestidos nuevos; Engel no quiere quitarse sus pantuflas de estambre. Les leen la sentencia, a cada uno en su celda; les sujetan las manos por la espalda con esposas plateadas: les ciñen los brazos al cuerpo con una faja de cuero: les echan por sobre la cabeza, como la túnica de los catecúmenes cristianos, una mortaja blanca: ¡abajo la concurrencia sentada en hileras de sillas delante del cadalso como en un teatro! Ya vienen por el pasadizo de las celdas, a cuyo remate se levanta la horca: delante va el alcaide lívido: al lado de cada reo, marcha un corchete[190]. Spies va a paso grave, desgarradores los ojos azules, hacia atrás el cabello bien peinado, blanco como su misma mortaja, magnífica la frente: Fischer le sigue, robusto y poderoso, enseñándose por el cuello la sangre pujante, realzados por el sudario los fornidos miembros. Engel anda detrás a la manera de quien va a una casa amiga, sacudiéndose el sayón incómodo con los talones. Parsons, como si tuviese miedo a no morir, fiero, determinado, cierra la procesión a paso vivo. Acaba el corredor, y ponen el pie en la trampa: las cuerdas colgantes, las cabezas erizadas, las cuatro mortajas.

Plegaria es el rostro de Spies; el de Fischer, firmeza, el de Parsons, orgullo radioso; a Engel, que hace reír con un chiste a su corchete, se le ha hundido la cabeza en la espalda. Les atan las piernas, al uno tras el otro, con una correa. A Spies el primero, a Fischer, a Engel, a Parsons, les echan sobre la cabeza, como el apagavelas sobre las bujías, las cuatro caperuzas. Y resuena la voz de Spies, mientras están cubriendo las cabezas de sus compañeros, con un acento que a los que lo oyen les entra en las carnes: "La voz que vais a sofocar será más poderosa en lo futuro, que cuantas palabras pudiera yo decir ahora." Fischer dice, mientras atiende el corchete a Engel: "Este es el momento más feliz de mi vida." "¡Hurra por la anarquía!", dice Engel, que había estado moviendo bajo el sudario hacia el alcaide las manos amarradas. "¡Hombres y mujeres de mi querida América…", empieza a decir Parsons. Una seña, un ruido, la trampa cede, los cuatro cuerpos caen a la vez en el aire, dando vueltas y chocando. Parsons ha muerto al caer, gira de prisa, y cesa: Fischer se balancea, retiembla, quiere zafar del nudo el cuello entero, estira y encoge las piernas, muere: Engel se mece en su sayón flotante, le sube y baja el pecho como la marejada, y se ahoga: Spies, en danza espantable, cuelga girando como un saco de muecas, se encorva, se alza de lado, se da en la frente con las rodillas, sube una pierna, extiende las dos, sacude los brazos, tamborilea: y al fin expira, rota la nuca hacia adelante, saludando con la cabeza a los espectadores.

Y dos días después, dos días de escenas terribles en las casas, de desfile constante de amigos llorosos, ante los cadáveres amoratados, de señales de duelo colgadas en puertas miles bajo una flor de seda roja, de muchedumbres reunidas con respeto para poner a los pies de los ataúdes rosas y guirnaldas, Chicago asombrado vio pasar tras las músicas fúnebres, a que precedía un soldado loco agitando como desafío un pabellón americano, el ataúd de Spies, oculto bajo las coronas; el de Parsons, negro, con catorce artesanos atrás que cargaban presentes simbólicos de flores; el de Fischer, ornado con guirnalda colosal de lirio y clavellinas; los de Engel y Lingg, envueltos en banderas rojas, y los carruajes de las viudas, recatadas hasta los pies por los velos de luto, y sociedades, gremios, *vereins*[191], orfeones, diputaciones, trescientas mujeres en masa, con crespón al brazo, seis mil obreros tristes y descubiertos que llevaban al pecho la rosa encarnada.

Y cuando desde el montículo del cementerio, rodeado de veinticinco mil almas amigas, bajo el cielo sin sol que allí corona estériles llanuras, habló el capitán Black, el pálido defensor vestido de negro, con la mano tendida sobre los cadáveres: "¿Qué es la verdad —decía, en tal silencio que se oyó gemir a las mujeres dolientes y al concurso—, ¿qué es la verdad que desde que el de Nazaret la trajo al mundo no la conoce el hombre hasta que con sus brazos la levanta y la paga con la muerte? ¡Estos no son felones abominables, sedientos de desorden, sangre y violencia, sino hombres que quisieron la paz, y corazones llenos de ternura, amados por cuantos los conocieron y vieron de cerca el poder y la gloria de sus vidas: su anarquía era el reinado del orden sin la fuerza: su sueño, un mundo sin miseria y sin esclavitud: su dolor, el de creer que el egoísmo no cederá nunca por la paz a la justicia: ¡oh cruz de Nazaret, que en estos cadáveres se ha llamado cadalso!"

De la tiniebla que a todos envolvía, cuando del estrado de pino iban bajando los cinco ajusticiados a la fosa, salió una voz que se adivinaba ser de barba espesa, y de corazón grave y agriado: "Yo no vengo a acusar ni a ese verdugo a quien llaman alcaide, ni a la nación que ha estado hoy dando gracias a Dios en sus templos porque han muerto en la horca estos hombres, sino a los trabajadores de Chicago, que han permitido que les asesinen a cinco de sus más nobles amigos"... La noche, y la mano del defensor sobre aquel hombro inquieto, dispersaron los concurrentes y los hurras: flores, banderas, muertos y afligidos, perdíanse en la misma negra sombra: como de las olas de mar venía de lejos el ruido de la muchedumbre en vuelta a sus hogares. Y decía el *Arbeiter Zeitung* de la noche, que al entrar en la ciudad recibió el gentío ávido: "¡Hemos perdido una batalla, amigos infelices, pero veremos al fin el mundo ordenado conforme a la justicia: seamos sagaces como las serpientes, e inofensivos como las palomas!"

NUEVA YORK BAJO LA NIEVE[192]

Ya se había visto colgando su nido en una araucaria del Parque Central la primera oropéndola; ya cubría los álamos desnudos el vello primaveral, y en el castaño tempranero, como vecinitas parlanchinas que sacan la cabeza arrebujada después de la tormenta, asomaban las hojas; ya advertidos por el piar de los pájaros de la llegada del sol, salían los arroyos de su capa de hielo para verlo pasar; ya el invierno, vencido por las flores, huía bufando y desataba tras de sí, como para amparar su fuga, el mes de los vientos; ya se veían por las calles de Nueva York los primeros sombreros de pajilla y los trajes de Pascua, dichosos y alegres, cuando al abrir los ojos la ciudad, sacudida por el fragor del huracán, se halló muda, desierta, amortajada, hundida bajo la nieve. Los bravos italianos, cara a cara con la ventisca, llenan ya de la nieve, coruscante y menuda, los carros que, entre relinchos, cantos, chistes y votos, van a vaciar su carga al río. El ferrocarril aéreo, acampado dos días en vela siniestra junto al cadáver del maquinista que salió a desafiar el vendaval, recorre otra vez, chirriando y temblando, la vía atascada, que reluce y deslumbra. Los trineos campanillean; los vendedores de diarios vociferan: los limpianieves, arrastrados por percherones poderosos, escupen a ambos lados de la calle la nevada que alzan de los rieles: con la nieve al pecho se va abriendo paso la ciudad hasta los ferrocarriles, clavados en la llanura blanca, hasta los ríos, que son puentes ahora; hasta los muelles, mudos.

Vibra, por sobre la ciudad, como una bóveda, el alarido de los combatientes. Dos días ha podido tener la nieve vencida a Nueva York, acorralada, aterrada como el púgil campeón que se ve echado a tierra de un puñetazo tundente por gladiador desconocido. Pero, en cuanto afloja el ataque el enemigo, en cuanto la ventisca desahoga la primera furia, Nueva York, como ofendida, decide sacarse de encima su sudario. Entre los montes blancos, hay leguas de hombres. En las calles de más tráfico, deshecha bajo los que la asaltan, huye ya en ríos turbios la nieve. Con botafangos, con palas, con el pecho de los caballos, con su propio pecho, van echando la nieve hacia atrás, que recula sobre los ríos.

Grande fue la derrota del hombre: grande es su victoria. La ciudad está aún blanca: blanca y helada toda la bahía. Ha habido muertes, crueldades, caridades, fatigas, rescates valerosos. El hombre, en esta catástrofe, se ha mostrado bueno.

En todo el siglo no ha visto Nueva York temporal semejante al del día trece de marzo. El domingo anterior había sido de lluvia, y el escritor insomne, el vendedor de papeletas en las estaciones del ferrocarril, el lechero que a la madrugada visita las casas dormidas en su carro alado, pudieron oír enroscando el látigo furioso en las chimeneas, como sacudiéndolo con mano creciente contra techados y paredes, el viento que había bajado sobre la ciudad, y levantaba sus techos, derribaba a su paso persianas y balcones, envolvía y se llevaba los árboles, mugía, como cogido en emboscada, al despeñarse por las calles estrechas. Los hilos de luz eléctrica, quebrados a su paso, chisporroteaban y morían. Descogía de los postes del telégrafo los alambres que lo han igualado tantas veces. Y cuando debió subir el sol no se le pudo ver: porque, como si pasase un ejército en fuga, con sus escuadrones, con sus cureñas, con su infantería arrollada, con sus inolvidables gritos, con su pánico, así, ante los cristales turbios, la nieve arremolinada pasaba, pasaba sin cesar, pasó durante todo el día, pasó durante toda la noche. El hombre no se dejó domar por ella. Salió a desafiarla.

Pero ya los tranvías vencidos yacían, sin caballos, bajo la tormenta; el ferrocarril aéreo, que pagó con sangre su primera tentativa, dejaba morir el vapor en sus máquinas inútiles; los trenes, que debieron llegar de los alrededores, echados de la vía por el ventarrón o detenidos por las masas de copos, altas como cerros, bregaban en vano por abordar sus estaciones. Tentaban los tranvías un viaje, y los caballos se encabritaban, defendiéndose con las manos del torbellino sofocante. Tomaba una carga de pasajeros el ferrocarril, sujeto a la mitad del camino, y tras seis horas de esperar presos en el aire, bajaban hombres y mujeres de la armazón aérea en unas escaleras de albañil. Los ricos o los muy necesitados hallaban, por veinticinco o cincuenta pesos, coches de caballo recio que los llevaran paso a paso a cortas distancias. Azotándolos, tundiéndolos, volcándolos, pasaba por sobre ellos, cargado de copos, el viento revuelto.

Ya no se veían las aceras. Ya no se veían las esquinas. La calle Veintitrés es de las más concurridas: y un tendero compasivo tuvo que poner en su esquina un poste que decía: "Esta es la calle Veintitrés". A la rodilla llegaba la nieve, y del lado del viento, a la cintura. La ventisca rabiosa mordía las manos de los caminantes, se les entraba por el cuello, les helaba las orejas y la nariz, les metía puñados de nieve por los ojos, los echaba de espaldas sobre el nevado resbaladizo, los sujetaba sobre él con nuevas ráfagas, los lanzaba danzando y sin sombrero, contra la pared, o los dejaba dormidos, dormidos para siempre, ¡sepultados! El uno, un comerciante, en la flor de la vida, había de aparecer hoy, hundido en el turbión, sin más señal de su cuerpo que la mano alzada por sobre la nieve. El otro, un mandadero, azul como su traje, sale en brazos de sus compañeros piadosos de aquella tumba blanca y fresca, propia de su alma de niño. El otro, clavado hasta la cabeza, con dos manchas rojas en el rostro blanco, y los ojos violáceos, duerme.

¡Y por Broadway y las Avenidas, levantándose y cayendo bajaban al trabajo, ancianos, mozos, niños, mujeres!

Unos, exhaustos, se sentaban en un quicio, sin más voluntad que la de perecer; otros, generosos, se los llevaban del brazo, animándolos, voceando, cantando; una mujer de mucha edad, que se puso como máscara con dos agujeros para los ojos el pañuelo, se reclina contra la pared, y rompe a llorar; el presidente de un banco que va a su puesto a pie, lleva en brazos la carga a la botica vecina, que en el turbión se puede distinguir con sus luces amarillas y verdes. "¡No sigo!", dice uno, "¿y si pierdo mi lugar?" "Yo también sigo", dice otra, "yo necesito mi jornal de hoy". El dependiente toma de brazos a la trabajadora: la obrera joven lleva por la cintura a la amiga cansada. A la entrada del puente de Brooklyn, implora con tal angustia el secretario de un banco nuevo al inspector, que, aunque sólo la muerte puede pasar por el puente en aquel instante, lo deja pasar "¡porque si no perderá la secretaría que ha tardado tres años en conseguir!": y el viento, en aquella altura formidable, de una bufada lo echa abajo sobre el piso, lo alza de otra, le quita el sombrero, le abre el gabán, le hace morder el suelo a cada paso; él se repliega, se ase a la barandilla, adelanta gateando: avisados por el telégrafo desde Brooklyn, los policías del puente lo recogen en brazos al llegar a Nueva York exánime.

Y ¿a qué tanta fatiga si no hay apenas tienda abierta, si se ha rendido la ciudad, arrinconada como un topo en su cueva, si al llegar a sus fábricas y oficinas encontrarán cerradas las puertas de hierro? Sólo la piedad del vecindario, o el poder del dinero, o la casualidad feliz de vivir en la vía del único tren que por un lado de la ciudad, bregando valeroso, se arrastra de hora en hora, ampararán en este día terrible a tanto empleado fiel, a tanto anciano magnífico, a tanta obrera heroica. De esquina a esquina avanzan, recalando en las puertas hasta que alguna se les abre, llamando con las manos ateridas, como con el pico llaman a los cristales los gorriones. Arrecia la ráfaga de pronto; como piedras echa contra el muro a la bandada que volaba buscando el abrigo: unas contra otras se aprietan en medio de la calle las pobres obreras, que la racha sacude y hostiga hasta ponerlas otra vez en fuga. Y mujeres y hombres se van volviendo así ciudad arriba, braceando contra el vendaval, sacándose la nieve de los ojos, amparándoselos con las manos para buscar en la borrasca su camino. ¿Hoteles? ¡Las sillas están alquiladas para camas y los cuartos de baño para alcobas! ¿Bebidas?: ni los hombres hallan ya qué beber, en las cervecerías que consumieron ya su provisión: ni las mujeres, halando ciudad arriba sus pies muertos, tienen más bebida que sus lágrimas.

Ya a esa hora, repuestos de la sorpresa del amanecer, los hombres disponen sus vestidos de modo que no les lastime tanto la furia de la ventisca. A cada paso hay un vagón volcado; una persiana, que azota la pared suspendida del último gozne, como el ala de un pájaro moribundo; un toldo desgarrado; una cornisa a medio arrancar; un alero caído. Paredes, zaguanes, ventanas, todo es una masa de nieve. Y sin un minuto de tregua desde el amanecer, pasa, pasa cargado de copos el turbión blanco, arremolinando, devastando, zumbando, gruñendo. Y con la nevada a los brazos, los hombres y las mujeres caminan.

Uno ha hecho de la seda de su paraguas un tapacaras, con dos huecos para los ojos y otro para la boca, y así, con las manos a la espalda, va quebrando el viento: otros llevan los zapatos envueltos en medias, o en sacos de sal, o en papel de estraza, o en retazos de caucho, atados con cordeles: otros van abrigados con polainas y gorros de velocipedistas: a otro, casi cadáver, se lo llevan cargado, envuelto en su sobretodo de piel de búfalo. Este, botas de caballería, aquél de actor, aquél de cazador. "¡Señor!", dice una voz de niño a quien la nieve impide ver, "¡sáqueme de aquí, que me muero!" Es un mensajero, que una empresa vil ha permitido salir con esta tormenta a llevar un recado. ¡Muchos van a caballo!: alguno, que saca un trineo, del primer vuelo del viento celoso rueda con él, y a poco muere. Una anciana tenaz vino a comprar una corona de azahares para su hija que se casa hoy, y se lleva la corona. Y cuando ya era Nueva York como campo ártico, y la noche cerraba sin luces, y sólo para el pavor había espacio; cuando los carteros generosos caían de bruces, transidos y ciegos, defendiendo con su cuerpo la valija de las cartas; cuando de las casas sin techo buscaban en vano las familias, con miedo mortal, salida por las puertas tapiadas; cuando bajo cinco pies de nieve, con la ciudad entera, yacían, ocultas a la mano más fiel, las bocas de agua abiertas en las calles para apagar los incendios, estalla con furia, tiñendo de luces de aurora el paisaje nevado, un fuego que echa abajo tres casas de vecindad en pocas dentelladas. ¡Y llegó la bomba! ¡Y los bomberos cavaron con sus brazos, y hallaron las bocas de agua! ¡Y de color de rosa parecían las paredes y la calle nevada, y de un azul de ojos el cielo! ¡Y allí, aunque el agua con que las batían se les volviese por la fuerza del viento, en chispas punzantes contra el rostro, aunque más altas que la cruz de una torre serpeasen en el aire las lenguas de fuego carmesí, aunque azotadas por el vendaval les vinieran a morder las barbas las columnas de humo sembradas de chispas de oro, allí, sin poner pie atrás las fueron combatiendo, con la nieve al pecho, hasta que las circunscribieron y domaron! Y luego, con sus brazos, abrieron camino a la bomba en la masa de nieve.

Sin leche, sin carbón, sin cartas, sin periódicos, sin tranvías, sin teléfonos, sin telégrafos, se despertó hoy por la mañana la ciudad. ¡Qué ansia por leer, los de la parte alta, los diarios que a fuerza de bravura de los pobrecillos vendedores, llegaban de las imprentas, que están en la parte baja! ¡Y hubo anoche, hasta cuatro teatros abiertos! ¡Y todos los negocios están suspendidos, y la falsa maravilla del ferrocarril aéreo puja en vano por llevar a su labor la muchedumbre que se agolpa colérica en las estaciones!

En los caminos están los trenes detenidos, con sus cargas humanas. Del resto de la nación nada se sabe. Los ríos son hielo y los osados los están cruzando a pie; se rompe el hielo de pronto, y quedan flotando sus témpanos, con los hombres al lomo: un remolcador sale a salvarlos, costea el témpano, lo va empujando hacia los muelles, ya lo junta a muelle vecino, ya están salvados; de los dos lados del río se oye un enorme ¡hurra! ¡Hurra! gritan por las calles al bombero que pasa, al policía, al bravo cartero. ¿Qué será de los trenes que no llegan, y a donde las empresas del ferrocarril, con energía magnífica, envían víveres y carbón, a rastras de sus máquinas más poderosas? ¿Qué será de los de la mar? ¿Cuántos cadáveres habrá bajo la nieve?

Ella, como ejército ya en fuga que vuelve sobre el triunfador en inesperada arremetida, vino de noche, y cubrió de muerte la ciudad soberbia.

Más que a cualesquiera otros, convienen estas embestidas de lo desconocido a los pueblos utilitarios, en quienes como ayer se vio, las virtudes que el trabajo nutre, bastan a compensar en las horas solemnes la falta de aquellas que se debilitan con el egoísmo. ¡Qué bravos los niños, qué puntuales los trabajadores, qué infelices y nobles las mujeres, qué generosos los hombres! La ciudad toda se habla en alta voz, como si tuviera miedo de quedarse sola. Los que se codean en el resto del año brutalmente, hoy se sonríen, se cuentan sus riesgos mortales, se dan las señas de sus casas, acompañan largo trecho a sus nuevos amigos. Las plazas son montes de nieves, donde como recamo de plata lucen ya al primer sol los encajes de hielo prendidos a las ramas de los árboles.

Casas de nieve se levantan sobre los techos de las casas, donde el gorrión alegre cava nidos frágiles. Amedrenta y asombra, como si se abriese de súbito en flores de sangre un sudario, esta ciudad de nieve, con sus casas rojas. Publican y contemplan el estrago los postes del telégrafo, con sus alambres enroscados y caídos, como cabezas desgreñadas. La ciudad resucita, sepulta los cadáveres, y echa atrás la nieve, a pecho de caballo, a pecho de hombre, a pecho de locomotora, a bocanadas de agua hirviendo, con palas, con estribos, con fogatas. Pero se siente una humildad inmensa, y una bondad súbita, como si la mano del que se ha de temer se hubiera posado a la vez sobre todos los hombres.

LA HISTORIA DEL HOMBRE
CONTADA POR SUS CASAS[193]

Ahora la gente vive en casas grandes, con puertas y ventanas, y patios enlosados, y portales de columnas: pero hace muchos miles de años los hombres no vivían así, ni había países de sesenta millones de habitantes, como hay hoy. En aquellos tiempos no había libros que contasen las cosas: las piedras, los huesos, las conchas, los instrumentos de trabajar son los que enseñan cómo vivían los hombres de antes. Eso es lo que se llama "edad de piedra", cuando los hombres vivían casi desnudos, o vestidos de pieles, peleando con las fieras del bosque, escondidos en las cuevas de la montaña, sin saber que en el mundo había cobre ni hierro, allá en los tiempos que llaman "paleolíticos": ¡palabra larga esta de "paleolíticos"! Ni la piedra sabían entonces los hombres cortar: luego empezaron a darle figura, con unas hachas de pedernal afilado, y ésa fue la edad nueva de piedra, que llaman "neolítica": *neo*, nueva, *lítica*, de piedra: *paleo*, por supuesto, quiere decir viejo, antiguo. Entonces los hombres vivían en las cuevas de la montaña, donde las fieras no podían subir, o se abrían un agujero en la tierra, y le tapaban la entrada con una puerta de ramas de árbol; o hacían con ramas un techo donde la roca estaba como abierta en dos; o clavaban en el suelo tres palos en pico, y los forraban con las pieles de los animales que cazaban: grandes eran entonces los animales, grandes como montes. En América no parece que vivían así los hombres de aquel tiempo, sino que andaban juntos en pueblos, y no en familias sueltas: todavía se ven las ruinas de los que llaman los "terrapleneros", porque fabricaban con tierra unos paredones en figura de círculo, o de triángulo, o de cuadrado, o de cuatro círculos unos dentro de otros: otros indios vivían en casas de piedra que eran como pueblos, y las llamaban las casas-pueblos, porque allí hubo hasta mil familias a la vez, que no entraban a la casa por puertas, como nosotros, sino por el techo, como hacen los indios zuñis: en otros lugares hay casas de cantos en los agujeros de las rocas, adonde subían agarrándose de unas cortaduras abiertas a pico en la piedra, como una escalera. En todas partes se fueron juntando las familias para defenderse, y haciendo ciudades en las rocas, o en medio de los lagos, que es lo que llaman ciudades lacustres, porque están sobre el agua las casas de troncos de árbol, puestas sobre pilares clavados en lo hondo, o sujetos con piedras al pie, para que el peso tuviese a flote las casas: y a veces juntaban con vigas unas casas con otras, y les ponían alrededor una palizada para defenderse de los vecinos que venían a pelear, o de los animales del monte: la cama era de yerba seca, las tazas eran de madera, las mesas y los asientos eran troncos de árboles. Otros ponían de punta en medio de un bosque tres piedras grandes, y una chata encima, como techo, con una cerca de piedras, pero estos dólmenes no eran para vivir, sino para enterrar sus muertos, o para ir a oír a los viejos y los sabios cuando cambiaba la estación, o había guerra, o tenían que elegir rey: y para recordar cada cosa de éstas clavaban en el suelo una piedra grande, como una columna que llamaban "menhir" en Europa, y que los indios mayas llaman "katún"; porque los mayas de Yucatán no sabían que del otro lado del mar viviera el pueblo galo, en donde está Francia ahora, pero hacían lo mismo que los galos, y que los germanos, que vivían donde está ahora Alemania. Estudiando se aprende eso: que el hombre es el mismo en todas partes, y aparece y crece de la misma manera, y hace y piensa las mismas cosas, sin más diferencia que la de la tierra en que vive, porque el hombre que nace en tierra de árboles y de flores piensa más en la hermosura y el adorno, y tiene más cosas que decir, que el que nace en una tierra fría, donde ve el cielo oscuro y su cueva en la roca. Y otra cosa se aprende, y es que donde nace el hombre salvaje, sin saber que hay ya pueblos en el mundo, empieza a vivir lo mismo que vivieron los hombres de hace miles de años. Junto a la ciudad de Zaragoza, en España, hay familias que viven en agujeros abiertos en la tierra del monte: en Dakota, en los Estados Unidos, los que van a abrir el país viven en covachas, con techos de ramas, como en la edad neolítica: en las orillas del Orinoco, en la América del Sur, los indios viven en ciudades lacustres, lo mismo que las que había hace cientos de siglos en los lagos de Suiza: el indio norteamericano le pone a rastras a su caballo los tres palos de su tipi, que es una tienda de pieles, como la que los hombres neolíticos levantaban en los desiertos: el negro de África hace hoy su casa con las paredes de tierra, y el techo de ramas, lo mismo que el germano de antes, y deja alto el quicio como el germano lo dejaba, para que no entrasen las serpientes. No es que hubo una edad de piedra, en que todos los pueblos vivían a la vez del mismo modo; y luego otra de bronce, cuando los hombres empezaron a trabajar el metal, y luego otra edad de hierro. Hay pueblos que viven, como Francia ahora, en lo más hermoso de la edad de hierro, con su torre Eiffel que se entra por las nubes: y otros pueblos que viven en la edad de piedra, como el indio que fabrica su casa en las ramas de los árboles, y con su lanza de pedernal sale a matar los pájaros del bosque y a ensartar en el aire los peces voladores del río. Pero los pueblos de ahora crecen más de prisa, porque se juntan con los pueblos más viejos, y aprenden con ellos lo que no saben; no como antes, que tenían que ir poco a poco descubriéndolo todo ellos mismos. La edad de piedra fue al empezar a vivir, que los hombres andaban errantes huyendo de los animales, y vivían hoy acá y mañana allá, y no sabían que eran buenos de comer los frutos de la tierra. Luego los hombres encontraron el cobre, que era más blando que el pedernal, y el estaño, que era más blando que el cobre, y vieron que con el fuego se le sacaba el metal a la roca, y que con el estaño y cobre juntos se hacía un metal nuevo, muy bueno para hachas y lanzas y cuchillos, y para cortar la piedra. Cuando los pueblos empiezan a saber cómo se trabaja el metal, y a juntar el cobre con el estaño, entonces están en su edad de bronce. Hay pueblos que han llegado a la edad de hierro sin pasar por la de bronce, porque el hierro es el metal de su tierra, y con él empezaron a trabajar, sin saber que en el mundo había cobre ni estaño. Cuando los hombres de Europa vivían en la edad de bronce ya hicieron casas mejores, aunque no tan labradas y perfectas como las de los peruanos y mexicanos de América, en quienes estuvieron siempre juntas las dos edades, porque siguieron trabajando con pedernal cuando ya tenían sus minas de oro, y sus templos con soles de oro como el cielo, y sus huacas, que eran los cementerios del Perú, donde ponían a los muertos con las prendas y jarros que usaban en vida. La casa del indio peruano era de mampostería, y de dos pisos, con las ventanas muy en alto, y las puertas más anchas por debajo que por la cornisa, que solía ser de piedra tallada, de trabajo fino. El mexicano no hacía su casa tan fuerte, sino más ornada, como en país donde hay muchos árboles y pájaros. En el techo había como escalones, donde ponían las figuras de sus santos, como ahora ponen muchos en los altares figuras de niños, y piernas y brazos de plata: adornaban las paredes con piedras labradas, y con fajas como de cuentas o de hilos trenzados, imitando las grecas y fimbrias que les bordaban sus mujeres en las túnicas: en las salas de adentro labraban las cabezas de las vigas, figurando sus dioses, sus animales o sus héroes, y por fuera ponían en las esquinas unas canales de curva graciosa, como imitando plumas. De lejos brillaban las casas con el sol, como si fueran de plata.

En los pueblos de Europa es donde se ven más claras las tres edades, y mejor mientras más al Norte, porque allí los hombres vivieron solos, cada uno en su pueblo, por siglos de siglos, y como empezaron a vivir por el mismo tiempo, se nota que, aunque no se conocían unos a otros, iban adelantando del mismo modo. La tierra va echando capas conforme van pasando siglos: la tierra es como un pastel de hojaldres, que tiene muchas capas una sobre otra, capas de piedra dura, y a veces viene de adentro, de lo hondo del mundo, una masa de roca que rompe las capas acostadas, y sale al aire libre, y se queda por encima de la tierra, como un gigante regañón, o como una fiera enojada, echando por el cráter humo y fuego: así se hacen los montes y los volcanes. Por esas capas de la tierra es por donde se sabe cómo ha vivido el hombre, porque en cada una hay enterrados huesos de él, y restos de los animales y árboles de aquella edad, y vasos y hachas; y comparando las capas de un lugar con las de otro se ve que los hombres viven en todas partes casi del mismo modo en cada edad de la tierra: sólo que la tierra tarda mucho en pasar de una edad a otra, y en echarse una capa nueva, así sucede lo de los romanos y los bretones de Inglaterra en tiempo de Julio César, que cuando los romanos tenían palacios de mármol con estatuas de oro, y usaban trajes de lana muy fina, la gente de Bretaña vivía en cuevas, y se vestía con las pieles salvajes, y peleaba con mazas hechas de los troncos duros.

En esos pueblos viejos sí se puede ver cómo fue adelantando el hombre, porque después de las capas de la edad de piedra, donde todo lo que se encuentra es de pedernal, vienen las otras capas de la edad de bronce, con muchas cosas hechas de la mezcla del cobre y estaño, y luego vienen las capas de arriba, las de los últimos tiempos, que llaman la edad de hierro, cuando el hombre aprendió que el hierro se ablandaba al fuego fuerte, y que con el hierro blando podía hacer martillos para romper la roca, y lanzas para pelear, y picos y cuchillas para trabajar la tierra: entonces es cuando ya se ven casas de piedra y de madera, con patios y cuartos, imitando siempre los casucos de rocas puestas unas sobre otras sin mezcla ninguna, o las tiendas de pieles de sus desiertos y llanos; lo que sí se ve es que desde que vino al mundo le gustó al hombre copiar en dibujo las cosas que veía, porque hasta las cavernas más oscuras donde habitaron las familias salvajes están llenas de figuras talladas o pintadas en la roca, y por los montes y las orillas de los ríos se ven manos, y signos raros y pinturas de animales, que ya estaban allí desde hacía muchos siglos cuando vinieron a vivir en el país los pueblos de ahora. Y se ve también que todos los pueblos han cuidado de enterrar a los muertos con gran respeto y han fabricado monumentos altos, como para estar más cerca del cielo, como nosotros hacemos ahora con las torres. Los terrapleneros hacían montañas de tierra, donde sepultaban los cadáveres: los mexicanos ponían sus templos en la cumbre de unas pirámides muy altas: los peruanos tenían su "chulpa" de piedra, que era una torre ancha por arriba, como un puño de bastón: en la isla de Cerdeña hay unos torreones que llaman "nuragh", que nadie sabe de qué pueblo eran; y los egipcios levantaron con piedras enormes sus pirámides, y con el pórfido más duro hicieron sus obeliscos famosos, donde escribían su historia con los signos que llaman "jeroglíficos".

Ya los tiempos de los egipcios empiezan a llamarse "tiempos históricos", porque se puede escribir su historia con lo que se sabe de ellos: esos otros pueblos de las primeras edades se llaman pueblos "prehistóricos", de antes de la historia, o pueblos primitivos. Pero la verdad es que en esos mismos pueblos históricos hay todavía mucho prehistórico, porque se tiene que ir adivinando para ver dónde y cómo vivieron. ¿Quién sabe cuándo fabricaron los quechuas sus acueductos y sus caminos y sus calzadas en el Perú; ni cuándo los chibchas de Colombia empezaron a hacer sus dijes y sus jarros de oro; ni qué pueblo vivió en Yucatán antes que los mayas que encontraron allí los españoles; ni de dónde vino la raza desconocida que levantó los terraplenes y las casas-pueblos en la América del Norte? Casi lo mismo sucede con los pueblos de Europa; aunque allí se ve que los hombres aparecieron a la vez, como nacidos de la tierra, en muchos lugares diferentes; pero que donde había menos frío y era más alto el país fue donde vivió primero el hombre: y como que allí empezó a vivir, allí fue donde llegó más pronto a saber, y a descubrir los metales, y a fabricar, y de allí, con las guerras, y las inundaciones, y el deseo de ver el mundo, fueron bajando los hombres por la tierra y el mar. En lo más elevado y fértil del continente es donde se civilizó el hombre trasatlántico primero. En nuestra América sucede lo mismo: en las altiplanicies de México y del Perú, en los valles altos y de buena tierra, fue donde tuvo sus mejores pueblos el indio americano. En el continente trasatlántico parece que Egipto fue el pueblo más viejo, y de allí fueron entrando los hombres por lo que se llama ahora

Persia y Asia Menor, y vinieron a Grecia, buscando la libertad y
la novedad, y en Grecia levantaron los edificios más perfectos
del mundo, escribieron los libros más bien compuestos y hermosos. Había pueblos nacidos en todos estos países, pero los
que venían de los pueblos viejos sabían más, y los derrotaban
en la guerra, o les enseñaban lo que sabían, y se juntaban con
ellos. Del norte de Europa venían otros hombres más fuertes,
hechos a pelear con las fieras y a vivir en el frío: y de lo que se
llama ahora Indostán salió huyendo, después de una gran guerra, la gente de la montaña, y se juntó con los europeos de las
tierras frías, que bajaron luego del Norte a pelear con los romanos, porque los romanos habían ido a quitarles su libertad, y
porque era gente pobre y feroz, que le tenía envidia a Roma,
porque era sabia y rica, y como hija de Grecia. Así han ido via-
jando los pueblos en el mundo, como las corrientes van por la
mar, y por el aire los vientos.

Egipto es como el pueblo padre del continente trasatlántico: el pueblo más antiguo de todos aquellos países "clásicos". Y
la casa del egipcio es como su pueblo fue, graciosa y elegante.
Era riquísimo el Egipto, como que el gran río Nilo crecía todos
los años, y con el barro que dejaba al secarse nacían muy bien
las siembras: así que las casas estaban como en alto, por miedo
a las inundaciones. Como allá hay muchas palmeras, las columnas de las casas eran finas y altas, como las palmas; y encima del segundo piso tenían otro sin paredes, con un techo chato, donde pasaban la tarde al aire fresco, viendo el Nilo lleno
de barcos que iban y venían con su viajeros y sus cargas, y el
cielo de la tarde, que es de color de oro y azafrán. Las paredes y
los techos están llenos de pinturas de su historia y religión; y les
gustaba el color tanto, que hasta la estera con que cubrían el
piso era de hebras de colores diferentes.

Los hebreos vivieron como esclavos en el Egipto mucho
tiempo, y eran los que mejor sabían hacer ladrillos. Luego,
cuando su libertad, hicieron sus casas con ladrillos crudos, como
nuestros adobes, y el techo era de vigas de sicomoro, que es su
árbol querido. El techo tenía un borde como las azoteas, porque con el calor subía la gente allí a dormir, y la ley mandaba

que fabricasen los techos con muro para que no cayese la gente a tierra. Solían hacer sus casas como el templo que fabricó su gran rey Salomón, que era cuadrado, con las puertas anchas de abajo y estrechas por la cornisa, y dos columnas al lado de la puerta.

Por aquellas tierras vivían los asirios, que fueron pueblo guerreador, que les ponía a sus casas torres, como para ver más de lejos al enemigo, y las torres eran de almenas, como para disparar el arco desde seguro. No tenían ventanas, sino que les venía la luz del techo. Sobre las puertas ponían a veces piedras talladas con alguna figura misteriosa, como un toro con cabeza de hombre, o una cabeza con alas.

Los fenicios fabricaron sus casas y monumentos con piedras sin labrar, que ponían unas sobre otras como los etruscos; pero como eran gente navegante, que vivía del comercio, empezaron pronto a imitar las casas de los pueblos que veían más, que eran los hebreos y los egipcios, y luego las de los persas, que conquistaron en guerra el país de Fenicia. Y así fueron sus casas, con la entrada hebrea, y la parte alta como las casas de Egipto, o como las de Persia.

Los persas fueron pueblo de mucho poder, como que hubo tiempo en que todos esos pueblos de los alrededores vivían como esclavos suyos. Persia es tierra de joyas: los vestidos de los hombres, las mantas de los caballos, los puños de los sables, todo está allí lleno de joyas. Usan mucho del verde, del rojo y del amarillo. Todo les gusta de mucho color, y muy brillante y esmaltado. Les gustan las fuentes, los jardines, los velos de hilo de plata, la pedrería fina. Todavía hoy son así los persas; y ya en aquellos tiempos eran sus casas de ladrillos de colores, pero no de techo chato como la de los egipcios y hebreos, sino con una cúpula redonda, como imitando la bóveda del cielo. En un patio estaba el baño, en que echaban olores muy finos; y en las casas ricas había patios cuadrados, con muchas columnas alrededor, y en medio una fuente, entre jarrones de flores. Las columnas eran de muchos trozos y dibujos, pintados de colores, con fajas y canales, y el capitel hecho con cuerpos de animales, de pecho verde y collar de oro.

Junto a Persia está el Indostán, que es de los pueblos más viejos del mundo, y tiene templos de oro, trabajados como trabajan en las platerías la filigrana, y otros templos cavados en la roca, y figuras de su dios Buda cortadas a pico en la montaña. Sus templos, sus sepulcros, sus palacios, sus casas, son como su poesía, que parece escrita con colores sobre marfil, y dice las cosas como entre hojas y flores. Hay templo en el Indostán que tiene catorce pisos, como la pagoda de Tanjore, y está todo labrado, desde los cimientos hasta la cúpula. Y la casa de los hindús de antes era como las pagodas de Lahore o las de Cachemira, con los techos y balcones muy adornados y con muchas vueltas, y a la entrada la escalinata sin baranda. Otras casas tenían torreones en la esquina, y el terrado como los egipcios, corrido y sin las torres. Pero lo hermoso de las casas hindús era la fantasía de los adornos, que son como un trenzado que nunca se acaba, de flores y de plumas.

En Grecia no era así, sino todo blanco y sencillo, sin lujos de colorines. En la casa de los griegos no había ventanas, porque para el griego fue siempre la casa un lugar sagrado, donde no debía mirar el extranjero. Eran las casas pequeñas, como sus monumentos, pero muy lindas y alegres, con su rosal y su estatua a la puerta, y dentro el corredor de columnas, donde pasaba los días la familia, que sólo en la noche iba a los cuartos, reducidos y oscuros. El comedor y el corredor era lo que amueblaban, y eso con pocos muebles: en las paredes ponían en nichos sus jarros preciosos: las sillas tenían filetes tallados, como los que solían ponerles a las puertas, que eran anchas de abajo y con la cornisa adornada de dibujos de palmas y madreselvas. Dicen que en el mundo no hay edificio más bello que el Partenón, como que allí no están los adornos por el gusto de adornar, que es lo que hace la gente ignorante con sus casas y vestidos, sino que la hermosura viene de una especie de música que se siente y no se oye, porque el tamaño está calculado de manera que venga bien con el color, y no hay cosa que no sea precisa, ni adorno sino donde no pueda estorbar. Parece que tienen alma las piedras de Grecia. Son modestas, y como amigas del que las ve. Se entran como amigas por el corazón. Parece que hablan.

Los etruscos vivieron al norte de Italia, en sus doce ciudades famosas, y fueron un pueblo original, que tuvo su gobierno y su religión, y un arte parecido al de los griegos, aunque les gustaba más la burla y la extravagancia, y usaban mucho color. Todo lo pintaban, como los persas; y en las paredes de sus sepulturas hay caballos con la cabeza amarilla y la cola azul. Mientras fueron república libre, los etruscos vivían dichosos, con maestros muy buenos de medicina y astronomía, y hombres que hablaban bien de los deberes de la vida y de la composición del mundo. Era célebre Etruria por sus sabios, y por sus jarros de barro negro, con figuras de relieve, y por sus estatuas y sarcófagos de tierra cocida, y por sus pinturas en los muros, y sus trabajos en metal. Pero con la esclavitud se hicieron viciosos y ricos, como sus dueños los romanos. Vivían en palacios, y no en sus casas de antes; y su gusto mayor era comer horas enteras acostados. La casa etrusca de antes era de un piso, con un terrado de baranda, y el techo de aleros caídos. Pintaban en las paredes sus fiestas y sus ceremonias, con retratos y caricaturas, y sabían dibujar sus figuras como si se las viera en movimiento.

La casa de los romanos fue primero como la de los etruscos, pero luego conocieron a Grecia, y la imitaron en sus casas, como en todo. El atrio al principio fue la casa entera, y después no era más que el portal, de donde se iba por un pasadizo al patio interior, rodeado de columnas, adonde daban los cuartos ricos del señor, que para cada cosa tenía un cuarto diferente: el cuarto de comer daba al corredor, lo mismo que la sala y el cuarto de la familia, que por el otro lado abría sobre un jardín. Adornaban las paredes con dibujos y figuras de colores brillantes, y en los recodos había muchos nichos con jarras y estatuas. Si la casa estaba en calle de mucha gente, hacían cuartos con puerta a la calle, y los alquilaban para tiendas. Cuando la puerta estaba abierta se podía ver hasta el fondo del jardín. El jardín, el patio y el atrio tenían alrededor en muchas casas una arquería. Luego Roma fue dueña de todos los países que tenía alrededor, hasta que tuvo tantos pueblos que no los pudo gobernar, y cada pueblo se fue haciendo libre y nombrando su rey, que era el guerrero más poderoso de todos los del país, y vivía en su castillo de piedra, con torres y portalones, como todos los que llamaban "señores" en aquel tiempo de pelear; y la gente de trabajo vivía alrededor de los castillos, en casuchas infelices. Pero el poder de Roma había sido muy grande, y en todas partes había puentes y arcos y acueductos y templos como los de los romanos; sólo que por el lado de Francia, donde había muchos castillos, iban haciendo las fábricas nuevas, y las iglesias sobre todo, como si fueran a la vez fortalezas y templos, que es lo que llaman "arquitectura románica", y del lado de los persas y de los árabes, por donde está ahora Turquía, les ponían a los monumentos tanta riqueza y color que parecían las iglesias cuevas de oro, por lo grande y lo resplandeciente: de modo que cuando los pueblos nuevos del lado de Francia empezaron a tener ciudades, las casas fueron de portales oscuros y de muchos techos de pico, como las iglesias románicas; y del lado de Turquía eran las casas como palacios, con las columnas de piedras ricas, y el suelo de muchas piedrecitas de color, y las pinturas de la pared con el fondo de oro, y los cristales dorados: había barandas en las casas bizantinas hechas con una mezcla de todos los metales, que lucía como fuego: era feo y pesado tanto adorno en las casas, que parecen sepulturas de hombre vanidoso, ahora que están vacías.

En España habían mandado también los romanos; pero los moros vinieron luego a conquistar, y fabricaron aquellos templos suyos que llaman mezquitas, y aquellos palacios que parecen cosa de sueño, como si ya no se viviese en el mundo, sino en otro mundo de encaje y de flores: las puertas eran pequeñas, pero con tantos arcos que parecían grandes: las columnas delgadas sostenían los arcos de herradura, que acababan en pico, como abriéndose para ir al cielo: el techo era de madera fina, pero todo tallado, con sus letras moras y sus cabezas de caballos: las paredes estaban cubiertas de dibujos, lo mismo que una alfombra: en los patios de mármol había laureles y fuentes: parecían como el tejido de un velo aquellos balcones.

Con las guerras y las amistades se fueron juntando aquellos pueblos diferentes, y cuando ya el rey pudo más que los señores de los castillos, y todos los hombres creían en el cielo nuevo de los cristianos, empezaron a hacer las iglesias "góticas" con sus arcos de pico, y sus torres como agujas que llegaban a las nubes, y sus pórticos bordados, y sus ventanas de colores. Y las torres cada vez más altas: porque cada iglesia quería tener su torre más alta que las otras; y las casas las hacían así también, y los muebles. Pero los adornos llegaron a ser muchos, y los cristianos empezaron a no creer en el cielo tanto como antes. Hablaban mucho de lo grande que fue Roma: celebraban el arte griego por sencillo: decían que ya eran muchas las iglesias: buscaban modos nuevos de hacer los palacios: y de todo eso vino una manera de fabricar parecida a la griega, que es lo que llaman arquitectura del "Renacimiento": pero como en el arte gótico de la "ojiva" había mucha beldad, ya no volvieron a hacer las casas de tanta sencillez, sino que las adornaron con las esquinas graciosas, las ventanas altas, y los balcones elegantes de la arquitectura gótica. Eran tiempos de arte y riqueza, y de grandes conquistas, así que había muchos señores y comerciantes con palacio. Nunca habían vivido los hombres, ni han vuelto a vivir, en casas tan hermosas. Los pueblos de otras razas, donde se sabe poco de los europeos, peleaban por su cuenta o se hacían amigos, y se aprendían su arte especial unos de otros, de modo que se ve algo de pagoda hindú en todo lo de Asia, y hay picos como los de los palacios de Lahore en las casas japonesas, que parecen cosa de aire y de encanto, o casitas de jugar, con sus corredores de barandas finas y sus paredes de mimbre o de estera. Hasta en la casa del eslavo y del ruso se ven las curvas revueltas y los techos de punta de los pueblos hindús. En nuestra América las casas tienen algo de romano y de moro, porque moro y romano era el pueblo español que mandó en América, y echó abajo las casas de los indios. Las echó abajo de raíz: echó abajo sus templos, sus observatorios, sus torres de señales, sus casas de vivir, todo lo indio lo quemaron los conquistadores españoles y lo echaron abajo, menos las calzadas, porque no sabían llevar las piedras que supieron traer los indios, y los acueductos, porque les traían el agua de beber.

Ahora todos los pueblos del mundo se conocen mejor y se visitan: y en cada pueblo hay su modo de fabricar, según haya frío o calor, o sean de una raza o de otra; pero lo que parece nuevo en las ciudades no es su manera de hacer casas, sino que en cada ciudad hay casas moras, y griegas, y góticas, y bizantinas, y japonesas, como si empezara el tiempo feliz en que los hombres se tratan como amigos, y se van juntando.

DIARIOS

DE MONTECRISTI A CABO HAITIANO[194]

14 de Febrero

Las seis y media de la mañana serían cuando salimos de Montecristi el General[195], Collazo y yo, a caballo para Santiago: Santiago de los Caballeros, la ciudad vieja de 1507. Del viaje, ahora que escribo, mientras mis compañeros sestean, en la casa pura de Nicolás Ramírez, sólo resaltan en mi memoria unos cuantos árboles, unos cuantos caracteres, de hombre o de mujer, unas cuantas frases. La frase aquí es añeja, pintoresca, concisa, sentenciosa: y como filosofía natural. El lenguaje común tiene de base el estudio del mundo, legado de padres a hijos, en máximas finas, y la impresión pueril primera. Una frase explica la arrogancia innecesaria y cruda del país: "Si me traen (regalos, regalos de amigos y parientes a la casa de los novios) me deprimen, porque yo soy el obsequiado". Dar, es de hombre; y recibir, no. Se niegan, por fuerza, al placer de agradecer. Pero en el resto de la frase está la sabiduría del campesino: "Y si no me traen, tengo que matar las gallinitas que le empiezo a criar a mi mujer". El que habla es bello mozo, de pierna larga y suelta, y pies descalzos, con el machete siempre en puño, y al cinto el buen cuchillo, y en el rostro terroso y febril los ojos sanos y angustiados. Es Arturo, que se acaba de casar, y la mujer salió a tener el hijo donde su gente de Santiago. De Arturo es esta pregunta: "¿Por qué si mi mujer tiene un muchacho dicen que mi mujer parió, y si la mujer de Jiménez tiene el suyo dicen que ha dado a luz?" Y así, por el camino, se van recogiendo frases. A la moza que pasa, desgoznada la cintura, poco al seno el talle, atado en nudo flojo el pañuelo amarillo, y con la flor de campeche al pelo negro: "¡Qué buena está esa pailita de freír para mis chicharrones!" A una señorona de campo, de sortija en el guante, y pendientes y sombrilla, en gran caballo moro, que en malhora casó a la hija con un *musié* de letras inútiles, un orador castelaruno y poeta zorrillesco, una "luz increada", y una "sed de ideal inextinguible", el marido, de sombrero de macana y zapatos de cuero, le dice, teniéndole el estribo: "Lo que te dije, y tú no me quisiste oír: cada peje en su agua". A los caballos les picamos el paso, para que con la corrida se refresquen, mientras bebemos agua del río Yaque en casa de Eusebio; y el General dice esta frase, que es toda una teoría del esfuerzo humano, y de la salud y necesidad de él: "El caballo se baña en su propio sudor". Eusebio vive de puro hombre: lleva amparada de un pañuelo de cuadros azules la cabeza vieja, pero no por lo recio del sol, sino porque de atrás, de un culatazo de fusil, tiene un agujero en que le cabe medio huevo de gallina, y sobre la oreja y a media frente, le cabe el filo de la mano en dos tajos de sable: lo dejaron por muerto.

De la Esperanza, a marcha y galope, con pocos descansos, llegamos a Santiago en cinco horas. El camino es ya sombra. Los árboles son altos. A la izquierda, por el palmar frondoso, se le sigue el cauce al Yaque. Hacen arcos, de un borde a otro, las ceibas potentes. Una, de la raíz al ramaje, está punteada de balas. A vislumbres se ve la vega, como chispazo o tentación de serena hermosura, y a lo lejos el azul de los montes. De lo alto de un repecho, ya al llegar a la ciudad, se vuelven los ojos, y se ve el valle espeso, y el camino que a lo hondo se escurre, a dar ancho a la vega, y el montío leve al fondo, y el copioso verdor que en luengo hilo marca el curso del Yaque.

16 de Febrero

Nos rompió el día, de Santiago de los Caballeros a la Vega, y era un bien de alma, suave y profundo, aquella claridad. A la vaga luz, de un lado y otro del ancho camino, era toda la naturaleza americana: más gallardos pisaban los caballos en aquella campiña floreciente, corsada de montes a lo lejos, donde el mango frondoso tiene al pie la espesa caña: el mango estaba en flor, y el naranjo maduro, y una palma caída, con la mucha raíz de hilo que la prende aún a la tierra, y el coco, corvo del peso, de penacho áspero, y el seibo, que en el alto cielo abre los fuertes brazos, y la palma real. El tabaco se sale por una cerca, y a un arroyo se asoman caimitos y guanábanos. De autoridad y fe se va llenando el pecho. La conversación es templada y cariñosa. En un ventorro nos apeamos, a tomar el *cafecito*, y un *amargo*. Rodeado de oyentes está, en un tronco, un haitiano viejo y harapiento, de ojos grises fogosos, un lío mísero a los pies, y las sandalias desflecadas. Le converso, a chorro, en un francés que lo aturde, y él me mira, entre fosco y burlón. Calló, el peregrino, que con su canturria tenía absorto al gentío. Se le ríe la gente: ¿conque otro habla, y más aprisa que el santo, la lengua del santo? "¡Mírenlo, y él que estaba aquí como Dios en un platanal!" "Como la yuca éramos nosotros, y él era como el guayo." Carga el lío el viejo, y echa a andar, comiéndose los labios: a andar, al santo cerro. De las paredes de la casa está muy oronda la ventorrillera, por los muñecos deformes que el hijo les ha puesto, con pintura colorada. Yo, en un rincón, le dibujo, al respaldo de una carta inútil, dos cabezas, que mira él codicioso. Está preso el marido de la casa: *es un político*.

15 de Febrero

Soñé que, de dos lanzas que había, sobre la lanza oxidada no daba luz el sol, y era un florón de luz, y estrella de llamas, la lanza bruñida. Del alma perezosa, no se saca fuego. Y admiré, en el batey, con amor de hijo, la calma elocuente de la noche encendida, y un grupo de palmeras, como acostada una en la otra, y las estrellas, que brillaban sobre sus penachos. Era como un aseo perfecto y súbito, y la revelación de la naturaleza universal del hombre. Luego, ya al mediodía, estaba yo sentado, junto a Manuelico, a una sombra del batey. Pilaban arroz, a la puerta de la casa, la mujer y una ayuda: y un gallo pica los granos que saltan. "Ese gallo, cuidado, que no le dejen comer arroz, que lo afloja mucho." Es gallero Manuelico, y tiene muchos, amarrados a estacas, a la sombra o al sol. Los "solean" para que "sepan de calor", para que "no se ahoguen en la pelea", para que "se maduren": "ya sabiendo de calor, aunque corra no le hace". "Yo no afamo ningún gallo, por bueno que sea: el día que está de buenas, cualquier gallo es bueno. El que no es bueno, ni con carne de vaca. Mucha fuerza que da al gallo la carne de vaca. El agua que se les da es leche; y el maíz, bien majado. El mejor cuido del gallo, es ponerlo a *juchar*, y que esté donde escarbe; y así no hay gallo que se tulla." Va Manuelico a mudar de estaca a un giro, y el gallo se le encara, erizado el cuello y le pide pelea. De la casa traen café, con anís y nuez moscada.

19 de Febrero

De Ceferina Chaves habla todo el mundo en la comarca: suya es la casa graciosa, de batey ancho y jardín, y caserón a la trasera, donde en fina sillería recibe a los viajeros de alcurnia, y les da a beber, por mano de su hija, el vino dulce: ella compra a buen precio lo que la comarca da, y vende con ventaja, y tiene a las hijas en colegios finos, a que vengan luego a vivir, como ella, en la salud del campo, en la casa que señorea, con sus lujos y hospitalidad, la pálida región: de Ceferina, por todo el contorno, es la fama y el poder. Nos paramos a una cerca, y viene de lo lejos de su conuco, por entre sus hombres que le cogen el tabaco. A la cerca se acoda, con unas hojas en la mano seca y elegante, y habla con idea y soltura, y como si el campo libre fuera salón, y ella la dueña natural de él. El marido se enseña poco, o anda en quehaceres suyos: Ceferina, que monta con guantes y prendas cuando va de pueblo, es quien de ama propia, y a brío de voluntad, ha puesto a criar la tierra ociosa, a tenderse al buniatal, a cuajarse el tabaco, a engordar el cerdo. Casará la hija con letrado; pero no abandonará el trabajo productivo, ni el orgullo de él. El sillón, junto al pilón. En la sala porcelanas, y al conuco por las mañanas. "Al pobre, algo se ha de dejar, y el divi-divi de mis tierras, que los pobres se lo lleven." Su conversación, de natural autoridad, fluye y chispea. La hija suave, con el dedal calzado, viene a darnos vino fresco: sonríe ingenua, y habla altiva, de injusticias o esperanzas: me da a hurtadillas el retrato de su madre que le pido: la madre está diciendo, en una mecida del sillón: "Es preciso ver si sembramos hombres buenos".

4 de Marzo

Y abrí los ojos en la lancha, al canto del mar. El mar cantaba. Del Cabo salimos, con nubarrón y viento fuerte, a las diez de la noche; y ahora, a la madrugada, el mar está cantando. El patrón se endereza, y oye erguido, con una mano a la tabla y otra al corazón: el timonel, deja el timón a medio ir: "Bonito eso": "Eso es lo más bonito que yo haya oído en este mundo": "Dos veces no más en toda mi vida he oído yo esto bonito". Y luego se echa a reír: que los *vaudous*[196], los hechiceros haitianos, sabrán lo que eso es: que hoy es día de baile *vaudou*, en el fondo de la mar, y ya lo sabrán a hora los hombres de la tierra que allá abajo están haciendo los hechiceros sus encantos. La larga música, extensa y afinada, es como el son unido de una tumultuosa orquesta de campanas de platino. Vibra igual y seguro el eco resonante, como en ropa de música se siente envuelto el cuerpo. Cantó el mar una hora, más de una hora. La lancha piafa y se hunde, rumbo a Montecristi.

6 de Marzo

Oigo un ruido, en la calle llena del sol del domingo, un ruido de ola, y me parece saber lo que es. ¡Es! Es el fustán almidonado de una negra que pasa triunfante, quemando con los ojos, con su bata limpia de calicó morado oscuro, y la manta por los hombros. La haitiana tiene piernas de ciervo. El talle natural flexible de la dominicana da ritmo y poder a la fealdad más infeliz. La forma de la mujer es conyugal y cadenciosa.

29 de Marzo

De sobremesa se habló de animales: de los caos negros, y capaces de hablar, que se beben la leche, de cómo se salva el ratón de las pulgas, y se relame el rabo que hundió en la manteca; del sapo, que se come las avispas; del murciélago, que se come al cocuyo, y no la luz. Un cao bribón veía que la conuquera ordeñaba las vacas por las mañanas, y ponía la leche en botellas: y él, con su pico duro, se sorbía la primer leche, y cuando había secado el cuello, echaba en la botella piedrecitas, para que la leche subiera. El ratón entra al agua con una mota de algodón entre los dientes, adonde las pulgas por no ahogarse vuelan; y cuando ya ve la mota bien negra de pulgas, la suelta el ratón. El sapo hunde la mano en la miel del panal, y luego, muy sentado, pone la mano dulce al aire, a que la avispa golosa venga a ella: y el sapo se la traga. El murciélago trinca al cocuyo en el aire y le deja caer al suelo la cabeza luminosa.

29 de Marzo

Venimos de la playa, de ver haces de campeche y mangle espeso: venimos por entre la tuna y el aroma. Y un descalzo viene cantando desde lejos, con voz rajada y larga, una trova que no se oye, y luego ésta:

> *Te quisiera retratar*
> *En una concha de nacle*
> *Para cuando no te vea*
> *Alzar la concha, y mirarte.*

3 de Abril

La ingratitud es un pozo sin fondo, y como la poca agua, que aviva los incendios, es la generosidad con que se intenta corregirla. No hay para un hombre peor injuria que la virtud que él no posee. El ignorante pretencioso es como el cobarde, que para disimular su miedo da voces en la sombra. La indulgencia es la señal más segura de la superioridad. La autoridad ejercitada sin causa ni objeto denuncia en quien la prodiga falta de autoridad verdadera.

3 de Abril

Pasan volando por lo alto del cielo, como grandes cruces, los flamencos de alas negras y pechos rosados. Van en filas, a espacios iguales uno de otro, y las filas apartadas hacia atrás. De timón va una hilera corta. La escuadra avanza ondeando.

5 de Abril

David, de las islas Turcas, se nos apegó desde la arrancada de Montecristi. A medias palabras nos dijo que nos entendía, y sin espera de paga mayor, ni tratos de ella, ni mimos nuestros, él iba creciéndosenos con la fuga de los demás; y era la goleta él solo, con sus calzones en tiras, los pies roídos, el levitón que le colgaba por sobre las carnes, el yarey con las alas al cielo. Cocinaba él el "locrio", de tocino y arroz; o el "sancocho", de pollo y pocas viandas; o el pescado blanco, el buen "*mutton-fish*", con salsa de mantequilla y naranja agria: él traía y llevaba, a "gudilla" pura –a remo por timón–, el único bote: él nos tendía de almohada, en la miseria de la cubierta, su levitón, su chaquetón, el saco que le era almohada y colcha a él: él, ágil y enjuto, ya estaba al alba bruñendo los calderos. Jamás pidió, y se daba todo. El cuello fino, y airoso, le sujetaba la cabeza seca: le reían los ojos, sinceros y grandes: se le abrían los pómulos, decidores y fuertes: por los cabos de la boca, desdentada y leve, le crecían dos rizos de bigote: en la nariz, franca y chata, le jugaba la luz. Al decirnos adiós se le hundió el rostro, y el pecho, y se echó de bruces, llorando, contra la vela atada a la botavara. David, de las islas Turcas.

8 de Abril

Por el poder de *resistencia* del indio se calcula cuál puede ser su poder de *originalidad*, y por tanto de *iniciación*, en cuanto lo encariñen, lo muevan a fe justa, y emancipen y deshielen su naturaleza. Leo sobre indios.

DE CABO HAITIANO A DOS RÍOS[197]

18 de Abril. A las 9 1/2 salimos. Despedida en la fila. G. lee las promociones. El sargento *Pto. Rico* dice: "Yo muero donde muera el G. Martí". Buen adiós a todos, a Ruenes y a Galano, al Capitán Cardoso, a Rubio, a Dannery, a José Martínez, a Ricardo Rodríguez. Por altas lomas pasamos seis veces el río Jobo. Subimos la recia loma de Pavano, con el Panalito en lo alto y en la cumbre la vista de naranja de china. Por la cresta subimos... y otro flotaba el aire leve, veteado... A lo alto de mata a mata colgaba, como cortinaje tupido, una enredadera fina; de hoja menuda y lanceolada. Por las lomas, el café cimarrón. La pomarrosa, bosque. En torno, la hoya, y más allá los montes azulados, y el penacho de nubes. En el camino a los Calderos –de Ángel Castro– decidimos dormir, en la pendiente. A machete abrimos claro. De tronco a tronco tendemos las hamacas: Guerra y Paquito, por tierra. La noche bella no deja dormir. Silba el grillo; el lagartijo quiquiquea, y su coro le responde: aún se ve, entre la sombra, que el monte es de cupey y de *paguá*, la palma corta y espinada; vuelan despacio en torno las *animitas*; entre los nidos estridentes, oigo la música de la selva, compuesta y suave, como de finísimos violines; la música ondea, se enlaza y desata, abre el ala y se posa, titila y se eleva, siempre sutil y mínima –es la miríada del son fluido: ¿qué alas rozan las hojas? ¿qué violín diminuto, y oleadas de violines, sacan son, y alma, a las hojas? ¿qué danza de almas de hojas? Se nos olvidó la comida; comimos salchichón y chocolate y una lonja de *chopo* asado. La ropa se secó a la fogata.

21 de Abril. A las 6 salimos con Antonio, camino de San Antonio. En el camino nos detenemos a ver derribar una palma, a machetazos al pie para coger una colmena, que traen seca, y las celdas llenas de hijos blancos. Gómez hace traer miel, exprime en ella los pichones, y es leche muy rica. A poco, sale por la vereda el anciano negro y hermoso, Luis González, con sus hermanos, y su hijo Magdaleno, y el sobrino Eufemio. Ya él había enviado aviso a Perico Pérez, y con él, cerca de San

Antonio, esperaremos la fuerza. Luis me levanta del abrazo. ¡Pero qué triste noticia! ¿Será verdad que ha muerto Flor[198], el gallardo Flor? ¿Que Maceo fue herido en traición de los indios de Garrido; que José Maceo rebanó a Garrido de un machetazo? Almorzábamos buniato y puerco asado cuando llegó Luis —ponen por tierra, en un mantel blanco, el casabe de su casa. Vamos lomeando a los charrascales otra vez, y de lo alto divisamos al ancho río de Sabanalamar, por sus piedras lo vadeamos, nos metemos por sus cañas, acampamos a la otra orilla. Bello, el abrazo de Luis, con sus ojos sonrientes, como su dentadura, su barba cana al rape, y su rostro, espacioso, sereno y de limpio color negro. Él es padre de todo el contorno, viste buena rusia, su casa libre es la más cercana al monte. De la paz del alma viene la total hermosura a su cuerpo ágil y majestuoso. De su tasajo de vaca y sus plátanos comimos mientras él fue al pueblo, y a la noche volvió por el monte sin luz, cargado de vianda nueva, con la hamaca al costado, y de la mano el catauro de miel lleno de hijos. Vi hoy la yaguama, la hoja fénica que estanca la sangre, y con su mera sombra beneficia al herido: "machuque bien las hojas y métalas en la herida; que la sangre se seca". Las aves buscan su sombra. Me dijo Luis el modo de que las velas de cera no se apagasen en el camino, y es empapar bien un lienzo, y envolverlo alrededor, y con eso, la vela va encendida y se consume menos cera. El médico preso en la traición a Maceo, ¿no será el pobre Frank? ¡Ah, Flor!

9 de Mayo […] De suave reverencia se hincha el pecho y cariño poderoso, ante el vasto paisaje del río amado[199]. Lo cruzamos, por cerca de una ceiba, y, luego del saludo a una familia mambí, muy gozosa de vernos, entramos al bosque claro, de sol dulce, de arbolado ligero, de hoja acuosa. Como por sobre alfombra van los caballos, de lo mucho del césped. Arriba el curujeyal da al cielo azul, o la palma nueva, o el dagame que da la flor más fina, amada de la abeja, o la guásima, o la jatía. Todo es festón y hojeo, y por entre los claros, a la derecha, se ve el verde del limpio, a la otra margen, abrigado y espeso. Veo allí el ateje, de copa alta y menuda, de parásitas y curujeyes; el caguairán, "el palo más fuerte de Cuba", el grueso júcaro, el al-

mácigo, de piel de seda, la jagua, de hoja ancha, la preñada güi-
ra, el jigüe duro, de negro corazón para bastones, y cáscara de
curtir, el jubabán, de fronda leve, cuyas hojas, capa a capa,
"vuelve raso el tabaco", la caoba, de corteza brusca, la quiebra-
hacha, de tronco estriado, y abierto en ramos recios, cerca de
raíces (el caimitillo y el cupey y la picapica) y la yamagua, que
estanca la sangre: [...] Me sorprende, aquí como en todas partes, el cariño que se nos muestra, y la unidad de alma, a que no
se permitirá condensación, y a la que se desconocerá, y de la
que se prescindirá, con daño, o por lo menos el daño de demora, de la revolución, en su primer año de ímpetu. El espíritu
que sembré, es el que ha cundido, y el de la Isla, y con él, y guía
conforme a él, triunfaríamos brevemente, y con mejor victoria,
y para paz mejor. Preveo que, por cierto tiempo al menos, se
divorciará a la fuerza a la revolución de este espíritu –se le pri-
vará del encanto y gusto, y poder de vencer de este consorcio
natural–, se le robará el beneficio de esta conjunción entre la
actividad de estas fuerzas revolucionarias y el espíritu que las
anima. Un detalle: Presidente me han llamado, desde mi entrada al campo, las fuerzas todas, a pesar de mi pública repulsa, y
a cada campo que llego, el respeto renace, y cierto suave entusiasmo del general cariño, y muestras del goce de la gente en
mi presencia y sencillez. Y al acercarse hoy uno: Presidente, y
sonreír yo: "No me le digan a Martí Presidente: díganle General: él viene aquí como General: no me le digan Presidente".
"¿Y quién contiene el impulso de la gente, General?"; le dice
Miró: "Eso les nace del corazón a todos". "Bueno: pero él no es
Presidente todavía: es el Delegado.[200]" Callaba yo, y noté el
embarazo y desagrado en todos, y en algunos como el agravio.

Notas

1. Durante su estancia en Caracas, en el año de 1881, Martí fundó allí la *Revista Venezolana*. En su segundo y último número apareció este artículo, fechado el 15 de julio de dicho año, del cual sólo se reproducen los párrafos finales por el interés y la novedad de los juicios emitidos en ellos y en tan temprana fecha. Constituyen, de hecho, un ceñido prontuario de algunas de las nociones más importantes que se integraron en la ideología estética del modernismo.

2. El poeta romántico venezolano Juan Antonio Pérez Bonalde (1846-1893), exiliado de su país por la dictadura de Antonio Guzmán Blanco, vivió debido a ese motivo en Nueva York, donde coincidió con Martí, a quien había conocido cuando éste residió en Caracas. En Nueva York, Pérez Bonalde publicó, en 1882, su *Poema del Niágara*, con este "Prólogo" de Martí, al que muchos consideran, por el agudo diagnóstico de la época que esboza y la novedad de sus ideas estéticas, al manifiesto del modernismo hispanoamericano tanto como la primera toma de conciencia con el mundo moderno en el ámbito hispánico.

3. *Se midió con un gigante:* algunas anotaciones de la obra de Martí suponen que éste se refiere aquí al tamaño colosal de las cataratas del Niágara. Es más probable que aluda indirectamente al gran poeta cubano José María Heredia

(1803-1838), quien había cantado el mismo tema mucho antes (1825), y con gran fortuna literaria, en su composición titulada *Niágara*, la cual alcanzó en seguida una justa celebridad.

4. *En brazos de Alejandro y Cebetes*: en el siglo V, el literato Tiberio Claudio Donato escribió una *Vida* de Virgilio que llegó a ser muy conocida y a usarse posteriormente y con frecuencia como prólogo a las ediciones y traducciones del autor clásico. Allí escribe Donato: "Virgilio tuvo una afección particular por dos jóvenes esclavos. Uno se llamaba Cebes y el otro Alejandro. Este último, que fue el tema de una égloga (la Bucólica II, cuyo asunto es el amor desgraciado del pastor Corydon por el joven Alexis), le había sido regalado a Virgilio por su amigo Asinio Pollion. Los cuidados que aquél puso por formar el espíritu de ambos no fueron inútiles. Él hizo un poeta de Cebes y un gramático de Alejandro". Martí hace derivar la forma *Cebetes* del acusativo, y no del nominativo *Cebes*, que hubiera sido más correcta. (Cotejamos nuestra versión del texto de Donato por la edición francesa de *Les poesies de Virgile* (París, Frères Barbou, 1729) del P. F. Catrou, de la Compañía de Jesús. Innumerables son las traducciones de la *Vida* de Donato que omiten este pasaje.)

5. *Auvernés*: natural de Auvernia, antigua provincia del Sur de Francia. Tienen fama los auverneses de ser un pueblo de montañeses robustos, sencillos, honrados y hospitalarios, aunque rudos e ignorantes.

6. *Ugolino*: Dante, en los cantos XXXII y XXXIII de su *Infierno*, narra la historia del conde gibelino Ugolino della Gherardesca, quien, vencido por la familia rival de los Visconti en las luchas por el gobierno de la ciudad italiana de Pisa, concluyó su vida encerrado en una torre con sus hijos y nietos, donde murieron todos de hambre. Dante, en su versión, deja presumir que Ugolino devoró a sus hijos o, al menos, royó sus huesos. La veracidad histórica de este suceso ha sido muy discutida.

7. *Sin pujos de Valbuena ni rezagos de Ojeda:* referencias a Bernardo de Balbuena (1568-1627), autor del famoso poema épico *El Bernardo o la Victoria de Roncesvalles* (1624) y del poema descriptivo *Grandeza Mexicana* (1604), y al fraile dominico Diego de Hojeda (1570-1615), radicado en Lima, donde escribió uno de los más importantes poemas épico-religiosos del Siglo de Oro: *La Christiada* (1611). Por el contexto, en que se alude a la antigua poesía épica, de paciente elaboración, no es presumible pensar, como lo hacen algunos comentadores de Martí, que éste se refiere aquí al filólogo español Manuel de Valbuena (m. en 1821), quien había intervenido en el *Diccionario de Autoridades* de la Real Academia; como tampoco al periodista español Antonio de Valbuena (1844-1924), conocido por sus artículos satíricos sobre correcciones gramaticales.

8. *Jazmín del Malabar:* variedad de jazmín muy aromática, originaria de Malabar, en la costa S. O. del Indostán (región de la India).

9. *Vinci... Pompeya:* alusión a Leonardo da Vinci (1459-1519), el gran artista toscano del Renacimiento; en sus pinturas jugaba un papel importante la luz (el claroscuro), sacrificando así el detalle a la impresión general del conjunto. *Pompeya* era una hermosa ciudad de la antigua Italia, sepultada por una erupción del volcán Vesubio (79 d.C.); los mosaicos pompeyanos se caracterizaban por la minuciosidad y el detallismo de las figuras representadas.

10. *Fuegos de San Telmo:* fuego fatuo que, cuando la atmósfera está muy cargada de electricidad, suele dejarse ver en la arboladura de los buques.

11. El escritor irlandés Oscar Wilde (1854-1900), que llegó a ser la figura más destacada del esteticismo inglés de fines del siglo XIX, realizó una gira de conferencias por Canadá y los Estados Unidos entre 1881 y 1882. A una de ellas, ofrecida en la ciudad de Nueva York, asistió Martí, y le dio tema para esta pieza publicada original-

mente en *El Almendares* (La Habana), en enero de 1882, y reproducida después en *La Nación* (Buenos Aires) el 10 de diciembre del mismo año.

12. *Como la armoniosa eufonía:* en la edición de las *Obras completas* (1963-1973) de Martí, realizada por la Editora Nacional de Cuba y que es la que hemos seguido en lo general de nuestra antología, se lee esta frase en la forma que transcribimos. Otras ediciones dan una diferente lectura: *como el armonioso Euforión*, no rechazable dentro del contexto. Euforión, según un mito apócrifo, era un hijo alado de Aquiles y Helena. Goethe, en el *Fausto*, da este nombre al hijo de Margarita y Fausto.

13. *Prerrafaelitas:* se dio este nombre a un grupo de artistas (pintores especialmente) que se constituyó en Inglaterra hacia 1848, y los cuales, como reacción a la pintura convencional y académica de la época, proponían una vuelta a los principios estéticos, que a ellos les parecían más sencillos y naturales, practicados por los primitivos italianos anteriores a Rafael.

14. *Estetas:* Martí usa aquí este término para designar la tendencia general de los artistas ingleses de fines del siglo XIX que trataban de elevar la belleza a la categoría de supremo bien, por encima aún de la moral. El propio Wilde y Walter Pater figuraban entre los más destacados defensores de esta actitud.

15. *Keats:* John Keats (1796-1821), uno de los grandes poetas, con Byron y Shelley, de la segunda generación de románticos ingleses.

16. *Morris:* William Morris (1834-1896), uno de los más notables hombres de letras de la era victoriana, quien profesó ideas socialistas muy avanzadas para su tiempo. *El paraíso terrenal* es una serie de 25 poemas narrativos sobre temas clásicos y medievales.

17. *Gautier:* Théophile Gautier (1811-1872), gran poeta y narrador francés, sobresalió por su admirable cuidado del estilo, y debido a ello se le relaciona con los ideales estéticos de los parnasianos.

18. *Swinburne:* Algernon Charles Swinburne (1837-1909), poeta, dramaturgo y crítico inglés que se destacó por sus innovaciones y experimentos en el metro y la rima.

19. *Shelley:* Percy B. Shelley (1792-1822), el otro gran poeta del Romanticismo inglés, junto a Byron y Keats, de quienes fue coetáneo. A la muerte de este último escribió la famosa elegía *Adonais*.

20. *Cellini:* Benvenuto Cellini (1500-1571), el célebre orfebre y escultor italiano, por cuyo estilo laborioso y brillante se le relaciona ya con la tendencia estética del manierismo.

21. *Ralph Waldo Emerson* (1803-1882): notable poeta y pensador estadounidense, fue el principal exponente del trascendentalismo norteamericano, escuela filosófica enraizada en el idealismo alemán, las teorías de Platón y los neoplatónicos, y las doctrinas de los libros sagrados del Oriente. Este ensayo fue publicado originalmente en *La Opinión Nacional* de Caracas el 19 de mayo de 1882.

22. *Carlyle:* Thomas Carlyle (1795-1881), el gran pensador británico de la era victoriana. Una de sus obras más conocidas, *Sartor Resartus*, había sido publicada como volumen en Boston, en 1836, gracias al interés y cuidado de Emerson, que fue un gran admirador suyo.

23. *Estedman:* Edmund C. Stedman (1833-1908), poeta y crítico de los Estados Unidos, conocido también por sus importantes antologías de literatura inglesa y norteamericana de la época.

24. *Alcott:* Amos Bronson Alcott (1799-1888), escritor, pedagogo y filósofo norteamericano que colaboró con Emerson en el *Dial*, órgano de divulgación de los trascendentalistas. Emerson había dicho que para el ejercicio del puro intelecto no conocía a nadie como a Alcott.

25. *Frinés de la pena son esos poetillos jeremíacos:* Friné fue una famosa cortesana ateniense del siglo IV a. de J.C. de quien se dice que había servido de modelo a Praxiteles para sus más conocidas estatuas de Venus; *jeremíaco* es adjetivo derivado por antonomasia de Jeremías, uno de

los cuatro profetas mayores del Antiguo Testamento, célebre por sus libros de *Profecías* y de *Lamentaciones*.

26. *Concord:* ciudad norteamericana del estado de Massachusetts, en la Nueva Inglaterra. Fue la sede del grupo de los trascendentalistas. Allí había comenzado, el 19 de abril de 1775, la lucha que precipitó la guerra de independencia de los Estados Unidos.

27. *Túsculo:* ciudad de la antigua Italia que se convirtió en lugar de retiro y descanso de muchos romanos ilustres: Cicerón, Catón, César, etc.

28. *Swedenborg:* teósofo, hombre de ciencia y místico sueco (1688-1772). Sus ideas (afirmaba, entre otras cosas, la existencia de un mundo trascendente poblado de seres que obraban sobre el hombre mortal) tuvieron particular influencia en Inglaterra y los Estados Unidos.

29. *Brahma:* entre las varias acepciones de esta palabra, que designa genéricamente una de las principales divinidades de los hindúes, Martí parece emplearla aquí en el sentido de lo absoluto, el ser o el alma del mundo.

30. *Tyndall:* John Tyndall (1820-1893), físico y matemático inglés, autor de importantísimos trabajos sobre los más nuevos temas y hallazgos de la ciencia en su siglo.

31. *Baobab, sabino, samán:* el baobab es un árbol muy robusto del África tropical; el sabino, también muy corpulento y de la familia del pino, se da particularmente en la altiplanicie de México; el samán, de la América del Sur, es de iguales características y muy semejante al cedro del Líbano.

32. *Leónidas:* rey de la antigua Esparta, muerto heroicamente en lucha contra los ejércitos persas de Jerjes el año 480 a. de J.C. Su nombre ha quedado como símbolo de entereza y estoicismo.

33. Publicado este texto en *El Partido Liberal* (México), en tres números sucesivos del 4, 5 y 6 de noviembre de 1886 (aunque fechado en Nueva York el 15 de octubre de ese año), no se recogió en ninguna de las colecciones de *Obras Completas* de Martí, hasta que fue "rescatado", en fecha relativamente cercana, por Ernesto Mejía Sánchez

en su edición de *Nuevas cartas de Nueva York* (1980) de Martí (vid. Bibliografía). El escritor cubano no solía titular específicamente las correspondencias que enviaba a distintos periódicos hispanoamericanos; sino que solía encabezarlas con un *sumario*, detallado y a veces muy extenso, de los temas y aspectos, con frecuencia muy variados entre sí, de que en las mismas se ocupaba. Por nuestra cuenta hemos optado aquí por el rótulo de "El movimiento social y la libertad política", ya que señala las dos cuestiones mayores que desarrolla Martí en esta fundamental pieza suya (poco divulgada por las razones arriba expuestas, y que por vez primera se incluye en una antología de su prosa).

34. *Corregidor:* Martí emplea en esta crónica los términos de *Corregidor* y *corregimiento* en las acepciones, respectivamente, de alcalde y alcaldía. En otras crónicas suyas de ese mismo año (1886), y refiriéndose al mismo personaje, emplea Martí para este cargo la palabra *mayor*, transcribiendo literalmente la voz inglesa "mayor" (equivalente a alcalde, aún en nuestros días).

35. *Henry George:* economista y político estadounidense (1839-1896), de origen humilde y formación autodidacta. Como escritor alcanzó una gran popularidad desde su obra principal, *Progress and Poverty* (*El progreso y la pobreza),* aparecida en 1879 y que Martí menciona. Algunas de las propuestas económicas de George –principalmente la del "single tax" (impuesto único) sobre la tierra, que presuponía la desaparición de los demás– fueron muy difundidas en Inglaterra e Irlanda, y hasta tuvo adeptos en España, al punto de que se llegó a hablar de un "georgismo" en aquel tiempo. Sus ideas económicas y sociales, muy avanzadas para la época, partían de la premisa de que la renta derivada de la propiedad privada del suelo aumenta la injusticia social; y fueron condenadas por León XIII en su encíclica *Rerum Novarum* (1891). Henry George no ganó el cargo de alcalde de Nueva York por un estrecho margen.

36. *Walt Whitman* (1819-1892): fue uno de los mayores poetas de los Estados Unidos en el siglo XIX, y ejerció una gran influencia en la renovación del verso español que se inicia en Hispanoamérica a través del modernismo. En sus *Españoles de tres mundos* escribe Juan Ramón Jiménez: "Whitman, más americano que Poe, creo yo que vino a nosotros, los españoles todos, por Martí", refiriéndose a esta crónica, fechada en Nueva York el 19 de abril de 1887 y publicada ese mismo año en *El Partido Liberal* de México.

37. *Gladstone:* William E. Gladstone (1809-1898), político y hombre de estado inglés que profesó, hacia el final de su vida, ideas pacifistas y liberales. Tenía 78 años cuando Martí escribió esta pieza.

38. *Tennyson:* Alfred T. Tennyson (1809-1892), gran poeta inglés considerado como una de las figuras más importantes en la lírica de la era victoriana.

39. *Buchanan:* Robert Buchanan (1841-1901), literato escocés, autor de dramas y poesías. Por su estilo enérgico, se opuso en su tiempo a los refinados principios estéticos de los prerrafaelistas.

40. *Trenodia:* de treno, canto fúnebre por alguna desgracia o calamidad.

41. *Poe:* a Edgar Allan Poe (1809-1849) se le considera, con Whitman, una de las dos grandes figuras de la literatura norteamericana del siglo XIX. Además de "El cuervo", adquirieron pronta fama sus narraciones, llenas de fantasía y misterio. Sus ideas sobre la composición poética, de inmediata repercusión en Europa a través de Baudelaire, lo hacen uno de los iniciadores del espíritu moderno en la poesía.

42. *Safo:* la poetisa griega Safo, del siglo VI a. de J. C., se destacó particularmente por la intensidad pasional y la sinceridad de su poesía erótica.

43. *De Virgilio por Cebetes y de Horacio por Giges y Licisco:* para Virgilio y Cebetes (o Cebes), vid. nota 4. Giges (o Gyges) y Licisco son personajes literarios masculinos de Horacio: el primero da tema a una de sus *Odas* (Libro II,

5); el segundo aparece ocasionalmente mencionado en el *Epodo 11*, verso 24. En algunas traducciones castellanas de Horacio, el joven Licisco resulta extrañamente metamorfoseado en la cortesana Licisca. Como suele suceder en tales casos, la realidad histórica de estos personajes ha sido muy discutida.

44. *Broadway:* es la calle principal que atraviesa de Norte a Sur la isla de Manhattan, núcleo de la ciudad de Nueva York.

45. *Ami, exalté, accoucheur, nonchalant, ensemble:* voces francesas que significan, respectivamente, amigo; exaltado; comadrón o partero; negligente o perezoso; unión, conjunto o armonía.

46. *Édicos:* adjetivo que hace derivar Martí del libro de los *Eddas*, colecciones de la antigua literatura escandinava en verso y prosa.

47. Este texto fue pronunciado como discurso por Martí, en el Hardman Hall de Nueva York, el 30 de noviembre de 1889, en un acto organizado por los emigrados cubanos para honrar la memoria de José María Heredia, el cantor de la libertad de su patria. Sin embargo puede leerse hoy como un excelente ensayo de valoración histórica y literaria del poeta. Debido a su temprano destierro de Cuba, a causa de su participación en la conspiración de los Soles y Rayos de Bolívar (1823), y por sus composiciones de tema patriótico, Heredia era para los cubanos del siglo XIX el *poeta nacional* de su tierra.

48. Estrofa de una composición de Heredia ("La estrella de Cuba", escrita en 1893 poco antes de su destierro), considerada como su primera poesía revolucionaria.

49. *El padre:* don José Francisco Heredia (1776-1820). Ocupó altos puestos en la magistratura judicial de España, lo que le obligó a residir en varias posesiones de la Metrópoli en América durante los años inmediatamente anteriores a su independencia. Don José Francisco guió de su mano los estudios clásicos y humanísticos del poeta.

50. *A Marat y a Fouquier Tinville:* dos de las más radicales figuras de la Revolución Francesa: Jean-Paul Marat (1743-1793), muerto por Carlota Corday a consecuencia de las matanzas que aquél desatara en los últimos años de su vida; y Antoine Fouquier-Tinville (1747-1795), partidario de Robespierre y ejecutado en el cadalso.

51. *El maestro Correa:* en uno de los viajes impuestos por su cargo, el padre de Heredia dejó a su familia en la capital de Santo Domingo, donde el poeta, muy niño aún, residió de 1810 a 1812. Allí tomó lecciones de latín con el canónigo doctor Tomás Correa, conocido latinista de la ciudad.

52. *Donde Monteverde... triunfaba de Miranda:* Domingo Monteverde, que llegó a ejercer funciones de verdadero dictador, era un marino y militar español que dirigía en Venezuela el ejército realista. Francisco de Miranda (1750-1816), llamado el *Precursor* de la independencia americana, fue un famoso militar y patriota venezolano que inició en su país el movimiento de liberación. El *favor casual de la naturaleza* a que Martí alude aquí fue el terremoto que destruyó Caracas en marzo de 1812, impidiendo momentáneamente a los revolucionarios el llevar adelante sus planes.

53. *Del templo de San Jacinto:* en la plaza caraqueña de San Jacinto, llamada así por la iglesia de esta advocación y conocida después como la de "El Venezolano", tenía la familia de Bolívar una gran casa solariega.

54. *De un Páez:* José Antonio Páez (1790-1873), uno de los más destacados lugartenientes venezolanos de Bolívar, llegó a ser presidente de su país al obtener éste la independencia.

55. *Del bravo Girardot:* Atanasio Girardot (1791-1813), patriota colombiano y uno de los oficiales predilectos de Bolívar. Muerto en acción de guerra, su corazón fue enviado en una urna hasta Caracas.

56. *Oyó que Rocaurte, para que Boves:* Antonio Rocaurte (1786-1814), mártir de la independencia colombiana que

murió al dar fuego al polvorín de su ejército (*parque* está usado en el texto en este sentido de polvorín). José Tomás Boves (1783-1814) es el "horrible asturiano" al que Martí se refería antes. Sus famosos *llaneros* (hombres semisalvajes de los llanos de Venezuela, al servicio de los realistas) opusieron una dura resistencia a los ejércitos de Bolívar.

57. *Una cabeza de cura:* alusión al sacerdote mexicano Miguel Hidalgo (vid. nota 80), ejecutado por los españoles el 30 de julio de 1811.

58. *Y Grecia misma resucitando:* referencia a la insurrección de los griegos, iniciada por aquellos años de la vida de Heredia, contra la larga opresión que habían sufrido de los turcos. La rebelión griega comenzó en 1821, y lograron su libertad en 1829.

59. *Leónidas… Catón:* para Leónidas, vid. "Emerson", nota 32. Marco Porcio Catón, noble político y guerrero romano, opuesto a Julio César. Estoico de ideas, al ser vencido en un episodio de las guerras civiles de la República, se dejó morir desangrado.

60. *"Vamos, Hernández":* alusión muy elíptica (característica del estilo martiano) a un amigo de Heredia en su juventud: el joven doctor Juan José Hernández, complicado con el poeta en la conspiración cubana de los Soles y Rayos de Bolívar de 1823. Falleció en casa de un militar español, adonde había sido trasladado por enfermedad después de su arresto. Heredia le dedicó una composición titulada "Elegía", que se publicó en México el año de 1827; y le menciona también, como "el noble Hernández", en su conocida epístola en verso "A Emilia" (vid. nota 70), tan llena de referencias autobiográficas.

61. *De Estrampes… en Benavides:* nombres de cubanos que, mucho antes de la primera guerra de independencia (o de los Diez Años, iniciada al fin en el año de 1868), habían tratado de fomentar la lucha revolucionaria contra España en la Isla. Todos habían sido capturados y sufrido pena de muerte: Francisco de Estrampes, en 1854; *Plácido* (seudónimo del poeta romántico Gabriel de la Con-

cepción Valdés), en 1844; Joaquín de Agüero y Miguel Benavides, en 1851. (Hay también otros protomártires de la independencia cubana de apellido Agüero, y es difícil precisar a cuál se refiere Martí exactamente aquí.)

62. *El prudente Osés:* Blas Osés, amigo entrañable de Heredia, a quien éste conoció en México durante su estancia allí en 1819. Colaboró después con el poeta en la publicación *Biblioteca de Damas* que Heredia fundara en La Habana en 1821.

63. *El presidente Victoria:* Manuel Félix Fernández, que tomó el nombre de Guadalupe Victoria, fue el primer presidente constitucional de México, de 1825 a 1829.

64. *El gran Quintana Roo:* Andrés Quintana Roo (1787-1851), político, abogado, poeta y escritor mexicano, que intervino mucho en el periodismo y la vida pública de su tiempo.

65. *La silla togada:* a Heredia, que había estudiado leyes en Cuba, se le permitió ocupar en México posiciones oficiales en la administración de justicia.

66. *Alma de Volney:* Constantin F. de Chasseboeuf, conde de Volney (1757-1820), erudito y político francés, autor de libros históricos y de viajes; entre éstos, el muy conocido sobre *Las Ruinas de Palmira.*

67. *Batalla con los "yorkinos"… los "escoceses" parricidas:* la masonería que, como en otros muchos países hispanoamericanos, intervino activamente en la vida política de México, estaba allí dividida en dos tendencias o logias bien definidas: la tradicionalista y conservadora de los "escoceses", a la que se inculpaba de querer restablecer la monarquía; y la de los "yorkinos" o "yorkistas", que profesaban ideas liberales y hasta de cierto radicalismo para la época. Heredia militó entre estos últimos.

68. *Tiempos de Millevoye y de Delille:* alusión general a la época y estética neoclásica. Charles H. Millevoye (1782-1816) fue principalmente un poeta elegíaco y autor trágico francés, de quien Heredia hizo versiones al castellano. El abate Jacob Delille (1738-1813) logró renombre espe-

cialmente por su traducción en verso de las *Geórgicas* de Virgilio. Ambos tenían, en la Francia de esos años, reputación de escritores académicos y pulcros.

69. *En su Hesíodo hay sus tantos del Alfredo:* Heredia escribió una poesía bajo el título original de "Certamen de Homero y Hesíodo", que después, en la 2ª edición de sus obras (Toluca, México, 1832), redujo a "Homero y Hesíodo". En ambas versiones se hace constar, como precedencia temática, al escritor francés Millevoye (Vid. nota 68), autor, entre otras composiciones, de *Alfred, roi d'Angleterre*, poema trágico en cuatro cantos, muy conocido en su tiempo.

70. *Lesbia, Lola, María Pautret:* Lesbia es seudónimo de Isabel Rueda y Ponce de León, y Lola es Dolores Junco Morejón; ambas, jóvenes de la ciudad cubana de Matanzas, donde Heredia vivió, y a quienes dirigió algunas composiciones de tema amatorio. En el párrafo anterior Martí había mencionado a Emilia: es también seudónimo de otra joven matancera, Pepilla Arango, quien había escondido a Heredia en su casa al ser denunciado como conspirador, en 1823. El poeta conservó siempre por esta amiga un vivo afecto. María Pautret fue una bailarina que gozó de mucho éxito y popularidad, a la cual dedicó también una poesía de elogio.

71. En este párrafo y en el anterior, Martí va glosando algunas piezas poéticas de Heredia fácilmente localizables: "En mi cumpleaños", "Misantropía", "Proyecto". La alusión aquí va claramente dirigida al poema "En el Teocalli de Cholula" que, junto a "Niágara", fueron las dos composiciones más perfectas y famosas de Heredia.

72. *Un amigo piadoso:* referencia al poeta y crítico cubano Domingo Delmonte, amigo de Heredia en sus años juveniles y consejero valioso en su más temprana formación cultural. Fue el único que acudió a recibirle a su llegada a La Habana, en noviembre de 1836, cuando volvió allí, con el solo objeto de ver a su madre, después de 13 años de destierro.

73. *El corazón de Guarocuya:* al cacique indígena Enriquillo (la historia de cuya brava rebeldía contra los españoles de Santo Domingo en el siglo XVI fue narrada por Fray Bartolomé de las Casas en su *Historia de las Indias*) le atribuye el escritor dominicano Manuel de Jesús Galván el nombre de Guarocuya o Guarocuyá en su novela *Enriquillo* (1879-1882).

74. Este ensayo fue publicado originariamente en *La Revista Ilustrada* de Nueva York el 1 de enero de 1891, y reproducido poco después en *El Partido Liberal*, de México, el 31 de ese mismo mes y año. Junto al discurso conocido bajo el rótulo de "Madre América", son las dos piezas que de manera más concisa y comprensiva recogen la proyección y las inquietudes americanistas del pensamiento martiano frente a las amenazas de la expansión de los Estados Unidos. El título de este texto ha venido a quedar como la designación más entrañable del mundo iberoamericano para sus integrantes.

75. *Juan de Castellanos:* establecido en distintos lugares de América desde muy joven, el sacerdote y poeta español Juan de Castellanos (1522-1607) escribió en verso las extensísimas *Elegías de varones ilustres de Indias* (1589), interesantes por los numerosos datos sobre la vida y la historia americana del siglo XVI que aportan.

76. *Del hermano vencido:* posible alusión a las apropiaciones violentas de tierras vecinas entre los nuevos países hispanoamericanos, después de obtenida la independencia de España.

77. *Los increíbles de la Revolución francesa:* se dio este nombre, hacia los tiempos del Directorio en 1798, a ciertos jóvenes que vestían, gesticulaban y hablaban con una excesiva afectación, y quienes gustaban de la vida social elegante.

78. *Hamilton:* Alexander Hamilton (1757-1804), hombre de estado norteamericano que participó en la guerra de independencia; y después de ésta se destacó en la administración pública como secretario o ministro del Tesoro.

79. *De Sieyès:* Emmanuel-Joseph Sieyès (1748-1836), hombre de estado y publicista francés, que intervino en la redacción de la Declaración de los Derechos del Hombre y de la Constitución francesa de 1791.

80. *Un cura, unos cuantos tenientes y una mujer:* referencia al sacerdote y revolucionario mexicano Miguel Hidalgo (1753-1811), que en el pequeño pueblo de Dolores dio el 15 de septiembre de 1810 el grito de rebeldía que inició la guerra de liberación de México. La *mujer* aludida es Josefina Ortiz de Domínguez (m. en 1829), esposa de don Manuel Domínguez, Corregidor de Querétaro, a quien ella convirtió a la causa de la independencia. El poeta mexicano modernista Manuel Gutiérrez Nájera le dedicó una de sus más conocidas composiciones: "La Corregidora".

81. *Un canónigo español... al general de España:* el canónigo aludido es José Manuel Castilla, liberal español que impulsó a El Salvador a declarar su independencia; *el general de España* es el brigadier Gabino Gaínza, quien aceptó el mando político y militar del gobierno independiente de Guatemala. Ambos hechos ocurrieron el 15 de septiembre de 1821.

82. *Rivadavia:* Bernardino Rivadavia (1780-1845), hombre de ideas progresistas que fue presidente de la República Argentina en un breve lapso de tiempo (1826-1827).

83. *"A que le hagan emperador al rubio":* en 1822, el mismo pueblo mexicano exigió al Congreso del país, ya liberado de España, que declarase emperador al general mexicano Agustín Iturbide, quien gobernó en calidad de tal y bajo el nombre de Agustín I durante diez meses.

84. *Vincha:* pañuelo que usan los indios en la frente.

85. *Cojímar:* pequeño pueblo costero en el norte de la provincia cubana de La Habana.

86. *Dantzig:* puerto europeo en la costa del mar Báltico. Por mucho tiempo fue "Ciudad Libre" de Europa, y pertenece actualmente a Polonia.

87. *Zorrillesca:* alusión al estilo enfático del poeta romántico español José Zorrilla (1817-1893).

88. *Juárez:* el gran estadista liberal mexicano Benito Juárez (1806-1872), que fue el más insigne y progresista presidente de la república de México en el siglo XIX, era de origen indígena y humilde. El resto de la frase, en el texto, alude metafóricamente y por contraste al pomposo y largo gobierno dictatorial de Porfirio Díaz (que ocupó todo el final del siglo XIX y la primera década del XX, hasta precipitar la Revolución Mexicana de 1910).

89. *Del Bravo al Magallanes:* vale decir: de uno a otro extremo de la América hispana. Río Bravo del Norte nace en Colorado (USA), atraviesa Nuevo Méjico y Tejas, y desemboca en el Golfo de México. *Magallanes* es el nombre del estrecho meridional de la América del Sur, llamado así por su descubridor, el explorador Hernando de Magallanes.

90. *Gran Semí:* entre los indios antillanos precolombinos, el *Semí* era una divinidad en la cual encarnaban las fuerzas todas de la naturaleza.

91. *Julián del Casal* (Cuba, 1863-1893): fue, con el mismo Martí, los mexicanos Salvador Díaz Mirón y Manuel Gutiérrez Nájera, y el colombiano José Asunción Silva, uno de los iniciadores del modernismo hispanoamericano. A su muerte, José Martí escribió este breve obituario; el cual resulta interesante, sin embargo, por sus ideas estéticas y la descripción del estado por entonces de las letras en la América hispana que aquí sumariamente se intenta. Fue publicado el 31 de octubre de 1883 en *Patria*, el periódico que aquél había fundado en Nueva York, en 1882, para promover y animar la causa de la independencia cubana.

92. *Antonio Pérez:* el célebre hombre de estado y secretario de Felipe II, Antonio Pérez (1534-1611), fue desterrado de España en 1591 y se dedicó en Francia a escribir sobre sus experiencias en la corte española.

93. *El loco de Cervantes:* alusión al cuento, que relata Cervantes (*Don Quijote*, Parte II, Prólogo), del loco de Sevilla, quien dio por coger "algún perro en la calle" y le soplaba por un canuto hasta "que le ponía redondo como una pelota" y después lo soltaba.

94. Muchas veces fueron las que Martí se refirió, con la más humana y comprensiva entereza, al problema de las razas, que él negaba como tal problema, pero al cual, sin embargo, tendría que ver como nocivo en la preparación de la guerra de independencia de Cuba, con un pueblo naturalmente dividido en su composición racial. Este breve ensayo, publicado en *Patria* (Nueva York) el 16 de abril de 1893, es tal vez, y por su misma condición, uno de los textos más definitivos de Martí sobre el tema.

95. *En Guáimaro:* el 10 de abril de 1869, representantes de todos los cubanos alzados contra España en la primera guerra de independencia (llamada de los Diez Años por su duración, de 1868 a 1878), iniciaron en el poblado de Guáimaro (provincia de Camagüey) las sesiones de la Asamblea Constituyente que daría a la República en armas una constitución de tendencia republicana, democrática y representativa.

96. Este importante documento de Martí, escrito principalmente como advertencia y llamada de alerta a las tendencias de algunos grupos de cubanos que simpatizaban con la idea de la anexión de la Isla a los Estados Unidos, fue publicado en *Patria* (Nueva York), el 23 de marzo de 1894.

97. *Dakota:* uno de los Estados de la Unión norteamericana, situado hacia el centro de la nación y de los menos desarrollados por aquellos años.

98. *Schenectady:* ciudad norteña del estado de Nueva York, de las más progresistas y avanzadas de esa zona.

99. *Petersburg:* hay varias ciudades y villas con este nombre en los Estados Unidos. Por el contexto, puede presumirse que Martí se refiere aquí a la ciudad sureña de Petersburg, en el estado de Virginia. Su sitio y ocupación por las fuerzas federales o norteñas en el último año de la guerra de Secesión (1865) le había dado gran notoriedad histórica.

100. *Segundo Imperio:* el establecido en Francia por Napoleón III, sobrino de Napoleón I, entre los años de 1852 y 1870.

101. En Montecristi, lugar y puerto de la costa norte de la República Dominicana, firmaron Martí y Máximo Gómez este importante *Manifiesto del Partido Revolucionario*, redactado por aquél y dado a conocer cuando se acababa de iniciar ya en Cuba la última guerra de independencia contra España. En él se asientan las causas, bases y procedimientos de la revolución que emprendían los cubanos; y refleja puntualmente el firme pensamiento democrático civilista y comprensivamente humano de Martí.

102. *Yara:* en Yara, caserío de la provincia de Oriente, habían dado el grito de rebelión contra España, el 10 de octubre de 1868, los cubanos que allí dieron comienzo a la primera gran guerra de independencia, o de los Diez Años (1868-1878).

103. *Máximo Gómez:* el general del ejército cubano de liberación Máximo Gómez (1836-1905) había nacido en Bani (República Dominicana). Fue uno de los jefes insurrectos más destacados en las dos grandes guerras de independencia de Cuba: la de los Diez Años, y la última y definitiva (1895-1898). En ambas llegó a desempeñar la jefatura suprema del mando militar.

104. Es el primer trabajo en prosa de Martí, escrito a los 18 años de edad y publicado en Madrid en 1871, durante su primera deportación a España. Está dividido en doce secciones, las cuales, por su intenso carácter poético, dramático y plástico, pueden considerarse como cantos de un vasto poema mural. Por su extensión no es posible reproducirlo en su totalidad. Es de admirar la temprana modalidad visionaria y expresionista del estilo martiano en el fragmento XII (final) de este texto.

105. *Mane, Thecel, Phares:* amenaza profética que, según la Biblia, escribió una mano invisible en las paredes de la sala donde el rey babilónico Baltasar celebraba su último festín cuando el rey persa enemigo Ciro entraba ya en sus dominios. En el *Libro de Daniel, V*, este profeta dice a Baltasar su interpretación del misterioso texto: "*mene,* ha contado Dios tu reino y le ha puesto fin; *tequel,* has sido

pesado en la balanza y hallado falto de peso; *ufarsin*, ha sido roto tu reino y dado a los medos y a los persas".

106. En los últimos pasajes suprimidos, a partir del VI, Martí presenta aisladamente varios casos ilustrativos de los horrores del presidio: Lino Figueredo, el inocente niño de 12 años (VII); Juan de Dios, el negro idiotizado en cuyas espaldas "la luz del sol había dibujado más de un siglo" (VIII); el negrito Tomás, de 11 años (IX); Ramón Rodríguez de Alvarez, de 14 (X); y el conato de suicidio del joven Delgado (XI). Algunos de ellos aparecerán de nuevo evocados de una manera expresionista en la sección XII y final: "alucinante recapitulación en que las descripciones se tornan visiones", según el decir de Cintio Vitier, y que aquí reproducimos.

107. En el mes de mayo de 1881, Madrid y toda España celebraron con grandes festejos el segundo centenario de la muerte de Calderón de la Barca, ocurrida el 25 de mayo de 1681. Sin haber asistido a ellos (pues residía por entonces en Venezuela), y basándose sólo en las noticias leídas en las publicaciones madrileñas de la época, Martí escribió sobre esos actos dos vívidas crónicas. Ambas aparecieron en *La Opinión Nacional* de Caracas, en 1881: una, bajo el título de "Centenario de Calderón. Primeras nuevas"; y esta segunda que reproducimos, la cual vio la luz el 23 de junio del mismo año. Para dar animación, colorido y veracidad a sus descripciones, Martí incluye aquí numerosísimas menciones de personajes, importantes y secundarios, tanto de la época de las fiestas (últimas décadas del siglo XIX) como de los tiempos de Calderón (que son principalmente los de los dos últimos reyes de la casa de Austria en el siglo XVII: Felipe IV y Carlos II) y de otros períodos de la historia española. Abundan también las de instituciones, sitios y calles del Madrid antiguo; de conocidas imprentas (las de Rasco y de Arámbura); y de los periódicos (*El Día, El Espejo, El Demócrata*), y periodistas (Alonso de Riaña) de donde Martí obtiene su información. Debido a la larga cantidad de estas referencias y alu-

siones, nos limitamos a identificar aquellas que juzgamos menos conocidas o fundamentales para la inteligencia del texto.

108. *Las bodas del rey... Luisa:* alusión a Carlos II (1661-1700), llamado *el Hechizado*, y a su primer matrimonio con la francesa María Luisa de Orleáns, sobrina de Luis XIV.

109. *"Frascuelo", "Lagartijo":* los dos más famosos toreros de la época, Salvador Sánchez Toledano (1842-1892) y Rafael Molina (1841-1900), entre los cuales se estableció una fuerte y popular rivalidad.

110. *Del joven rey Alfonso:* el rey Alfonso XII (1857-1885), de la casa de Borbón, había subido al trono en 1875, y tenía sólo 24 años de edad cuando estas fiestas.

111. *Institución Libre de Enseñanza:* la importante asociación madrileña de fines pedagógicos, animada por un decidido espíritu liberal, que había fundado don Francisco Giner de los Ríos en 1876.

112. *El Ateneo de la otra:* el Ateneo de Madrid era una reconocida institución de cultura, de proyección también liberal, que funcionaba en esa ciudad desde 1820. Participó con entusiasmo en la celebración del centenario de Calderón, y recogió en una memoria todos los actos que organizara con tal motivo. (Vid. *El Ateneo de Madrid en el centenario de Calderón,* Madrid, 1881).

113. *Del rico venturoso:* se refiere al Marqués de Salamanca (1811-1883). Hijo de un comerciante malagueño, llegó a reunir una de las mayores fortunas de su tiempo, y en ocasiones participó activamente en la vida política española.

114. *Del 27:* se refiere al 27 de mayo del año de la celebración.

115. *Goripas* (o *guripas*): en lenguaje de germanía, "golfillo o pilluelo" (entre otras acepciones). La arena que, según Martí, solían vender, era extraída de las piedras de los ríos y se empleaba como producto de limpieza para lavar.

116. *Cánovas, Sagasta:* los dos políticos españoles más importantes de la segunda mitad del siglo XIX fueron el conservador Antonio Cánovas del Castillo (1828-1897), y el

más centralista Práxedes Mateo Sagasta (1827-1903), ca-
racterizado este último por su propensión al oportunis-
mo político (a lo que tal vez alude Martí bajo el calificati-
vo de *mefistofélico*).

117. *Mota:* moneda de cobre, y genéricamente, en lenguaje de
germanía, "dinero".

118. *Tiempos de Olivares y de Valenzuela:* se refiere Martí aquí,
en general, al siglo XVII. El Conde-Duque de Olivares
(1587-1645) fue el español más poderoso de sus años,
como valido de Felipe IV; don Fernando Valenzuela (1636-
1689) lo fue de su sucesora, la reina gobernadora doña Ma-
riana de Austria (viuda de Felipe IV desde 1665) y, después,
valido también del hijo de ambos, Carlos II *el Hechizado.*

119. *A su hermoso y áspero Felipe:* Felipe I de Castilla (1478-
1506), hijo de Maximiliano de Austria y apodado *el Hermoso*, casado con la princesa doña Juana, hija a su vez de
los Reyes Católicos. Una ardiente pasión no correspondi-
da hacia su esposo llevó a ésta a una progresiva locura, y
de ahí su sobrenombre.

120. *Don Carlos:* Carlos II, *el Hechizado.*

121. *La rama de oliva de los inquisidores:* en todo este pasaje,
Martí resume brevemente los procedimientos y ceremonias del tribunal de la Inquisición (o del Santo Oficio, o
de la Fe), cuyas sentencias eran publicadas y puestas en
práctica en los *autos de fe*, solemnidades que revestían carácter religioso y cívico a la vez.

122. *De Montalbán benévolo:* a partir de esta alusión, Martí pasa
revista apretada (a veces de un modo brevemente alusivo) a
las grandes figuras españolas de las letras y las artes en los siglos de oro. Sucesivamente: el poeta dramático Juan Pérez
de Montalbán (1602-1638); la escritora mística Santa Teresa
de Jesús (1515-1582); el pintor y escultor granadino Alonso
Cano (1601-1667); el dramaturgo Juan Ruiz de Alarcón
(1581-1639), nacido en México; el gran polígrafo y máximo poeta Francisco de Quevedo y Villegas (1590-1645);
dos de los mayores pintores del barroco: Francisco de Zurbarán (1598-1662) y Bartolomé Esteban Murillo (1617-

1682); el genial Miguel de Cervantes (1547-1616), de quien nace toda la novela moderna; el dramaturgo Fray Gabriel Téllez, de sobrenombre *Tirso de Molina* (1584-1648), que adquirió gran fama por sus caracteres femeninos; Lope de Vega (1562-1635), el padre del teatro nacional español; Garcilaso de la Vega (1503-1536), el primer gran poeta del Renacimiento; Mateo Alemán (1547-1614?), el más grave entre los cultivadores de la novela picaresca; el fabulista neoclásico Tomás de Iriarte (1750-1791), y Antonio de Solís (1610-1686), que escribió de nuevo la historia de la conquista de México con más sentido poético y pulcritud artística que con rigor histórico. (Como se ve, Iriarte es el único de los mencionados que rebasa los límites del período áureo español.)

123. *De su Caupolicán y de su Glaura:* en el mayor poema épico-histórico del siglo de oro, *La Araucana*, del vasco-madrileño Alonso de Ercilla (1533-1594), Caupolicán es, como lo fue en la realidad histórica, el jefe de los rebeldes araucanos; la indígena Glaura es sólo un personaje femenino secundario que aparece en la Parte II, Canto XXVIII.

124. *Con El Alcalde:* alusión a personajes y títulos de las dos obras más conocidas de Calderón de la Barca. Segismundo es el protagonista del drama filosófico *La vida es sueño*; la otra pieza a que se alude es el drama trágico *El Alcalde de Zalamea.*

125. *De burlones chorizos y alborotadores polacos:* en el siglo XVIII se les dieron los nombres festivos de *chorizos* y de *polacos*, respectivamente, a los partidarios de las dos compañías de cómicos rivales de Madrid. Este último partido estaba capitaneado por el trinitario descalzo padre Polaco, y a él pertenecían figuras tan ilustres como Meléndez Valdés, Forner y Moratín.

126. Al día siguiente de ser inaugurada oficialmente la Estatua de la Libertad en la ciudad de Nueva York (el 28 de octubre de 1886), Martí escribió esta crónica que publicó *La Nación*, de Buenos Aires, el 1 de enero de 1887. Al conocerla, Domingo F. Sarmiento recomendó al escritor ar-

gentino Paul Groussac que la tradujese al francés, aña-
diéndole: "En español nada hay que se parezca a la salida
de bramidos de Martí, y después de Victor Hugo, nada
presenta la Francia de esta resonancia de metal".

127. *Lafayette:* el marqués de La Fayette (1757-1834), militar
y político francés que colaboró activamente en la guerra
de independencia de los Estados Unidos, y tomó parte en
la batalla de Yorktown. Participó después en la Revolución Francesa.

128. *Con el ejército de Rochambeau y la armada de De Grasse:* el
conde de Rochambeau (1725-1807) fue un general francés que llevó 6.000 hombres de su país a los Estados Unidos en apoyo a su guerra de independencia y contribuyó
también a la victoria de Yorktown. El conde de Grasse
(1722-1807), marino francés que, al frente de su escuadra, interceptó el avance de las tropas inglesas hacia Yorktown, facilitando así el triunfo de los norteamericanos en
esta batalla.

129. *Contra el inglés Cornwallis y lo rinden en Yorktown:* la batalla
sostenida en Yorktown (estado de Virginia) el 19 de octubre
de 1781, contra el ejército del militar británico Charles
Cornwallis (1738-1805), se considera la victoria definitiva
de los norteamericanos en su guerra de liberación.

130. *La Isla de Bedloe:* pequeña isla en la bahía de Nueva York
donde fue colocada la Estatua. Actualmente se la conoce
como *Liberty Island.*

131. *Bartholdi*: la Estatua fue obra del escultor francés Fréderic
A. Bartholdi (1834-1904), nacido en la Alsacia.

132. *Laboulaye:* Edouard René Laboulaye (1811-1883), literato y político francés, a quien se atribuye la idea de la Estatua. No llegó a verla instalada pues murió pocos años antes de su inauguración.

133. *Henry Martin* (1810-1883): historiador y político francés,
autor de una difundida *Historia de Francia.*

134. *Lesseps:* Ferdinand de Lesseps (1805-1894), diplomático
francés, promotor y realizador del canal del Suez que
pudo concluir en 1869. Suya fue también la iniciativa de

la construcción del canal de Panamá.

135. *Spuller, el amigo de Gambetta:* Eugène Spuller (1835-1896), político y escritor francés, fue gran amigo, secretario y colaborador de Leon Gambetta (1838-1882). Este último, de origen italiano, fue figura prominente en la guerra franco-prusiana (1870-1871) y llegó a establecer durante ese tiempo una verdadera dictadura en Francia. En este mismo párrafo, Martí menciona numerosas personalidades francesas, políticas y militares, que asistieron como invitados a los actos de inauguración de la Estatua, y que no estimamos necesario identificar. La mayor parte de los actos heroicos a que se aluden fueron episodios de dicho conflicto bélico entre Francia y Alemania (Prusia).

136. *A pedir la Alsacia para Francia:* a consecuencia de la citada guerra franco-prusiana, que terminó catastróficamente para Francia en 1871, este país perdió los territorios fronterizos de Alsacia y de Lorena, tradicionalmente suyos.

137. *Presidente Cleveland:* Grover Cleveland (1837-1908) fue presidente de los Estados Unidos en dos períodos: de 1885 a 1889, y de 1893 a 1897. En el primero de ellos se celebraron los actos que aquí se describen.

138. *Al Monitor:* el monitor es un barco de guerra de pequeño calado, lo que le permite navegar por vías fluviales. Tomó su nombre del *Monitor,* barco de este tipo usado con éxito por los federales o norteños en la guerra civil o de Secesión (1861-1865) entre los estados del Norte y del Sur.

139. *De Columbia:* una de las más antiguas y prestigiosas universidades de los Estados Unidos, fundada en Nueva York el año de 1754.

140. *Ni el Apolo de Rodas:* los periódicos neoyorquinos de la época publicaron por aquellos días continuas menciones de las numerosas estatuas colosales del mundo, modernas y de la antigüedad, a las cuales venía ahora la de la Libertad a aventajar en proporciones. Martí debió de tomar de tales artículos las referencias que acumula en este párrafo. Como el contexto permite una mínima localización de

las mismas, nos eximimos de identificar aisladamente cada una de ellas.

141. *El sacerdote Storrs:* Richard S. Storrs, pastor protestante norteamericano del siglo XIX, orador sagrado y escritor que intervino notablemente en la vida religiosa y pública del condado neoyorquino de Brooklyn y de todo el país.

142. *Hepworth Dixon:* historiador y viajero inglés (1821-1879), que escribió numerosas obras históricas, biográficas y libros de viajes.

143. *Go ahead:* expresión inglesa; en castellano: adelante.

144. *El senador Evarts:* William M. Evarts (1818-1901), destacada figura del Partido Republicano y miembro del Senado, por el estado de Nueva York, entre 1885 y 1891.

145. *El orador de plata:* Chauncey Depew (1834-1928), abogado, legislador y orador norteamericano. Ocupó altos puestos en los sistemas de ferrocarriles que poseía la acaudalada familia de los Vanderbilt, a la que se cita más adelante.

146. *Mount Vernon:* lugar del estado de Virginia, donde George Washington tuvo su hogar, y fue allí enterrado.

147. *El "noventa y tres":* alusión al año de 1793, o del *Terror*, el más cruel y violento por los derramamientos de sangre de toda la Revolución Francesa, iniciada en 1789.

148. *De Olmütz:* ciudad de Moravia en la Europa Central, famosa por sus murallas, fortificaciones y prisiones. Allí estuvo preso La Fayette en 1792.

149. *Doxología:* canto de gloria y oración para dar gracias por alguna victoria.

150. Posible referencia a "Good-bye, My Love, Good-bye", canción de origen inglés (atribuida a T. H. Allen, y compuesta hacia 1882). Era muy popular, en ambos lados del Atlántico, durante las últimas décadas del siglo XIX, y es conocida aún en nuestros días.

151. El terremoto que destrozó la ciudad de Charleston ocurrió el 31 de agosto de 1886. La crónica de José Martí, que no presenció el accidente, fue escrita el 10 de septiembre, y publicada en *La Nación*, de Buenos Aires, el 15 de octubre del mismo año. Según Allen W. Phillips, la

fuente más inmediata de información de que se valió el
autor fueron las narraciones del suceso publicadas por
Henry Grady en el diario *New York World* del 1 al 9 de
septiembre.

152. *La ciudad de Charleston:* una de las más antiguas ciudades
del Sudeste de los Estados Unidos, situada en el estado de
Carolina del Sur, con importante puerto en el Atlántico.
Fue, en los primeros tiempos del conflicto, uno de los cen-
tros mayores de la guerra civil o de Secesión (1861-1865),
provocada por los estados esclavistas del Sur, o confedera-
dos, frente a los norteños antiesclavistas, o federales; y la
cual terminó con el triunfo de éstos. Todas las referencias
bélicas que hay en estas páginas aluden a esta guerra.

153. *El fuerte Sumter:* una de las fortificaciones situadas en la
entrada a la bahía de Charleston. El ataque a este fuerte,
el 12 de abril de 1861, rompió el fuego entre los dos grupos de estados.

154. *La barca Puig:* el puerto de Charleston mantenía en el siglo XIX un activo comercio con varias naciones europeas;
y las embarcaciones de bandera española superaban con
creces el tonelaje de las de los otros países. Es posible que
Martí aludiera aquí a algún naufragio de una nave pequeña ("barca"), probablemente de la catalana Compañía
Naviera Puig, pues los registros del puerto documentan
muchos sucesos de esta índole.

155. *Aquel Calhoun:* aquí Martí recuerda a importantes personajes de la política y la diplomacia, nacidos todos en
Charleston: John C. Calhoun (1782-1850), James Gaddens (1788-1858), Edward Rutledge (1794-1800) y To-
mas Pinckney (1746-1828).

156. *Salón hiberniano:* relativo a Hibernia, nombre latino de
Irlanda; por tanto irlandés.

157. *El ardiente MacGrath:* su nombre correcto, tal como lo
registran los diccionarios de historia norteamericana, era
Andrew Gordon Magrath (1813-1893), y fue un juez federal del estado de Carolina del Sur, quien se convirtió en
líder del movimiento secesionista sureño. Aquí alude

Martí al episodio en que Magrath pronunció un comba-
tivo discurso llamando a la acción, al final del cual renun-
ció a su cargo (que lo ligaba a la Unión) y se quitó la toga
o traje oficial del mismo. No murió durante la guerra de
Secesión, como puede dar a entender el texto.

158. *Summerville:* en este párrafo, y en el siguiente, se mencio-
nan varias ciudades más o menos próximas a Charleston.
Todas (con excepción de Savannah, que pertenece al estado de Georgia) se encuentran en el de Carolina del Sur.

159. *Sodoma y Gomorra:* las antiguas ciudades de Palestina
destruidas por una lluvia de fuego, según la Biblia, como
castigo divino a los pecados de sus habitantes.

160. *El monte Horeb:* uno de los picos del monte Sinaí, en Ara-
bia, donde Moisés recibió de Dios, en medio de una zar-
za de fuego, la Ley de su pueblo.

161. *Gneis:* es una roca pizarrosa de la misma composición del
granito.

162. *Alleghanys:* sistema montañoso del Oeste de América del
Norte, también llamado de los Apalaches, que corre paralelo a la costa del Atlántico.

163. Publicada en *La Nación* el 1 de enero de 1888, esta pieza
había sido escrita por Martí el 13 de noviembre de 1887
(sólo dos días después del desenlace de los acontecimien-
tos narrados). "El proceso de los siete anarquistas de Chicago", otra pieza anterior del autor (fechada el 12 de septiembre de 1886) y conocida bajo este título, contenía,
siguiendo allí el escritor la corriente general de la opinión
pública dominante entonces, juicios muy duros y violentos contra los procesados. En esta que aquí se reproduce,
redactada a más de un año de aquélla, la actitud del cubano, ante los hechos de que ahora da cuenta más detallada,
es muy diferente. Ahondando desde su aguda sensibilidad moral en la penosísima situación económica de la
clase obrera en los Estados Unidos y en las injusticias sociales que la condicionaban; advertido ya de que una parte de la misma opinión pública había cambiado sensible-
mente ("Chicago pide clemencia con el mismo ardor con

que pidió castigo", escribe ahora); y conocedor de "la torpeza y crueldad" del proceso, Martí trata aquí, si no de
disculpar, sí de comprender y explicar las circunstancias
del "drama terrible" que motiva esta crónica. Aparte de la
solidez de sus argumentaciones morales de valor permanente, un hecho posterior ratifica el correcto y justiciero
giro, en Martí, respecto a su valoración de estos sucesos.
Seis años después de la ejecución de los cuatro anarquistas que fueron finalmente sentenciados a muerte, en
1893, el gobernador de Illinois, John Peter Altgeld, al
conceder la amnistía y el perdón de los que no habían
sido ajusticiados, declaró que todos los condenados, aun
los cuatro ahorcados, eran inocentes del crimen por el
que se les había juzgado y que fueron víctimas de la histe-
ria y de jurados manipulados y prejuiciados.

164. *John Brown:* líder abolicionista norteamericano (1800-
1859). Con sólo cinco de sus hijos y un pequeño grupo
armado, se apoderó en el estado de Virginia del arsenal de
Harper's Ferry el 16 de octubre de 1859 (o sea, antes de la
llamada guerra de Secesión) con la intención de conseguir
armas para los negros. Sometido a un juicio sumario, fue
ahorcado el 2 de diciembre de ese mismo año. Es figura
que, desde el folclore de los Estados Unidos, se conserva
en una marcha-canción aún popular hoy en este país.

165. *Howells:* William Dean Howells (1837-1920). Poeta, novelista y crítico norteamericano, a quien se considera uno
de los escritores realistas más sobresalientes de los Estados
Unidos. Aunque nacido en Ohio, su prolífica carrera literaria se inició en Boston y llegó a tener tanta influencia
en su tiempo que se le llamó "el Decano de las letras norteamericanas". Sus obras últimas, de denuncia social, ponían de relieve las condiciones de la situación obrera de
fines del siglo XIX en aquel país. (Para los hispanos, Howells tiene mucho interés debido a su conocimiento y
preocupación por la literatura española, habiendo publicado un libro de viajes por España y traducido algunas

obras de Vicente Blasco Ibáñez y de Manuel Tamayo y Baus.)

166. *Adler:* Felix Adler (1851-1933), educador y reformador norteamericano nacido en Alemania. Instalado en Nueva York desde 1870, fundó allí la Sociedad de Cultura Ética (1876), con el propósito de promover la religiosidad, sin sujeción a credos o sectas, y de mejorar la vida moral de los niños. Autor de varias obras de intención moralizante y reformista, en 1902 pasó a ser profesor de ética política y social en la Universidad de Columbia. (El *Train* que Martí menciona en ese mismo párrafo, difícil de localizar desde nuestros años, debió de ser un simpático y pintoresco personaje del cual el cronista cubano pudo tener noticias, como era frecuente en él, a través de la prensa del día.)

167. *Heine:* Heinrich Heine (1797-1856). De ascendencia judía, fue uno de los más singulares poetas del romanticismo alemán por haber llevado a sus versos, con frecuencia en grados extremos, la llamada ironía romántica. En prosa tienen gran interés sus impresiones de viajes, notable antecedente de la crónica moderna, donde dio entrada a esbozos sobre la democracia en Europa y a polémicas agresivas y diatribas sociales. Las "tres maldiciones terribles de Heine", a que aquí se hace referencia, constituyen el asunto de un popular poema suyo que más adelante Martí transcribe íntegramente, traducido al español, en esta misma pieza.

168. *Saint-Just:* Louis Antoine Léon Saint-Just (1767-1794). Político francés que, además de su participación activa en la Revolución Francesa, puede considerarse como uno de los ideólogos más destacados de la misma (en 1791 publicó *Esprit de la Révolution et de la Constitution de la France*). Habiendo colaborado con Robespierre, fue guillotinado junto a éste el 27 de julio de 1794.

169. *Desmoulins:* Camille Desmoulins (1760-1794). Otra figura prominente de la Revolución Francesa, la cual había sido pronosticada por él en algunos juveniles ensayos su-

yos. Al oponerse a la radicalidad del Terror, y haberse puesto del lado de Danton, fue juzgado por el Comité de Salud Pública, encabezado por Robespierre, y guillotinado el 5 de abril de 1794.

170. *Redaño:* palabra hoy de poco uso, designa un repliegue o prolongación del peritoneo (que es la membrana que cubre el interior del vientre, y da envoltura y sostén a la mayor parte de las vísceras abdominales).

171. *Como en el Sinaí, entre truenos:* al descender Jehová al monte Sinaí, para entregar a Moisés las Tablas de la Ley (que contenían de los Diez Mandamientos), "aconteció que al tercer día, cuando aclaró la mañana, vinieron truenos y relámpagos, y espesa nube sobre el monte, y sonido de bocina muy fuerte; y se estremeció todo el pueblo que estaba en el campamento" (*Éxodo*, 19, 16).

172. *Un joven bello:* referencia anticipada a *Louis Lingg*, en quien luego se detendrá más específicamente el cronista.

173. *El americano Parsons:* Albert R. Parsons, periodista y político nacido en Alabama. Fue director y propietario de varias publicaciones periódicas. Abogó intensamente por los derechos civiles de los negros y la jornada de ocho horas de trabajo para todos los obreros.

174. *Spies:* nacido en Alemania, había emigrado en 1872 a Nueva York donde se dedicó a la tapicería de muebles. Bajo su dirección, el *Arbeiter Zeitung* (*Diario del Trabajador*) se convirtió en el diario en alemán de mayor circulación en los Estados Unidos.

175. *Engel:* George Engel (Alemania, 1836). Se inició como zapatero en su país natal, antes de emigrar en 1873 a los Estados Unidos. Establecido en Chicago, abrió con su esposa una tienda de juguetes. La legal organización laboral a la que pertenecía, llamada la "Black International" (la "Internacional Negra"), publicó un manifiesto donde recomendaba el uso de la fuerza en las luchas contra el capitalismo.

176. *Lehr und Wehr Verein:* organización clandestina armada, fundada en 1875 por un pequeño grupo de socialistas alemanes con el fin de protegerse.

177. *¿Y Lingg?:* Louis Lingg, alemán establecido en Chicago, dividía su tiempo entre el oficio de carpintero y su voluntad de agitación laboral. Tuvo, voluntariamente, y como se verá, un final distinto al de los otros tres anarquistas ya descritos sumariamente por Martí.

178. *Tannhäuser o Lohengrin:* Tannhäuser fue un legendario poeta lírico alemán del siglo XIII; Lohengrin, otro personaje tradicional alemán de la Edad Media, relacionado con la leyenda del Santo Grial. El romanticismo retomó e idealizó estas figuras; y así Richard Wagner los hizo protagonistas de dos de sus óperas: *Tannhäuser* (1845) y *Lohengrin* (1847). De esa idealización debe proceder la hermosura juvenil que aquí les atribuye Martí.

179. *Y mientras Schwab...:* Martí procede aquí a identificar, muy brevemente, a los otros cuatro procesados. Son los siguientes: *Michael Schwab* (alemán, nacido en 1853), encuadernador de libros y gran lector él mismo de Goethe, Schiller y otros románticos alemanes. Fue colaborador de Spies en el *Arbeiter Zeitung* y publicó su autobiografía en el periódico laboral *Knights of Labor* (*Los Caballeros del Trabajo*); *Samuel Fielden*, el único inglés de los procesados (nacido en 1847), llegó a ser el orador y difundidor de las ideas y postulados de la Asociación Internacional de los Trabajadores, a la que pertenecía; *Adolph Fischer*, alemán, sin fecha de nacimiento conocida, cooperaba como tipógrafo en el periódico de Spies, y *Oscar Neebe* (Nueva York, 1850), fue trasladado por sus padres a Alemania para que recibiera "una buena educación", y a su regreso se estableció en Chicago, donde trabajaba como camarero en una posada frecuentada por los obreros de la fábrica McCormick.

180. *Most:* Johann Most (Aubsburgo, Alemania, 1846-Cincinnati, Estados Unidos, 1906). Activista extremoso y demagógico en favor de las causas del socialismo y el anarquismo, fundó varios periódicos de propaganda revolucionaria en Berlín, Viena, Londres y Nueva York. Sufrió numerosos encarcelamientos por la expresión de sus violentas ideas

radicales; entre éstas, la de que el asesinato de un gobernante no podía considerarse un crimen (tal como sostuvo
en un editorial publicado en Nueva York tras la muerte
del presidente McKinley, lo que valió otra más en la larga
serie de sus habituales condenas a presidio).

181. *Las segadoras de McCormick:* referencia a la McCormick
Harvesty Co., fábrica de maquinaria agrícola, en las cercanías de Chicago, cuya larga historia de conflictos labo-
rales culminó en la muerte de los obreros que precipitó el
desenlace del "drama terrible".

182. Los sucesos de la plaza Haymarket que pasa el cronista a
narrar aquí, ocurrieron el 4 de mayo de 1886. Para cuatro
días antes, el 1 de mayo, la Federación de Trabajadores
había señalado la fecha límite para la concesión de la jornada diaria de ocho horas de trabajo a los obreros; pero
en toda la Unión norteamericana, sólo 20.000 de ellos
lograron la justa demanda en el límite fijado. Y ese mismo día comenzaron, en consecuencia, huelgas y demostraciones de protesta en numerosas ciudades del país, que
vinieron a coincidir con la trágica manifestación de
Chicago. Desde entonces se instauró el 1 de mayo como
fecha del "Día Internacional del Trabajo", que observan
actualmente (con la excepción de los Estados Unidos) todas las naciones del mundo.

183. *Robespierre, Marat, Danton:* las tres figuras mayores y más
radicales de la Revolución Francesa. Georges Danton
(1759-1794) y Maximilien Robespierre (1758-1794) murieron en la guillotina que ellos mismos habían levantado
como instrumento mortífero indispensable para castigar
los desviacionismos políticos y asegurar así el triunfo de la
Revolución. Paul Marat (1743-1793) murió apuñalado
por la fanática Charlotte Corday.

184. *Tinvilles, Hanriots, Chaumettes:* alusión rápida a Antoine
Fouquier-Tinville (1764-1795), François Hanriots
(1759-1794) y Pierre Chaumette (1763-1794): tres figuras menores de la Revolución Francesa, que ganaron sin
embargo triste notoriedad por sus actitudes extremada-

mente radicales y sus acciones violentas. Los tres murieron guillotinados, víctimas del "Terror" que ellos mismos
habían contribuido a mantener. Tal vez por errata en la
publicación original de este texto, todas sus reproduccio-
nes escriben *Henriots* en lugar de *Hanriots*, que es la forma correcta.

185. *Colchydium:* producto derivado del cólquico, droga alca-
loide y estimulante. El cólquico crece en los prados húmedos de la Europa Central y Meridional.

186. *La causa Trumbull:* por Lyman Trumbull, juez de la Corte Suprema del estado de Illinois y senador federal durante 18 años. Fue uno de los norteamericanos más promi-
nentes entre los que protestaron contra el veredicto en el
caso Haymarket, y pidió que se conmutara la sentencia.

187. *Lucy Parsons:* a la "mulata" Lucy Parsons, que recorriera los
Estados Unidos hablando en defensa de su marido, había
dedicado Martí unas páginas llenas de comprensión y simpatía. Se encuentran en una crónica suya sobre "la mujer
norteamericana", fechada por el autor el 17 de octubre de
1886, y publicada en *El Partido Liberal*, de México, exactamente un año antes del ahorcamiento de los anarquistas.

188. El poema que aquí transcribe Martí, más conocido por
el título de "Los tejedores silesianos" ("Die schlesischen
weber"), fue escrito por Heine en ocasión de la trágica y
malograda revuelta de los tejedores de Silesia, y publicado en la revista *Vorwärts* (Adelante) el 10 de junio de
1844 durante la residencia de su autor en París. Los
obreros reimprimieron el poema en pliegos sueltos que
distribuían en las posadas alemanas, donde se declamaba
y aplaudía. Fue considerado un manifiesto revolucionario, que Heine no incluyó en ninguno de sus libros (tal
vez por su reconocida adversión a la poesía partidista y
de consigna).

189. *La capa de fuego del profeta Elías:* en la historia de Elías,
profeta de Israel (siglo IX a. de C.), cuenta la Biblia: "Y
acaeció que mientras ellos [Elías y Eliseo] iban caminan-
do y conversando, un carro de fuego, con caballos de fue-

go, pasó entre los dos, y Elías fue arrebatado en un torbellino hacia el cielo" (*Libro de los Reyes*, II, 2, 11).

190. *Corchete:* funcionario menor del sistema judicial, que seguía órdenes de un juez o magistrado.

191. *Vereins:* en alemán: uniones, sindicatos.

192. Crónica fechada en Nueva York el 15 de marzo de 1888, y publicada en *La Nación* el 27 de abril del mismo año. La tormenta de nieve que Martí describe en esta pieza fue considerada la mayor de Nueva York en el siglo XIX; y es curiosa la coincidencia de que la que hasta el presente ostenta análogo rango en el XX ocurrió en la misma fecha: el 13 de marzo, ésta en 1993. Los medios de comunicación pusieron mucho énfasis en tal coincidencia cuando se produjo esta última tormenta.

193. Este texto apareció en *La Edad de Oro* (Vol. 1, n° 2, agosto de 1899), la revista para niños fundada y escrita totalmente por Martí en Nueva York. Es un precioso ejemplo de la capacidad del escritor para adaptar el tono de su voz y su estilo a oídos infantiles.

194. Este primero, de los dos últimos diarios de Martí, fue escrito entre el 14 de febrero y el 8 de abril de 1895, en el trayecto de Montecristi (Santo Domingo) a Cabo Haitiano (Haití), cuando Martí iba camino hacia Cuba, donde ya se iniciaba la última guerra de independencia. Está dedicado a María y Carmen Mantilla, las dos hijas de Carmen Miyares. En los fragmentos aquí reproducidos, y del mismo modo en los correspondientes al segundo diario, abundan las referencias a lugares geográficos (ciudades, poblados, ríos, etc.) de Santo Domingo y Haití, y después de Cuba, así como a militares importantes, compañeros de viaje o de campaña y aun personajes ocasionales, y también frecuentes alusiones de estricto sentido local (nombres de árboles, animales, comidas, etc.). Por ser muy numerosas, y por no considerarlo del todo imprescindible para la comprensión del texto, nos eximimos de su identificación precisa, con algunas excepciones que estimamos procedentes.

195. *El General:* se refiere aquí al general Máximo Gómez con quien Martí se había reunido en Montecristi, para desde aquí partir hacia Cuba.

196. *Vaudous:* el vudú (o *voudou*) es un fenómeno religioso primitivo que se considera procedente de la Costa de Oro, en África. En algunos lugares de América, principalmente en Haití, aparece organizado como secta, con sus ritos, sacerdotes, ceremonias y sacrificios (incluido el humano).

197. Este último diario de Martí, escrito casi totalmente ya en campaña, corresponde a los dos meses finales de su vida: abril y mayo de 1895. Fue publicado por primera vez en 1940, junto al *Diario de Campaña del Mayor General Máximo Gómez, 1868-1899*.

198. *El gallardo Flor:* alusión al bravo mulato Flor Crombet, uno de los jefes militares cubanos más valientes, que había luchado en la guerra de los Diez Años y ayudado a preparar la nueva revolución.

199. *Del río amado:* el Cauto, el río más caudaloso de Cuba, en la provincia de Oriente, que ya Martí había citado en el párrafo anterior.

200. *El Delegado:* Martí actuaba en la guerra como Delegado del Partido Revolucionario Cubano que había organizado la nueva insurrección, es decir, como representante de la rama civil en la dirección de la guerra.

Acerca de José Martí
y su obra

José Martí, pionero de la prosa modernista hispanoamericana

por José Olivio Jiménez

La personalidad literaria y humana de José Martí

Entre los fundadores americanos del modernismo hispánico, que fueron sus verdaderos iniciadores, ocupa el cubano José Martí (1853-1895) un primerísimo lugar. Lo que como renovador audaz hizo en el terreno de la prosa, sólo puede tener parangón con lo que en el verso realizara poco después Rubén Darío. Martí fue el genial prosista de aquel movimiento, como Darío fuera el poeta genial de esa misma época. Esto no implica, desde luego, regatearle méritos a la prosa de Rubén, autor de cuentos en verdad innovadores así como de ensayos y crónicas también de altísimo valor. Ni tampoco, y aún menos, subestimar la calidad anticipatoria de la poesía de Martí, que pudo saltar las estéticas de su época; pues "su modernidad —escribía Federico de Onís en 1934, juzgándole como poeta— apuntaba más lejos que la de los modernistas, y hoy es más válida y patente que entonces"[1].

Nuestra selección ha aspirado, sin embargo, a presentar sólo al prosista, al escritor a quien debemos, principalmente en su trabajo periodístico, la fundación de una nueva escritura[2]. Y por ello debo constreñir estos comentarios a esa labor periodística suya en ensayos y crónicas. Fue Martí, muy en síntesis, quien dotó a la prosa en lengua castellana del modernismo de una riqueza estilística y de un peso ideológico —generoso en vetas temáticas muy variadas y en múltiples previsiones cargadas de futuridad– que resultaron impares entre los prosistas de sus años. Y es esa ecuación entre el escritor, que abre una nueva época en el estilo, y el pensador, que diagnostica agudamente el presente y avizora de modo asombroso el porvenir, lo que le asegura no sólo aquel puesto de honor histórico-literario que comenzamos por atribuirle, sino también su más rigurosa actualidad.

Y van así, escuetamente enunciadas, dos de las facetas que su trabajo creador exhibe, pero las cuales debemos precisar algo más. Igualmente se hace imperativo, al mismo tiempo, añadirle otra dimensión, la social, que, si nuestra intención fuera la de armar la imagen de un Martí *total* y no sólo referirnos a su labor en prosa, debió haber sido la primera en ser advertida. Anunciados quedan, pues, los tres rostros mayores de su cabal personalidad que ahora pasamos muy sumariamente a describir. La verdad es, sin embargo, que esas tres faces, y todas las demás que pudiéramos descubrirle, se dieron en él dentro de una rara y fértil unidad, que hace tan ubérrima y compleja su integral entidad humana y literaria.

De entrada, pues en el terreno del arte de la palabra andamos, hay que señalar al escritor consciente y preocupado de la belleza y la libertad expresiva: a un escritor afanoso, en consecuencia, por dar flexibilidad y sangre nueva a la modulación literaria de una lengua que cuando ellos, los primeros modernistas, se iniciaban en las letras, percibían en un lamentable estado de esclerosis, sequedad y postración. Y tal fue, en el estricto nivel del lenguaje artístico, el santo y seña común de los escritores modernistas: lo que permite unir bajo ese rubro genérico de *modernismo* a tantos talentos extremosamente individualistas y prácticamente irreductibles entre sí. Martí, con el rigor de lo que era en él todo un programa estético y con la amplitud ondulante y nerviosa a la vez de su estilo (que incorporaba aun el visionarismo de sesgo expresionista), fue quien con mayor tenacidad había de llevar nuestra lengua literaria, y los contradictorios códigos de pensamiento que en ella encontraron viabilidad comunicativa, no sólo al modernismo sino hasta las puertas mismas de la modernidad[3].

Y dando basamento y solidez a esa tarea del artista, nos hallamos ante –y esto ya se adelantó– el pensador fuerte, viril, cargado de la recia savia ética de su solar hispano; aunque ciertamente librado de las mostrencas consignas dogmáticas a las que con frecuencia nuestra misma y tradicional moral hispana suele ser proclive. Martí fue un pensador enérgicamente moral, pero dentro de una tesitura que sólo aceptaba el sentimiento y la práctica del amor como única ley impostergable: "que el amor sea moda", llegó a pedir. Y por ello sigue siendo un auténtico guía espiritual de la humanidad, el mayor que en tal sentido ha dado Iberoamérica, y aún más allá de estos límites.

Y por fin –pero repito: tal vez ante todo– nos espera en Martí el generoso hombre de acción, inspirado por los más nobles intereses: la entrega de su vida a la causa de la independencia de su patria y, con ella, la total de las Antillas. Y también, ante la amenaza del expansionismo de los Estados Unidos (y a ello volveremos con mayor detalle), urgido por su deseo de servir a la seguridad de la América toda y al equilibrio del mundo. Le sostenía, pues, una inquebrantable voluntad de lucha que vino la muerte, casi buscada en el campo de batalla frente al ejército español, a nimbar de un halo glorioso de heroísmo. Lamentablemente, la misma estatura heroica que así alcanzó, ha contribuido en gran parte a que un público mayoritario le conozca sólo en función de tal sacrificio, y le valore únicamente como un patriota y un revolucionario, mártir de sus mismos ideales.

En verdad, y como hemos apuntado, fueron tres, mínimamente, sus rostros públicos: el del escritor, el pensador, el revolucionario. No es posible violentar su misma y prístina moral de la armonía, que tan vigorosamente profesara, contemplándole de modo parcial bajo una sola de estas luces. El propio Martí era consciente de esa estrecha vinculación entre la palabra y el acto; y refiriéndose al periodismo, que fue el destino natural y casi único de su prosa, exclamó: "¡Tiene tanto el periodista de soldado!" Únicamente tratando de abarcarle en esa singularísima y entrañable relación que en él se dio, podremos aproximarnos algo a una imagen cierta del entero Martí.

Martí y el periodismo

Fue la de Martí una prosa adensada de simbologías, cromatismos y musicalidad inusuales en su época, y a ello debe su alto rango artístico e innovador. Explicativa y demorada esa prosa suya en grandes tramos, como levantada sintácticamente sobre los moldes de la abundosa prosa del barroco, y sobre los recursos de la oratoria (que tan briosamente practicara), de aquí emanan, en principio, el paso lento y armonioso de su escritura, con frecuencia discernible en cadencias versales, tanto como la capacidad suasoria de sus decires. Pero interrumpiendo tal *tempo* o andadura natural, y como para condensar a veces los amplios desarrollos en que se prodigaba, emergía en su misma escritura otro ritmo de muy distinto mecanismo articulatorio. Y éste, frente a aquel otro despacioso, ofrecía un eficaz contrapunto: era el ritmo sincopado y nervioso de la frase breve y rápida, en múltiples ocasiones de índole sentenciosa y aforística. Así funcionaba su estilo de pensar y escribir: casi como un método o sistema propicio para mantener en vilo a los lectores y transmitir a éstos el sano didactismo moral, o el puro placer estético, que sobre ellos quería siempre ejercer de modo inmediato. Porque siendo la suya, en una inmensa mayoría, prosa periodística, como se dijo, tenemos que buscar sus más altos momentos en textos que recogían los hechos y situaciones del día para su recreación literaria, más o menos pronta, en las publicaciones periódicas para las cuales escribía. Todos los trabajos suyos que se reúnen en esta antología (con sólo las pocas excepciones que se han señalado) estaban destinados a los diarios y las revistas en que colaboraba.

Pero salgamos al paso a cualquier connotación rebajadora que a la función periodística podamos aquí atribuirle. En aquellos tiempos, finales del siglo XIX, la prensa era algo muy distinto –y superior– a la inane y seca información de noticias a que, desafortunadamente en gran medida, vino después a reducirse lo que en sí podía (y puede) comportar una noble misión orientadora y educativa: o sea, el periodismo. En las crónicas que aquellos modernistas primeros escribían –Martí, Manuel

Gutiérrez Nájera, Julián del Casal, Rubén Darío– está la fragua (aspecto del que nos ocuparemos después con mayor explicitud) del lenguaje modernista en toda su variedad y riqueza estilística. Y también el cauce natural, en la conquista de su originalidad, para cada escritor.

Es un dato significativo que las tres modalidades de la prosa que Martí favoreciera –el periodismo, la oratoria y el género epistolar– estuvieran marcadas por el designio de una búsqueda de comunicación inmediata y vivaz, por la búsqueda de un destinatario seguro en quien encontraran un rápido eco sus palabras. Ello respondía, en Martí, a su urgente necesidad del amor. Por esto le comunica en carta a Bartolomé Mitre y Vedía, el director del importante diario *La Nación*, de Buenos Aires, al iniciar sus correspondencias allí: "… no escribo con sosiego, ni con mi verdadero modo de escribir, sino cuando siento que escribo para gentes que han de amarme". Y "amorosas", con el amor que pone el poeta en sus palabras, era también la mayoría de las cartas que dirigía a sus amigos íntimos (y Martí hacía entrar fácilmente en su intimidad a toda persona honrada), porque esas cartas son, al decir de Unamuno, "cartas de poeta". Y encendidos de amor fueron todos sus discursos políticos, porque los inspiraba el amor a la patria, y el análogo sentimiento que profesaba a los oyentes, compatriotas suyos en quienes quería sembrar, con la mayor fuerza, aquella otra devoción mayor a la que consagrase su vida.

Libros en prosa, no los escribió (salvo su ocasional novela *Amistad funesta*, único ensayo suyo en el género). No le daba tiempo, para la vasta empresa que supone la redacción de un libro, el ritmo afiebrado de su vivir, aunque en mente tuvo siempre la voluntad de escribir algunos. Sin embargo, hay varias referencias, en sus cartas y cuadernos de apuntes, a esa voluntad; principalmente a uno que debía llevar el título de "El sentido de la vida". El libro, pues, estaba en su mente: su realización, fragmentaria, se hizo realidad en los trabajos que a la prensa enviaba. Al mismo escritor no se le escapaba esa dramática escisión; y en aquella carta al director de *La Nación*, a que antes nos referimos, le declara: "Es mal mío no poder concebir nada en retazos, y hacer los artículos de diario como si fueran libros..." Es una gran suerte que esas correspondencias se hayan salvado; porque en ellas está el libro enorme –y variado, complejo, profundo– que Martí, unitariamente, no pudo escribir.

En la *Cronología* que sigue a estas páginas se datan los períodos de publicación de las crónicas (llamémoslas por ahora así, genéricamente) que Martí enviaba a tres de los más grandes rotativos de la América hispana donde colaboró: *La Opinión Nacional* de Caracas, *La Nación* de Buenos Aires (con el cual estuvo vinculado por mayor tiempo) y *El Partido Liberal* de México. Pero ya desde adolescente, en sus años del bachillerato en La Habana, había estrenado sus incipientes armas en volanderas publicaciones estudiantiles: *El Diablo Cojuelo* y *La Patria Libre*. En su primera deportación a España, entre 1871 y 1874, vieron la luz unos pocos artículos políticos suyos en *La Soberanía Nacional* de Cádiz y en *La Cuestión Cubana* de Sevilla. En México (1875-1877) se encargó de redactar, bajo el seudónimo de *Orestes*, unos "Boletines" para la *Revista Universal* donde comentaba muy diversos aspectos de la vida nacional. En Venezuela, y en 1881, edita y escribe enteramente los dos únicos números de su *Revista Venezolana*; y comienza a escribir, para *La Opinión Nacional*, unos sueltos informativos que se recogen bajo el título de "Sección Constante".

Ya en Nueva York, y en el mismo año de su llegada allí en 1880 (antes, pues, de su breve estancia en Venezuela), publica artículos en inglés, sobre temas de arte, en *The Hour*; y comienza sus colaboraciones, en francés, en el periódico *The Sun*. Y además de aquellos tres diarios citados inicialmente en este recuento, en la década del 80 aparecerán artículos suyos en *La República* de Honduras y en *La Opinión Pública* de Montevideo. En Nueva York fue redactor y después director de la revista *La América*; y algo más tarde colaborará también en otra revista de esa ciudad: *El Economista Americano*.

Y ha quedado para el final, porque también ocupa sus últimos años, la mención de dos empeños periodísticos muy queridos por Martí pues fueron anhelo y creación suyos. Uno, en 1889, la fundación en Nueva York de una revista para niños,

La Edad de Oro, cuyos únicos cuatro números, escritos totalmente por Martí, constituyen en conjunto un libro impar en la literatura infantil de su época. Y por fin *Patria*, también fundado por él en 1892 como órgano del Partido Revolucionario Cubano, que en ese mismo año creará Martí para la preparación de la nueva guerra de independencia cubana. Había abandonado ya todos sus compromisos de colaboraciones en aquellos importantes periódicos hispanoamericanos antes enumerados. Pero debe decirse que fueron éstos, al ser reproducidas las crónicas que allí aparecían en otros veinte diarios de aquellos países, los que cimentaron la fama americana del escritor (pues fue Martí el prosista hispano más leído en nuestra América durante la década de 1880). Para *Patria*, ahora, escribirá principal pero no exclusivamente artículos políticos. Se había clausurado el gran período de sus impresionantes "escenas norteamericanas"; pero "nunca el periodista lo fue tan pleno como desde las páginas de *Patria*", escribe Félix Lizaso, quien explica la razón de su juicio: "Es que estaba entonces al servicio de su misión primera: la misión apostólica que entraba en su etapa final" ("Normas periodísticas de José Martí", 246). Y como información bibliográfica de interés anoto que de los modos y recursos del escritor cubano como periodista, en general, ofrece un buen resumen estilístico Jorge Marbán en su artículo "Evolución y formas en la prosa periodística de José Martí".

Pero de toda esa ingente labor martiana para la prensa, lo de mayor relieve y perennidad es el vasto mural que nos dejó de la vida de los Estados Unidos en los años 80: esas "Escenas norteamericanas" que recién mencionamos. Son las que tiene en cuenta básicamente Susana Rokter en su libro citado en la nota 2. Allí recuerda la autora cómo el mismo Martí, en su "Prólogo al *Poema del Niágara*", de 1882, al comparar las épocas de antaño (cuando eran aún posibles "aquellas luengas y pacientes obras") con el presente inestable y mutable, llega a la conclusión de que, en razón de esa misma condición del presente, éste sólo permite "pequeñas obras fúlgidas". Y apoyándose la escritora en tal conclusión de Martí, llega a la suya propia. Y al así hacerlo, ofrece aquélla una excelente síntesis valorativa del arte de Martí en su prosa periodística, y en general de la crónica modernista en la América hispana. Merece reproducirse íntegramente esa valoración de la profesora Rokter:

> *Las pequeñas obras fúlgidas fueron poemas y fueron crónicas*; fueron, en la práctica, el nuevo modo de escribir en prosa en Hispanoamérica, un modo por fin independiente —en asunto y forma— de los moldes heredados de España y Europa en general. En los textos periodísticos modernistas se encuentran características de otras literaturas, pero en un *sincretismo* tan peculiar que revela un lenguaje y una sensibilidad distintos. Hay en el estilo de Martí huellas de la poesía francesa e inglesa, de la filosofía alemana y norteamericana, del conceptismo renacentista, de la pintura y la escultura del Occidente finisecular, de los diarios de Nueva York y de la retórica clásica; hay de Whitman, de Gracián o de Emerson; se parece un poco a todos y no es, en verdad, más que él mismo. Pero las pequeñas obras fúlgidas no sólo revelaron un sincretismo y originalidad particulares, sino lo fragmentario como cosmovisión. (Rokter, 158)

Lo fragmentario, sí, como cosmovisión; y consecuentemente, como incidencia en la escritura. Y por ello estamos en Martí, y sin esto suponer el señalamiento de ninguna dispersión caótica, ante la emergencia de un discurso asistemático, antiteórico, e igualmente fragmentario. Ello nos lleva a un problema inminente: si el valor cimero de la prosa de Martí, en términos axiológicos es, y como se dijo, la gran carga ideológica sobre la que descansa, ¿cómo llegar a ella, cómo trazar nítidamente las líneas generales de ese pensamiento suyo que, resuelto en fulgurantes chispazos o cuando más en pequeños desarrollos, da sin embargo la mayor riqueza a sus crónicas? Los ejes rectores existen, no cabe duda; sólo que corre a cuenta de los lectores la tarea de descubrirlos con aproximada precisión, y la no menos ardua de ensamblar tales ejes.

El pensamiento de Martí

Esta fragmentación ha sido, en efecto, el mayor obstáculo que se les ha presentado a los estudiosos de su pensamiento: tener que desprenderlo, aislada y cuidadosamente, de las narraciones de hechos o sucesos que dan la base argumental de sus crónicas, de su descripción de las situaciones que presenta, de sus referencias a los problemas de toda índole que la realidad norteamericana le ofrecía a su pupila de testigo y cronista. A falta de algún libro, y aun (con sólo unas pocas excepciones) de ensayos extensos y específicos del propio Martí, centrados teórica y coherentemente en esta o aquella cuestión de las muchas que le preocupaban, esos estudiosos a que aludía se han visto en la necesidad de desglosar pacientemente, derivándolos de los contextos generales de sus escritos, sus precisos planteamientos. Y con sus glosas, algunos de ellos han llegado a armar libros aun voluminosos: aquellos que el mismo Martí no pudo organizar y escribir. No le es posible, al autor de estas rápidas notas de presentación, articular el vasto y variadísimo pensamiento martiano en unas cuantas líneas esquemáticas. En su lugar, lo único que aquí le será hacedero es conducir mínimamente, a los lectores, hacia algunas de esas guías de que hoy disponemos.

Y mi primera sugerencia, en tal sentido, es el valioso *Esquema ideológico* de José Martí, publicado en 1961 por Manuel Pedro González e Ivan A. Schulman. La sección IV de dicho *Esquema*, dedicada de modo particular a "El pensador", se distribuye en ocho subsecciones donde se ilustran respectivamente, transcribiendo pasajes y fragmentos del Maestro, sus *ideas* filosóficas, estéticas, morales, sociales, sobre las razas, sobre la educación, políticas y económicas. Esta simple enumeración da cuenta ya del matizadísimo registro de intereses de Martí. A ello ha de sumarse su sólida doctrina poética y literaria (documentada en las secciones II y III del mismo libro), con lo cual se completa la imagen integral del pensador y artista que fue Martí. Nuestra deuda con González y Schulman es, por ello, impagable[4].

Otra indicación de interés, en la misma dirección, va hacia los tres volúmenes que nos ha venido entregando, con alguna periodicidad, el profesor Roberto Agramonte. En ellos ha considerado, respectivamente, lo que sus títulos declaran: *Martí y su concepción del mundo* (1971); *Martí y su concepción de la sociedad* (1979); y *Las doctrinas educativas y políticas de Martí* (1991). En esos libros, y desde el personal y ponderado juicio del autor, se articulan las ideas martianas, dándoles a éstas la organicidad y el "sistema" de que, en su formulación original, parecían carecer. Es el rescate del Martí *total* lo que así ha logrado, sorteando de ese modo el posible riesgo que la "atomización" de su pensamiento pudiera llevar acarreado.

Las sumarias indicaciones bibliográficas que anteceden obedecen al propósito de suplir en algo nuestra dificultad de resumir eficazmente, en esta introducción, *todas* las vetas ideológicas de Martí. Sin embargo, y porque proveen el fundamento de muchos de los textos del autor que nuestra selección recoge, habremos de detenernos ahora en dos pares de cuestiones, en cada uno de los cuales son inextricables los respectivos términos duales que lo constituyen. El primero de esos pares es de gran universalidad y permanencia en el pensamiento de Martí, y lo integran sus ideas filosóficas y morales. El segundo, que nada cede en importancia al anterior, pero que ha cobrado una notoria actualidad (como se verá), está articulado por el binomio –a nuestro juicio, indisoluble– de su ideario político y sus preocupaciones sociales. A ello accedemos a continuación.

Ideas filosóficas y morales.–
No estamos, en Martí, ante un filósofo que dejara, en un tratado orgánico y coherente, el cuerpo total de sus doctrinas. Sí fue, en cambio, un "escritor filosófico", tal como lo presenta Jorge Mañach, siguiendo muy de cerca a Samuel Butler; entendiendo por tal "el caso de quien, con poseer en propio una visión original del mundo, una intuición fundamental y matriz, y haber adquirido conciencia de tan importante propiedad, la ha dejado, sin embargo, implícita, sin revelarla, sin traducirla y

articularla en sistema, en virtud de causas que pueden ser múltiples…". Una de esas causas, señaladas por el mismo Mañach, es "la falta de tiempo como en el caso del autor muerto joven o de vida malograda"[5]. No fue la de Martí una vida malograda, pero sí murió joven; y le faltó tiempo, además, para dedicarse plenamente a eso que suele llamarse, con harta impropiedad, actividades "desinteresadas" del espíritu.

De aquí, otra vez, el fragmentarismo de su discurso filosófico. Por ello todos los estudiosos del mismo se ven obligados a señalar su *eclecticismo*, derivado por modo natural de su convicción de que "la filosofía no es más que el secreto de las varias formas de la existencia". Una de esas formas es la vida del espíritu; otra, que más que complementaria es inherente a ésta, sería la vida de la materia, de lo material, en que también la realidad humana consiste. Así, se le han señalado siempre influencias de las filosofías de signo idealista, desde el platonismo y el neoplatonismo hasta el trascendentalismo y el krausismo de su siglo; y por otra parte, las lecciones, en principio opuestas, del positivismo, el determinismo y el pragmatismo (que un ideador de pueblos jóvenes y nuevos no podía desconocer). En suma: filosofías del espíritu y filosofías de la razón; al final, en Martí: la síntesis, la integración, el sincretismo. Porque esas oposiciones no lo eran para él si recordamos, en sus palabras, que "donde la razón campea, florece la fe en la armonía del mundo". Aquí une Martí, en un mismo acorde, dos nociones que suelen recibirse como excluyentes: la razón y la fe (incluso una fe de signo trascendente), pero que él, en su tendencia integradora, no intuía en términos de exclusión.

Mas no quedó preso, el pensador cubano, en la dialéctica entre el idealismo (filosofía de las ideas) y el positivismo (filosofía de las cosas), que fueron las dos tesituras canónicas del siglo XIX. Supo ver, y aquí viene uno de sus más sorprendentes anticipos, que de tal enfrentamiento se escapaba su agónico sufridor: el hombre mismo. Y por ello lo instaló en el centro de sus cogitaciones; de aquí que el innegable homocentrismo de su visión del mundo pueda exhibirse como la primera versión hispánica del pensamiento existencial de los tiempos modernos. Y ello sin desmedro de la orientación espiritualista y trascendente, que marca la cima de sus voliciones filosóficas, ya que aquella orientación trascendente, aquella dirección espiritualista, la proyecta siempre a partir del ser humano mismo: "El hombre crece tanto que ya se sale de su mundo e influye en el otro".

Por esa coloración ética de que fue tiñendo su mismo pensamiento, por ese no poder pensar sino desde el hombre *in situ*, la filosofía de Martí es también una moral –y una moral de signo existencial[6]. Porque lo existencial, en su sentido más amplio, es de nuevo voluntad de armonización e integración: el hombre en situación, el hombre en sus circunstancias. Y así, la salvación del *yo* implica urgentemente la salvación de las *circunstancias*, glosando libremente el conocido diagnóstico de José Ortega y Gasset. Las circunstancias del Martí público, desde su destierro, eran las de su patria aún colonial en busca de su libertad; y las de su América amenazada por peligros foráneos de injerencia y usurpación. A "salvar" esas circunstancias, consagró su vida: el antiimperialismo de Martí es así una dimensión, la más abarcadora y generosa también, de la proyección *existencial* de su pensamiento. Una filosofía que es una moral que es una acción.

Pero le preocupó también, y de aquí parte, la salvación del *yo*, de la identidad del *en-sí* que es cada humano. Denunciar la falsedad y la inautenticidad que son posibles en el existente; recomendar la urgencia, aun con dolor y angustia, del más profundo conocimiento de sí mismo; concebir la vida como un estoico y continuo proceso de autocreación y de reconstrucción: he aquí un ceñido repertorio de "verdades" que suscriben todos los pensadores alineados en la filosofía de la existencia; y que Martí hizo suyas y proclamó incesantemente en sus escritos.

Vamos insistiendo en nuestra percepción de que, en Martí, filosofía y moral van entrañadas, y como de la mano. ¿Y no es la *verdad*, en una y otra, su último destino? En la filosofía: la verdad que por el pensamiento (y también por la intuición, ¿por qué no?) puede vislumbrarse. En la moral: la verdad que, por el deber en la conducta, puede corpóreamente cumplirse. Y en ambas, toda búsqueda descansará en la fe. Y no sólo la fe en la verdad total del universo (Martí: "Universo es palabra admirable, suma de toda filosofía: lo uno en lo diverso, lo diverso en lo uno"), que es de suyo una intuición últimamente metafísica, sino la fe en el hombre, en el hacer y el hacerse del hombre sobre la tierra. A veces, casi en el clímax de esa fidelidad suya, llegó a exclamar: "¡Oh, el hombre es bueno, el hombre es bello, el hombre es eterno!". Pero no fue ingenuo a ese respecto; porque sabía también que "los hombres van en dos bandos: los que aman y fundan, los que odian y deshacen. Y la pelea del mundo viene a ser la de la dualidad hindú: el bien contra el mal". Y él apostó por el bien; y por él luchó con su acción y su palabra.

En su vida privada pudo haber tenido –de hecho, los tuvo y se los conoce– momentos de escepticismo, de caídas y ruptura y desmembración (y sus *Versos libres* notarizan algunos de esos momentos). Pero al hablarles a los otros, su fe siempre le reconstruía y alzaba: "Tiene su aristocracia el espíritu; y la forman aquellos que se regocijan con el crecimiento y la afirmación del hombre". Y al abrirnos las puertas hacia esa "aristocracia del espíritu", que implicaba también un gesto auténticamente "democrático" (ya se verá), nos está extendiendo la más esperanzadora, la más oportuna de sus invitaciones. En tiempos de pesimismo y desmoralización, ¿qué mejor antídoto que aprender a regocijarnos "con el crecimiento y la afirmación del hombre"?

La libertad política y la justicia social.–
Y entramos aquí en el punto que hoy parecía más difícil de dilucidar: el de la estricta filiación de su ideario político. En rigor: no debía serlo. Y es que el respeto que siempre reclamara por la libertad de la persona y la dignidad del individuo, de un lado, y la proyección espiritualista y trascendente última de su pensamiento, por otro, impedirían de entrada cualquier vinculación de Martí con ninguna suerte de régimen político que se asiente sobre las bases, respectivamente, del totalitarismo (en la práctica) y el materialismo (en sus principios). No obstante, esto es lo que ha ocurrido, a lo largo de más de treinta años, en

su misma patria. Con distintos grados de intensidad en el empeño, y de matización en los señalamientos, se le ha tratado de presentar como un precursor, un cuasi-ideólogo, y aun como "el autor intelectual" del movimiento revolucionario que condujo en Cuba al establecimiento, en 1959, del tipo de estado y gobierno que allí rige todavía.

Mucha tinta ha corrido, en pro y en contra de tal hipótesis, por los cubanos que desde la Isla la defienden y por los emigrados que desde el exterior la rechazan[7]. Es mi propósito, sin embargo, darle a esta grave problemática un enfoque más general, más universal: un enfoque en el que naturalmente cabe "el caso cubano" de nuestros días, pero que a la vez se abra a cualquier posible e indeseable "manipulación" futura que del recto pensamiento de Martí se intentare.

Nada monolítico en sus estructuras mentales, al pensador y escritor que hubo en él se le vio siempre asistido de un mecanismo de acercamiento a sus temas que podemos calificar de poliédrico y plural. *Poliédrico*: convertir el tema o motivo que le atrajese, sea cual fuere su índole, en un objeto dotado de varias faces o rostros; y esa múltiple morfología semántica de que dotaba a sus "asuntos", demandaba una mirada *plural*, tanto de su parte como de los lectores, que fuese deteniéndose en cada una de las facetas contempladas. Pero con una importante obligatoriedad para nosotros: no tomar cómodamente, de aquí o de allá, y en lo por él escrito, lo que convenga a nuestros apriorismos, y desechar lo que a éstos cuestionen y aun nieguen.

Y así puede comenzarse afirmando, pues es la primera e irrebatible verdad que debe quedar fijada al respecto, que Martí fue un liberal (de ideas muy alertas para su tiempo, como se dirá) y un fervoroso partidario de la democracia. Pero ese "objeto" en que su capacidad de reflexión objetivadora convirtió tal tema –aquí la democracia, donde se encauza y organiza la libertad política– exhibía ya, en sus tiempos, otros penosos y negativos costados; y a su aguda sensibilidad moral tenían éstos que hablarle con doloroso reclamo. Y al enunciarlos, veremos ya el entramado inseparable del ideario político y la conciencia social que en Martí siempre se dio, y al cual hube antes de referirme.

Una porción de esos aspectos afecta a lo que internamente iba descubriendo Martí en aquel país donde tantos años vivió, los Estados Unidos, y en el cual para él parecía haber cristalizado de un modo pleno el irrenunciable anhelo de la libertad humana. No escatimó sus elogios más sinceros y cálidos a figuras mayores, hechos, situaciones y aun a personajes menores de la vida norteamericana que su admiración merecieran. Pero precisamente por su entusiasmo ante la vida nueva (y libre, dinámica, bullente) que allí encontró, iban a serle más lacerantes las deformaciones y los abusos que la torpe y egoísta práctica de la libertad venía produciendo en el país donde esa misma libertad se había asentado con mayor vigor que en la vieja Europa. Los lectores de este libro tienen a la mano dos de los textos donde Martí, en tal sentido, dio cuenta acre y censura robusta de lo que contemplaba: inmensas fortunas acumuladas en unas pocas y estériles manos; y grandes mayorías de población humilde y trabajadora condenadas a la pobreza, la explotación y el desamparo (resumible tal espectáculo en dos palabras: la injusticia social, así como la corrupción moral de todo ello engendrada). Esos dos textos, que nos ahorran aquí de una documentación más precisa sobre este punto, son: el que hemos titulado "El movimiento social y la libertad política" (1886) y "La verdad sobre los Estados Unidos" (1894). En resumen, por ahora parcial: Martí saludó, alborozado, lo mejor de la democracia estadounidense; pero denunció al mismo tiempo, y con entereza, las tristes realidades que, a nivel económico y social, esa misma democracia permitía.

El otro rostro, temible y amenazante ya en una proyección exterior o internacional, lo dibujaba el creciente empuje expansionista de aquel país. O sea, el hacer descansar la prosperidad nacional sobre la base de la injerencia político-económica en la América Latina y en su explotación: el conocido pero certero tópico de "imperialismo yanqui", ejercido no sólo de modo solapado (fórmulas como "política del buen vecino", y tal), sino descaradamente —eso sí, con la anuencia y beneplácito culpables de muchos de los gobiernos del Sur—, resume esta penetración invasora por parte del país que al mismo tiempo se exhibía como la democracia más flamante del mundo. En su fundamental ensayo "Nuestra América" (1891), avisa ya, sin cortapisas en la lengua, del "gigante de siete leguas" que, por desconocernos, nos devorará. Y en su última carta, inconclusa, a su amigo Manuel Mercado, comenzada el día antes de su muerte, le confiesa del deber que se ha impuesto "de impedir a tiempo con la independencia de Cuba que se extiendan por las Antillas los Estados Unidos y caigan, con esa fuerza más, sobre nuestras tierras de América. Cuanto hice hasta hoy, y haré, es para eso". Ante testimonio tan rotundo, cualquier comentario adicional sale sobrando.

Tenemos, así, tres caras, al menos, del poliedro martiano que aquí vamos pergeñando. *Una*: su defensa tenaz de la libertad, de cuyas muchas definiciones que nos dejó, acaso por su misma generalidad la más oportuna sea ésta: "Libertad es el derecho que todo hombre tiene a ser honrado, y a pensar y hablar sin hipocresía" (y podemos añadir: y *sin terror*, esa arma mortífera de todas las dictaduras). *Dos*: las censuras de las inicuas desigualdades sociales nacidas del mal funcionamiento del mismo sistema político donde aquella libertad se asienta: la democracia. *Tres*: igual denuncia del imperialismo de los Estados Unidos, incluso señalado en su último momento como la causa motriz de todo su quehacer político.

¿Cuál es el riesgo de enfrentarnos ante tal abanico de tensiones, algunas de ellas irreductibles aparentemente entre sí? El peligro mayor residiría en fraccionar el poliedro, y reducir consecuentemente nuestro enfoque hacia uno solo de sus rostros. Si lo hacemos excluyentemente sobre el primero, tendríamos la imagen de un liberal ingenuo, de un candoroso y miope creyente de que la sola palabra *democracia* sin más (esto es, sin los correctivos necesarios) actuase como provisoria panacea para todos los males. Y tal, ciertamente, no lo fue nunca Martí (aunque algunos quisieran verle sólo así). Si por el contrario nos concentramos, también de un modo excluyente, en la segunda y la tercera de las facetas descritas (y olvidando su amor a la libertad y su respeto por la dignidad de la persona), nada difícil sería sacar a Martí de su contexto epocal, y aun de sí propio, y

presentarlo como un adelantado de las soluciones antidemo-
cráticas y totalitarias que a lo largo de este siglo (aunque ya, en
su final, por fortuna derrumbada la prácticamente absoluta
mayoría de las mismas) han pretendido en sus teorías alcanzar
la indispensable justicia social aun a costa y sacrificio de la no
menos indispensable libertad individual. Y esto, tampoco pudo
serlo Martí (aunque, de nuevo, hay todavía otros que hoy
desean contemplarlo únicamente bajo esta exclusiva luz). En
un caso y otro: fragmentación, distorsión, "apropiaciones" ina-
ceptables por cualquier espíritu equilibrado y justo.

El único modo de no caer en estas riesgosas lecturas parciales –y parcializadas– es evitarlas. Y empeñarnos, por el contrario, en una lectura integral –e integradora– de su total lección.
Es lo que modestamente, y dentro de los límites de espacio a
que me veo obligado, me propongo en lo que de inmediato sigue. Y me valgo para ello de varios textos suyos, de fechas distantes entre sí.

El primero es su capital "Prólogo al *Poema del Niágara* de
Juan A. Pérez Bonalde", de 1882. Allí escribe, lapidariamente,
algo a cuya esencia será siempre fiel: "Ni la originalidad literaria cabe, ni la libertad política subsiste, mientras no se asegure
la libertad espiritual". Y no es concebible esta "libertad espiritual" sino desde la más absoluta libertad del *individuo*, de la
persona (en el sentido cristiano, y ecuménico, de estas dos palabras). Sin embargo, no será esa libertad, para Martí, sólo la del
espíritu egregio, o sublime, o heroico que, como la santidad,
son excepcionales en el común de la humanidad. Será, sí, de-
mocráticamente, la libertad de *todos*, el derecho a alcanzar el
bien y la grandeza por todos. Es una loa a la democracia del espíritu (no incompatible con aquella "aristocracia del espíritu"
de que nos hablaba antes, sino su único medio legítimo de en-
grosar sus filas), una alzada alabanza a esa posibilidad última de
la sociedad, lo que profiere cuando afirma, refiriéndose a su
época: "El genio va pasando de individual a colectivo. El hombre pierde en beneficio de los hombres. Se diluyen, se expanden las cualidades de los privilegiados; lo que no placerá a los
privilegiados de alma baja, pero sí a los de corazón gallardo y

generoso…" (Y nótese la mención a los "privilegiados de alma baja": otra ratificación de que no era el suyo un homocentrismo ciego.) Y al parear este pasaje con aquella otra frase aforística transcripta inmediatamente antes, la ecuación quedará bien resaltada: asegurar la libertad espiritual, sí; pero asegurar ese mismo privilegio, que dejará de serlo al convertirse en un patrimonio común, al *todos* que integra la masa (en el noble sentido de que dota aquí Martí a este término).

Todavía en el "Prólogo…" tiene el escritor oportunidad de prefigurarnos, en enérgicos trazos, la semblanza del dictador o tirano moderno, sostenido sobre una firme y dogmática ideología política, dispuesto, para defenderla y aplicarla, a sembrar las tácticas propias de un sistema totalitario en el pueblo joven que ha comenzado a seguirle: "Asesino alevoso, ingrato a Dios y enemigo de los hombres, es el que, so pretexto de dirigir a las generaciones nuevas, les enseña un cúmulo aislado y absoluto de doctrinas, y les predica al oído, antes de la dulce plática del amor, el evangelio bárbaro del odio".

No estará de más, porque ello nos llevará a la conclusión que nos proponemos, aclarar el sentido de los términos *totalitario* y *totalitarismos* del que me he valido varias veces en esta sección. Todos sabemos lo que por *estado totalitario* entendemos: partido único y, por tanto, prohibición de todo pluralismo ideológico; castigo por la fuerza, incluso con la tortura y la muerte, de todo "desviacionismo" respecto al único dogma impuesto; crecimiento en los organismos de represión, y aun en el pueblo apocado por el miedo, de la suspicacia para detectar (o inventar) cualquiera de esas desviaciones posibles o imaginables; ese mismo miedo convertido en práctica habitual de la delación; cancelación de la libertad de expresión, que equivale a la cercenación de "la libertad espiritual" (al menos de la voz que esa libertad expresa). La Inquisición supo de todo esto. Imitándola, Europa y la América Latina han conocido, desde el siglo pasado, múltiples formas de estos totalitarismos, a los cuales es inconciliable la prédica política de Martí, fundada centralmente en el amor y el respeto por el otro, los otros, en un plural reconocimiento de la dignidad personal del cada

quien cuya suma integra la sociedad. Es esta volición, este último horizonte −el respeto por la absoluta dignidad integral de
la persona− el pivote del pensamiento martiano en sus múltiples facetas. Y hacia él remiten, en torno a él giran, todas sus
urgencias y sus inquietudes (desde las más ampliamente morales y sociales hasta las más específicamente político-económicas
y aun educativas). Este es el único *totalitarismo*, el único dogma, que admite: el de la *total* y sagrada devoción a la irrenunciable dignidad del ser humano.

"El movimiento social y la libertad política", de 1886, es
quizás el documento más convincente, en Martí, de esa dialéctica entre su urgencia de justicia social y su fe en la libertad política que vamos siguiendo. Y al mismo tiempo, el texto que
mejor parece ofrecer la posible solución armonizadora entre
ambas tensiones. En todo su primer tramo, carga el escritor su
mano en la denuncia de cómo la libertad no trajo, en los Estados Unidos, "un sistema económico que garantizase a lo menos
una forma de distribución equitativa de la riqueza". Y en apoyo
a su denuncia se demora en muy pormenorizadas observaciones sobre cómo "la mayoría necesitada del país se ha dado
cuenta del malestar que la rebaja y agobia". Y agobiado él mismo, Martí, ante la situación que describe, se pregunta: "¿Será
la libertad inútil?" Y comienza sus característicos desplaza-
mientos. Una vez se contestará así: "No: no parece que haya
sido vano en los Estados Unidos el siglo de la República"; pero
poco después, como retrocediendo a su inquietud primera,
puntualizará: "en los Estados Unidos el afán exclusivo por la riqueza pervierte el carácter". Y así vamos siendo llevados los lectores, como en un ritmo zigzagueante, de uno al otro polo de
sus planteamientos. ¿Quién será vencedor? Y al cabo, y sin que
ello suponga el atenuar sus amarguras sociales, he aquí cómo
magnifica, creando incluso un suspenso en la lectura, el mecanismo sobre el que se asienta el ejercicio democrático:

Pues bien: después de verlo surgir, temblar, dormir, comerciarse, equivocarse, violarse, venderse, corromperse;
después de ver acarnerados los votantes, sitiadas las casi-

llas, volcadas las urnas, falsificados los recuentos, hurtados los más altos oficios, es preciso proclamar, porque es
verdad, que el voto es una arma aterradora, incontrastable y solemne, que el voto es el instrumento más eficaz
y piadoso que han imaginado para su conducción los
hombres.

No hay, así, vencedor en la contienda, dentro del equilibrado
pensamiento martiano. De los dos objetivos anhelados, la justicia social no está reñida con la libertad individual; pues sólo
puede alcanzarse dentro del sistema político —la democracia—
que ha hecho del voto, ese momento secreto del individuo, "el
instrumento más eficaz y piadoso que han imaginado para su
conducción los hombres".

Los géneros: el ensayo y la crónica

Con los escritos de Martí destinados a la prensa, junto a los de
su coetáneo Manuel Gutiérrez Nájera (México, 1859-1895), se
inicia el género definitorio y más característico de la prosa modernista: la crónica. Y con ello, el de un fenómeno de gran importancia sociológica y literaria: el de la profesionalización de
la literatura. Todos los grandes poetas de la primera generación
modernista, excluido José Asunción Silva e incluido Rubén
Darío, fueron cronistas de los diarios de su tiempo. Les siguieron después, en el mismo destino, otros poetas algo posterio-
res: Amado Nervo, Luis G. Urbina, José Juan Tablada; y varios
escritores que fueron básicamente prosistas: Enrique Gómez
Carrillo, José M. Vargas Vila, Manuel Díaz Rodríguez. Los artistas del verso encontraron en la nueva profesión los medios
de subsistencia que la pura actividad poética no les proveía. Y
se han tomado como *crónicas*, genéricamente hablando, todos
los textos en prosa (con la salvedad, claro está, de cuentos y re-
latos) que esos escritores enviaban a la prensa periódica.

En el caso de Martí ocurrió naturalmente lo mismo. Sin embargo, muchas de las que hoy pasan por ser sus mejores crónicas, se acogían más a las libertades y características del discurso ensayístico que a los imperativos, por flexibles que éstos fuesen, de la crónica. Son verdaderos ensayos; y en este sentido, la amplitud temática y el rigor artístico ("la calidad de página") de que Martí los dotó, constituyen su aportación mayor a la originalidad y riqueza del ensayo modernista en su alcance más específico. Martí alcanza por ello, dentro de las letras hispanoamericanas, un lugar cimero en la historia del ensayo y en la de la crónica.

La identificación parte del hecho de que a veces la simple mención, y aun incidental y rápida, de un suceso (la muerte de Emerson, una lectura pública de Walt Whitman, una conferencia de Oscar Wilde, la candidatura de un político a un puesto importante, la muerte de Julián del Casal –y son sólo unos pocos ejemplos) podía disparar sus mecanismos pensantes hacia la valoración del arte y la significación de tales figuras, o a lo que está detrás de tal "candidatura"; y de paso, a la expresión de sus personales ideas. ¡Cuánto de las intuiciones filosóficas propias de Martí aprendemos leyendo lo que escribió en torno a Emerson! ¡Cuánto de sus ideaciones sobre la poesía, leyendo su "Walt Whitman"! El resultado en tales casos, obvio es decirlo, son unas páginas ensayísticas, un verdadero ensayo. Hasta un discurso, pronunciado ante un público de emigrados cubanos para recrearles la figura y la obra del poeta romántico José María Heredia, devenía prontamente en un texto sin dudas ensayístico.

A Martí mismo se le hizo evidente esa distinción. Y en la carta-testamento literario, dirigida a su dilecto discípulo Gonzalo de Quesada en 1895, poco antes de su muerte, le señalaba (refiriéndose a lo publicado por él sobre los Estados Unidos) que "si usted insiste en poner juntos mis papeles…", debe agruparlos en dos secciones dedicadas a "Norteamericanos" (los ensayos y notas) y una aparte a sus "Escenas norteamericanas". Parecería que Martí comprendía que éstas eran, y de verdad lo son, aquellos escritos suyos que pueden considerarse enteramente como *crónicas*.

La distinción, o la confusión, resultan por otra parte completamente naturales. Porque, de hecho, la crónica se asentaba, en tanto que *género*, sobre su misma indefinición: "La crónica modernista se desliza, inasible como una gota de mercurio, por el cedazo de la crítica", puntualiza acertadamente Aníbal González en su libro *La crónica modernista hispanoamericana* (p. 61). En efecto, la crónica colinda –inaugurando así esa deslimitación genérica que es, a nivel de escritura, una marca distintiva de la modernidad– con otros géneros más o menos próximos: el ensayo, el relato lírico, la prosa poética, aun con ese texto canónicamente menor que es el poema en prosa. Y en general, pero principalmente en Martí, con la prosa poemática. Como tal ha visto, a toda la de Martí, Fina García Marruz en un indispensable ensayo suyo así titulado: "La prosa poemática de José Martí" (recogido en un volumen, *Temas martianos*, de 1969, publicado con Cintio Vitier: un libro que ofrece una iluminadora guía, desde la inteligencia y la sensibilidad, hacia el fondo más puro y esencial de la palabra y el espíritu de Martí).

Así: ¿por qué no, crónicas que son a la vez ensayos? Podría ser; pero Martí dio forma definitiva a la crónica *per se:* aquel texto que se encarga funcionalmente de narrar un hecho o suceso, comentar una actividad (artística o política: en la crónica, como base argumentativa, todo cabe), describir una situación real y de interés general, o dar información del movimiento de opinión pública en torno a esos hechos, actividades y situaciones.

En verdad, la crónica modernista –el periodismo literario que en esa época se abría– constituyó, y el dictamen es de Rubén Darío, "una gimnasia del estilo". Ángel Rama ha podido anotar con especificidad las profundas similitudes entre las exigencias del periodismo nuevo ("novedad, atracción, velocidad, *shock*, rareza, intensidad, sensación") y las tendencias estilísticas más generales del arte modernista: "la búsqueda de lo insólito, los acercamientos bruscos de elementos disímiles, la renovación permanente, las audacias temáticas, el registro de los matices, la mezcla de las sensaciones, la interpenetración de distintas disciplinas, el constante, desesperado afán de lo original"[8].

Una ausencia se nota, sin embargo, en esta casi exhaustiva

descripción enumerativa. Pero esa ausencia es precisamente lo que singulariza a Martí entre los cronistas de su tiempo: falta la dimensión del pensador, la voz de su vocación generosa de maestro, lo que da a todos sus textos esa compartible universalidad y vigencia que es la marca más resistente de su escritura (en aleación, siempre, con su voluntad de estilo, su conciencia de arte). Con objeto de clarificar la manera definitiva de la crónica en manos de nuestro autor, he practicado en otro sitio (en el ensayo "Hacia la forma interna en la crónica modernista de Martí", incluido en el libro mío citado en la nota 6) lo que desde su título propongo: un esbozo de la *forma interna* de la crónica martiana. (Y en la selección que aquí se ofrece, "El centenario de Calderón", "Fiestas de la Estatua de la Libertad", "El terremoto de Charleston" y "Un drama terrible" serían muestras paradigmáticas.) Por parecerme oportuno, traslado aquí, resumidamente, algo de lo que allí quedó escrito.

Distinguiríase en las crónicas de Martí, primero, y por imposición del género, un nivel que aproximadamente llamaríamos *realista*: la atención minuciosa al hecho real (suceso, acontecimiento, personaje, libro, ocasión luctuosa o placentera, etc.) de que se quiere dar cuenta. A ese fin Martí estuvo capacitado como pocos para captar desde el matiz más pequeño de la realidad física que describe hasta el rasgo psicológico más sutil de la persona que retrata —con una habilidad que para sí hubiera querido el narrador realista más perspicaz e incisivo. Después (pero sólo después por necesidades expositivas; más bien diría que simultáneamente) señalaría el trabajo de un agudísimo punzón subjetivo o personal —*lírico*, en fin de cuentas— que socava la pretendida objetividad de aquello que se narra o describe, o sea, el plano realista (al que acabo de referirme) y lo convierte siempre en algo vivencialmente sentido o experimentado. Y así, la abundante masa de datos reales (los cuales constituyen la trama del suceso comentado o aluden a sus circunstancias) no se precipita caóticamente sobre el narrador, sino que el *yo* de éste, discreta o explícitamente actuante, le da una fuerte organización y coherencia. Vale decir, que el *yo* del poeta (aquí se puede hablar de un poeta que escribe prosa) vivifica la materia narrativa, la humedece y hace más cálida –y ello no sólo por la verificable presencia de la primera persona del singular (más bien en esto Martí es pudoroso)– sino a través de una serie de recursos expresivos, de oriundez subjetiva, a que me referiré, bien que de pasada, muy en seguida. En tercer lugar, asistimos a la necesidad, por Martí, de derivar de cada hecho dibujado, a veces del menor esguince de ese hecho, su oculta significación moral y trascendente: aquello por lo cual, según Goethe, "todo lo que es, es símbolo" –constituyendo esta dimensión ética, política en tantos casos, pero con frecuencia también existencial y metafísica, lo que concede a la palabra de Martí su mayor universalidad. Y por fin (e igual sería decir, ante todo), la vigilancia del artista que quiere dotar a esa palabra suya, no ya del brillo vano del puro preciosista o de la perfección formal del parnasista, sino del poder evocador de quien sabe condensar, en una sugerencia simbolista, o en una imagen impresionista o expresionista (y he aquí algunos de los recursos de estilo que poco antes anunciaba) toda una vastísima red de secretas implicaciones que sólo el arte permite, y no el lenguaje discursivo y mostrenco. Ubérrimo en su palabra, que cede fáciles filiaciones con la escritura barroca de amplios períodos, nuestro autor, y en ello no es menos barroco, fue también preciso y germinal en su capacidad aforística y sentenciosa. Martí fue el más barroco de los cronistas del modernismo, y no por ello menos moderno.

Nuestra edición

Por lo adelantado hasta ahora, se comprenderá nuestra decisión de incluir, en los *Ensayos y artículos*, piezas consideradas como crónicas (las ya citadas) y aun un discurso. La que por nuestra cuenta titulamos "El movimiento social y la libertad política" parecería haberle suscitado una justa pretensión electoral (lo que queda explicitado en la nota al título); pero este es sólo eso: un dato que actúa como estímulo para un magno desarrollo ensayístico. En verdad, es uno de los ensayos de Martí que nos son hoy de más utilísima lectura.

Mayor extrañeza puede producir el que se hayan colocado, como crónicas, dos textos suyos que nunca han sido vistos como tales. Además del propósito de ofrecer a los lectores respectivas muestras de la escritura de Martí en sus inicios literarios (*El presidio político en Cuba*, de 1871) y en su exacto final (algunos fragmentos de sus *Diarios* últimos, de 1895), nos asiste otra convicción. *El presidio...* es, en rigor, la crónica íntima, apenas retrospectiva, de los duros días de su juvenil encarcelamiento, a los 17 años, ya en aras de su vocación patriótica. Los *Diarios*, que no fueron escritos para ser publicados, son también otra suerte de crónica, igualmente íntima, esta vez de los meses cuando ya se acercaba a la muerte.

Ambas selecciones permiten, de acuerdo a lo expresado poco antes, asistir a los extremos de la curva evolutiva de su estilo. Partimos, en *El presidio político en Cuba*, del temple alzado y la tonalidad aún romántica de su palabra primera (rubricado el texto, sin embargo, por la sorpresiva y modernísima audacia expresiva de su sección final). Y llegamos por último a ese austero pero emocionante despojamiento total en el lenguaje de sus *Diarios*, liberado ya aquél de toda modulación retórica. Aquí son la acuidad de la atmósfera antillana, la pobreza elocuente y servicial de sus gentes, la entrañable palabra oral y humilde (y hasta pintoresca) de los campesinos, y aun el mismo silencio misterioso pero impregnado de música que llena el aire de las noches, quienes ahora reclaman su palabra. Y será sólo esto –que ya es mucho– lo que dará a su prosa última el encanto supremo de la más pura poesía.

Un libro como éste no puede ser obra, en solitario, de quien firma la edición. Muchas ayudas, múltiples asistentes, vinieron a mi favor, en las búsquedas de documentación bibliográfica, en aclaraciones filológicas, en el acopio del material necesario para la elaboración de las notas que acompañan a los textos. Por una u otra de estas razones soy deudor, y me place así consignarlo, de varios generosos colegas y amigos: María Soledad Carrasco, Isaías Lerner, Jorge Marbán, Rosario Rexach, Enrico

Mario Santí, Ivan A. Schulman (y a través del profesor Schulman, vaya mi reconocimiento a *The José Martí Foundation*, de la Universidad de la Florida, que me subvencionó parcialmente la culminación material del proyecto). También en deuda estoy con Radamés de la Campa, Dionisio Cañas, Elizabeth Córdova y Doris Schnabel por haber colaborado estrechamente en la organización y preparación final del manuscrito. Y una mención especial a mi antiguo alumno, y hoy buen amigo, Alfredo Ahumada, quien con su casi oriental paciencia "detectivesca" y su talento para la investigación, me resolvió las más arduas pesquisas que algunos de los textos de Martí demandaban desde la amplísima cultura de su autor. A todos, mi más sincera gratitud.

Nueva York, 14 de julio de 1993

Notas

1. Federico de Onís: *Antología de la poesía española e hispano-americana (1882-1932)* [1934]; reimpresión, New York, Las Américas, 1961, p. 35.

2. Tal es, aproximadamente, el certero título del libro que Susana Rokter ha dedicado al tema, de un modo documentado y convincente: *Fundación de una escritura: las crónicas de José Martí* (cuando citamos nombres de autores y títulos de sus libros o ensayos que aparecen en nuestra Bibliografía, no consignamos los datos de publicación correspondientes, los cuales podrán encontrarse fácilmente en aquélla. En caso de textos no incluidos en la misma, sí ofrecemos completa la información pertinente).

3. Para estas cuestiones, véanse el ensayo de Ángel Rama titulado "La dialéctica de la modernidad en José Martí", incluido en el volumen *Estudios martianos*; y los inteligentes enfoques de Julio Ramos en su libro *Desencuentros de la modernidad. Literatura y política en América Latina* (ambos consignados en la Bibliografía).

4. En esta línea de los reconocimientos hay que añadir, en otro terreno, el que debemos a Carlos Ripoll por sus acuciosos esfuerzos de ordenación y orientación bibliográficas de la tan dispersa obra original de Martí; y del resumen comentado de la labor crítica sobre éste contenida en los seis volúmenes del utilísimo *Archivo José Martí* (1940-1952). Todos

estos trabajos del profesor Ripoll quedan registrados en nuestra Bibliografía.

5. Jorge Mañach: "Fundamentación del pensamiento martiano", en *Antología crítica de José Martí*, ed. Manuel Pedro González (vid. Bibliografía), p. 447.

6. He desbrozado este tema en el ensayo "Una aproximación al 'Prólogo al *Poema del Niágara* de Juan A. Pérez Bonalde' de José Martí", incluido en mi libro *La raíz y el ala: Aproximaciones críticas a la obra literaria de José Martí*. Vid. Bibliografía.

7. Para evitar referencias explícitas, que no caben en una introducción general como la presente, traslado a esta nota una mínima información bibliográfica al respecto. En el empeño de la aproximación aludida, desde Cuba, hay que mencionar la política editorial, especialmente en su *Anuario*, del Centro de Estudios Martianos, de La Habana, creado para "auspiciar el estudio de la vida, la obra y el pensamiento de José Martí desde el punto de vista de los principios del materialismo dialéctico e histórico" (según se lee en el decreto que lo fundó, en 1977). También, dentro de las entradas que consigna nuestra Bibliografía, varios trabajos de Roberto Fernández Retamar, Ángel Augier, Julio Le Riverend, Luis Toledo Sande, y el artículo de Cintio Vitier de 1992. Desde el exterior, las réplicas más sustanciadas frente a esa posición proceden de Carlos Ripoll, Enrico Mario Santí y Andrés Valdespino (igualmente citados).

8. Ángel Rama: *Rubén Darío y el modernismo*, Caracas, Universidad de Venezuela, 1970, p. 76.

Cronología

1853 Nace en La Habana, el 28 de enero, hijo del valenciano Mariano Martí y Leonor Pérez, natural de Tenerife, Islas Canarias. Se le bautiza con el nombre de José Julián.

1857-1859 Entre sus cuatro y seis años, reside en Valencia (España), adonde se había trasladado su familia. Se considera como probable que allí aprendiera el niño sus primeras letras.

1867-1869 Estudios en el colegio de San Pablo, en La Habana, fundado y dirigido por el poeta y separatista cubano Rafael María de Mendive, donde cursa algunos años del bachillerato. El maestro Mendive habrá de ejercer una positiva influencia en la formación clásica y literaria de Martí.

1869-1870 Por "infidencia" al gobierno español, es condenado a seis años de presidio político. Trabajos forzados en las canteras de San Lázaro (en La Habana); y a consecuencia de las cadenas que debía arrastrar adquiere un sarcocele, del cual nunca se repondrá totalmente. Indultado, pasa a Isla de Pinos, al sur de la provincia de La Habana.

1871 Deportado a España, desembarca allí por el puerto de Cádiz el 2 de febrero. Acababa de cumplir 18 años. Ya en Madrid, publica allí su folleto *El presidio político en Cuba*, crónica de sus experiencias de presidiario, y que puede considerarse el primer trabajo literario de importancia de Martí. En ese mismo año comienza sus estudios de Derecho en la Universidad Central de esa ciudad.

1873 Se traslada a Zaragoza, con la ayuda de su noble amigo cubano Fermín Valdés Domínguez.

1874 Obtiene en la Universidad de Zaragoza los títulos de Licenciado en Derecho Civil y Canónico y en Filosofía y Letras. A fines de este año, visita, en compañía de Valdés Domínguez, París y otras ciudades europeas.

1875-1876 Tras una breve escala en Nueva York, en su viaje desde Southampton (Inglaterra) a Veracruz (México), llega a la capital de este país en febrero de 1875. Allí se reúne con su familia, establecida en esa ciudad por motivos económicos. En el mismo día de su llegada conoce al mexicano Manuel Mercado, a quien le unirá hasta el final de su vida una entrañable amistad (la larga y puntual correspondencia del cubano a Mercado constituye la mejor fuente de información sobre el Martí íntimo). Con el seudónimo de *Orestes* comienza la publicación de sus "Boletines"; y participa activamente en los debates sobre materialismo y espiritualismo mantenidos en el Liceo Hidalgo. Conoce a la cubana Carmen Zayas Bazán, con quien habrá de contraer matrimonio en 1877.

1877-1879 Después de una breve y clandestina escala en La Habana, como Julián Pérez (su segundo nombre y segundo apellido), llega a la capital de Guatemala en abril de 1877. Es nombrado allí catedrático de Literaturas Extranjeras y de Historia de la Filosofía en la Escuela Normal Central de Guatemala. Conoce a la joven María García Granados, perteneciente a una familia ilustre de la ciudad, y establece con ella una relación sentimental imposible (por su compromiso anterior con Carmen Zayas Bazán): años más tarde recordará la temprana muerte de María en un poema de los *Versos sencillos* (1891) conocido como "La niña de Guatemala". Terminada en fracaso la primera guerra de independencia de Cuba (o de "los Diez Años": 1868-1878), se acoge a la amnistía dictada en su país por el gobierno español, y regresa en 1878 a La Habana. El 22 de noviembre de este año nace allí su hijo José Francisco (el futuro "Ismaelillo" de su primer libro de versos). En septiembre de 1879, sale deportado por segunda vez a España, por sabérsele vinculado en actividades conspiratorias. Desembarca por Santander. Después de dos meses en Madrid, pasa a Francia donde permanecerá sólo unos pocos días.

1880 El 3 de enero llega a la ciudad de Nueva York (donde, con intervalos más o menos largos, residirá hasta enero de 1895, año de su muerte). Comienza entonces el período más intenso de su actividad como revolucionario, y el de madurez y plenitud de su labor literaria. En noviembre de ese mismo año nace María Mantilla, hija de Carmen Miyares de Mantilla. Por fuentes fidedignas es de admitir que Martí fue su padre.

1881 De enero a julio de este año se encuentra en Caracas (Venezuela). Allí funda y escribe totalmente su *Revista Venezolana*, de la cual aparecerán sólo dos números. Por recelos del dictador venezolano de turno, Antonio Guzmán Blanco, regresa a Nueva York; y comienza desde esta ciudad sus colaboraciones en el diario *La Opinión Nacional* de Caracas.

1882 Publica *Ismaelillo*, primera manifestación de una nueva poética en el verso castellano; y escribe la mayoría de sus *Versos libres* (que no aparecerán sino póstumamente, en 1913). Envía la primera colaboración suya al importante diario *La Nación*, de Buenos Aires. Estas colaboraciones que designaba como "cartas al Director", se mantendrán hasta 1891. (Reproducidas en otros periódicos de la América del Sur, aquellas crónicas de Martí para *La Nación*, por la inmediata difusión que el periodismo facilita, hicieron de su autor el prosista de nuestra lengua más leído en el mundo hispanoamericano en la década de los 80. A través de ellas, le conocieron figuras como Domingo Faustino Sarmiento y Rubén Darío, quienes no escatimaron altos elogios a su prosa.) También habría de colaborar, desde 1886, en el periódico *El Partido Liberal* de México. A lo largo de estos años desempeñará trabajos varios: empleado de oficina en varias casas comerciales; redactor y director de la revista *La América* de Nueva York; traductor al español de algunos libros (entre éstos, la novela *Called Back*, de Hugh Conway, titulada *Misterio* por Martí en su versión española, y otra novela, *Ramona*, de Helen Hunt Jackson); y colaborador, en inglés y en francés, en dos publicaciones neoyorquinas de la época: *The Hour* y *The Sun*.

1884 A partir de esta fecha, y con algunas intermitencias, cónsul de Uruguay en Nueva York (en 1890 recibirá el mismo nombramiento de las repúblicas de Argentina y Paraguay).

1885 En *El Latino Americano* de Nueva York publica *Amistad funesta*, su única novela, bajo el seudónimo de Adelaida Ral. Con frecuencia pronuncia discursos patrióticos, y de amplia proyección americanista, en las reuniones y celebraciones de los cubanos exiliados en Nueva York. Entre los más memorables de aquel período figuran el dedicado al poeta José María Heredia y el que se conoce como "Madre América" (ambos hacia finales de 1889). Durante todo este decenio mantiene reuniones con altos jefes de la anterior guerra de independencia cubana con el objeto de ir trazando planes para la nueva insurrección que habría de producirse en Cuba.

1889 Aparece el primer número de *La Edad de Oro*, revista mensual dedicada a los niños, compuesta enteramente por textos originales de Martí y algunas traducciones suyas. De esta publicación vieron la luz sólo cuatro números. Continúa escribiendo poemas que no alcanzarán otra vez sino publicación póstuma (1933), bajo el título, al parecer no dado por Martí, de *Flores del destierro*. La orientación bibliográfica actual tiende a incluir muchas de estas piezas en el conjunto de los *Versos Libres*.

1890 Es miembro de la sociedad "La Liga", dedicada a promover la instrucción entre cubanos y puertorriqueños humildes de la raza negra, exiliados en Nueva York (sin recibir ninguna remuneración por su trabajo). Desde ese mismo año, y hasta 1892, desempeñó la tarea como profesor de español en una escuela pública nocturna de Nueva York. Asiste como observador (y cronista para *La Nación*) de la Conferencia Internacional Americana, convocada por los

Estados Unidos y celebrada en Washington. Hacia finales de ese año es nombrado representante del Uruguay en la Comisión Monetaria Internacional Americana, que celebrará sus sesiones al año siguiente. Por la acumulación de actividades en esos últimos tiempos, y recrudecidas debido a ello sus antiguas dolencias, buscará reponerse, por indicación médica, en las montañas Catskill, en el estado de Nueva York. Allí escribirá la mayor parte de sus *Versos sencillos*.

1891 Martí renuncia sucesivamente a sus varios cargos consulares; envía su última crónica a *La Nación*; y dedicará enteramente su pluma, a partir de entonces, a promover y organizar la guerra en Cuba. Carmen Zayas Bazán y el hijo, que habían vuelto a Nueva York desde Cuba, regresan definitivamente a la Isla. Ya en la década anterior se habían producido otros dos viajes de acercamiento familiar. Esos encuentros se resolvían siempre con la inevitable separación de los cónyuges: Carmen no compartía la febril y completa dedicación del esposo a su ideal revolucionario. Martí no volverá a verlos. Se publican en Nueva York los *Versos sencillos*; y su fundamental ensayo "Nuestra América" aparece en *La Revista Ilustrada de Nueva York* y en *El Partido Liberal* de México. Pronuncia en Tampa (Florida) dos de sus más célebres discursos políticos: "Con todos y para el bien de todos" y "Los pinos nuevos" (26 y 27 de noviembre).

1892-1894 El 10 de abril de 1892 se proclama el Partido Revolucionario Cubano, por todos los emigrados cubanos y puertorriqueños de Cayo Hueso, Tampa y Nueva York. Martí actuará como "Delegado" del mismo. Funda el periódico *Patria*, dedicado a la propagación de la causa revolucionaria. Durante estos tres años, Martí viaja incesantemente (a pesar de sus precarias condiciones físicas) en misión de proselitismo y organización entre los exiliados. Visitará distintos lugares de los Estados Unidos (Cayo Hueso y Tampa principalmente, pero también Jacksonville, San Agustín, Filadelfia y otras ciudades norteamericanas), así como varios países en la órbita del Caribe: Santo Domingo, Haití, Jamaica, Panamá, Costa Rica, México. Regresa siempre a Nueva York. En esos viajes celebra encuentros con algunos de los que serán los jefes militares de la guerra próxima. El objetivo principal de Martí durante estos años era no sólo concertar voluntades y planear la lucha armada; sino, a la vez, ir despertando un espíritu civilista que preparase el ánimo y la disposición de los cubanos para la nueva república que de esa lucha habría de surgir.

1895 El 29 de enero firma, en Nueva York, la Orden de Alzamiento en Cuba; y al día siguiente, embarca para Santo Domingo donde se reunirá con el general Máximo Gómez, natural de aquella isla, que era el jefe militar superior de la acción bélica. El 25 de marzo redacta la declaración de guerra (de "una guerra sin odio") contra España, conocida como "Manifiesto de Montecristi", por el lugar en la costa norte de Santo Domingo, donde la firmaron Martí y el general Gómez. Entre el 1 y el 11 de abril, transcurre el accidentado viaje que llevará a Martí y a sus compañeros, desde Montecristi a Cuba. Desembarcaron en Playitas, un sitio en la costa sur de la provincia de Oriente. El 5 de mayo, y en el ingenio La Mejorana, se reúne Martí con los dos más altos militares del Ejército Libertador (los generales Gómez y Antonio Maceo) para planear los movimientos inmediatos de la campaña guerrera. Martí registra, en prosa, sus impresiones de este viaje y del encuentro al fin con su tierra cubana: "Sólo la luz es comparable con mi felicidad", escribe entonces, bajo el efecto de ese encuentro; y también: "Me siento puro y leve, y siento en mí como la alegría de un niño". Sus últimos *Diarios* estaban dedicados a Carmen y María Mantilla, las dos hijas de Carmen Miyares, su leal compañera de los años neoyorquinos. El 19 de ese mismo mes, y en un enfrentamiento con las tropas españolas, cae herido de muerte en la sabana de Dos Ríos (también en la provincia oriental de Cuba). Su cadáver fue enterrado en el cementerio de Santa Ifigenia, en Santiago de Cuba. Al morir (como él pedía en los *Versos sencillos*: "de cara al sol") llevaba en el pecho, "como escudo contra las balas", el retrato de su niña María Mantilla. Tenía Martí 42 años.

Bibliografía*

Obras completas

Obras completas, ed. Gonzalo de Quesada y Miranda, La Habana, Editorial Trópico, 1936-1953 (74 vols.).
Obras completas, ed. M. Isidro Méndez, La Habana, Editorial Lex, 1946 (2 vols.).
Obras completas, La Habana, Editorial Nacional de Cuba, 1963-1973 (28 vols.).
Obras completas, ed. Jorge Quintana, Caracas, 1964 (4 vols., 5 tomos).

Antologías y ediciones parciales**

Epistolario de José Martí, ed. Félix Lizaso, La Habana, Editorial Cultural, 1930-1931.

* Se trata, desde luego, de una selección mínima y básica. La abundante bibliografía sobre Martí, en estos últimos años, impide que pueda caber toda ella en los límites editoriales de este libro.
** En esta sección se sigue el orden cronológico de aparición de los textos incluidos en la misma.

Páginas selectas, ed. Raimundo Lida, Buenos Aires, Editorial Ángel Estrada, 1939.

Proyección de Martí, ed. Oscar Fernández de la Vega, La Habana, Editorial Selecta, 1953.

Sección constante [artículos publicados en *La Opinión Nacional* de Caracas entre el 4 de noviembre de 1881 y el 15 de junio de 1882], Caracas, 1955.

Esquema ideológico, ed. Manuel Pedro González e Ivan A. Schulman, México, Editorial Cultura, 1961.

Sobre España, ed. Andrés Sorel, Madrid, Ciencia Nueva, 1967.

En los Estados Unidos, ed. Andrés Sorel, Madrid, Alianza Editorial, 1968.

Prosa y poesía, ed. Iber H. Verdugo, Buenos Aires, Kapelusz, 1968.

Antología crítica, ed. Susana Redondo de Feldman y Anthony Tudisco, New York, Las Américas, 1968. [Contiene bibliografía.]

Genio y figura de José Martí, ed. Fryda Schultz de Mantovani, Buenos Aires, Editorial Universitaria de Buenos Aires, 1968.

Sus mejores páginas, ed. Raimundo Lazo, México, Porrúa, S. A., 1970. [Contiene bibliografía.]

Martí, ed. Roberto Fernández Retamar, Montevideo, Biblioteca de Marcha/ Colección Los Nuestros, 1970.

Escritos desconocidos de José Martí, ed. Carlos Ripoll, New York, Eliseo Torres & Sons, 1971.

Antología, ed. Julio Ortega, Madrid, Salvat Editores/Alianza Editorial, 1972.

Epistolario, Antología. Introducción, selección, comentarios y notas por Manuel Pedro González, Madrid, Gredos, 1973.

Prosa escogida, ed. José Olivio Jiménez, Madrid, Ediciones Magisterio Español (Novelas y cuentos), 1975.

Antología, ed. Andrés Sorel, Madrid, Editora Nacional, 1975.

Nuestra América (pról. Juan Marinello, selección y notas de Hugo Achugar, y cronología de Cintio Vitier), Caracas, Biblioteca Ayacucho, 1977.

Nuevas cartas de Nueva York, ed. Ernesto Mejía Sánchez, México, Siglo XXI Editores, 1980. Hay una reedición cubana: *Otras crónicas de Nueva York*, La Habana, Centro de Estudios Martianos, 1983.

Thoughts/Pensamientos (Antología bilingüe, español/inglés), ed. Carlos Ripoll, New York, Eliseo Torres & Sons - Las Américas, 1980. (Segunda edición, revisada y aumentada, 1985.)

Crónicas (prólogo, selección y notas de Susana Rotker), Madrid, Alianza Editorial, 1993.

Biografías y aproximaciones generales a Martí

Agramonte, Roberto, *Martí y su concepción del mundo*, Puerto Rico, Editorial de la Universidad de Puerto Rico, 1971.

— *Martí y su concepción de la sociedad*, Universidad de Puerto Rico, Centro de Investigaciones Sociales, 1979.

— *Las doctrinas educativas y políticas de Martí*, Puerto Rico, Editorial de la Universidad de Puerto Rico, 1991.

González, Manuel Pedro, *Indagaciones martianas*, Universidad Central de Las Villas, Cuba, 1961.

Iduarte, Andrés, *Martí, escritor*, México, Ediciones Cuadernos Americanos, 1945.

Lisazo, Félix, *Martí, místico del deber*, Buenos Aires, Losada, 1940; 3ª ed., 1952.

Magdaleno, Mauricio, *Fulgor de Martí*, México, Ediciones Botas, 1941.

Mañach, Jorge, *Martí, el Apóstol*, 1ª ed., Madrid, Espasa-Calpe, 1933; ed. definitiva, Puerto Rico, Ediciones El Mirador, 1963.

— *El espíritu de Martí*, San Juan de Puerto Rico, Editorial San Juan, 1973.

Marinello, Juan, *Martí, escritor americano*, La Habana, Imprenta Nacional de Cuba, 1962.

Márquez Sterling, Carlos, *Martí ciudadano de América*, New York, Las Américas, 1965.

Martínez Estrada, Ezequiel, *Martí, el héroe y su acción revolucionaria*, México, Siglo XXI Editores, 1966.

—   *Martí revolucionario*, La Habana, Casa de las Américas, 1967.

Méndez, M. Isidro, *José Martí. Estudio crítico-biográfico*, La Habana, P. Fernández, 1941.

Piñera, Humberto, *Idea, sentimiento y sensibilidad de José Martí*, Miami, Ediciones Universal, 1982.

Quesada y Miranda, Gonzalo de, *Martí, hombre*, La Habana, Seoane, Fernández y Cía, 1940.

Rexach, Rosario, *Estudios sobre Martí*, Madrid, Playor, 1985.

Ripoll, Carlos, *José Martí: A Biography in Photographs and Documents/José Martí: Una biografía en fotos y documentos* (edición bilingüe, inglés y español), Coral Gables (Florida, USA), Senda Nueva de Ediciones, 1992.

Sorel, Andrés, *El libertador en su agonía*, Madrid, Libertarias/Prodhufi, S. A., 1992.

Vitier, Medardo, *Martí, estudio integral*, La Habana, Publicaciones de la Comisión Nacional de Actos y Ediciones del Centenario, 1954.

Zacharie de Baralt, Blanca, *El Martí que yo conocí*, La Habana, Editorial Trópico, 1945; nueva ed., New York, Las Américas, 1965.

Estudios críticos sobre la prosa (y el pensamiento) de Martí

Achugar Ferrari, Hugo, "Algunas ideas de Martí entre 1875-1877", en Ivan A. Schulman (ed.), *Nuevos asedios al modernismo*, Madrid, Taurus, 1987.

Alba Buffill, Elio, ed, *José Martí ante la crítica actual (En el centenario del "Ismaelillo")*, Círculo de Cultura Panamericana, 1983 [sobre la prosa de Martí, artículos de Gastón J. Fernández, Edilberto Marbán y Reinaldo Sánchez].

Albornoz, Aurora de, "José Martí: El mundo de los niños contado en lenguaje infantil", *Ínsula*, 37, 428-429 (1982).

Anderson Imbert, Enrique, "La prosa poética de J. M. A propósito de *Amistad funesta*", *Memoria del Congreso de Escritores Martianos*, La Habana, 1953; recogido en E. A. I., *Crítica interna*, Madrid, Taurus, 1961. (Incluido también en *Antología crítica de J. M.*)

Andino, Alberto, "Reflejos teresianos en la prosa de J. M.", *Duquesne Hispanic Review*, IV, 3 (1965).

Antología crítica de José Martí, ed. Manuel Pedro González, México, Cultura, 1960. (Con una introducción, "Evolución de la estimativa martiana", de M. P. G. Relacionados específicamente con la prosa de Martí contiene importantes estudios de F. de Onís, G. Mistral, A. A. Roggiano, J. A. Portuondo, E. Anderson Imbert, M. Vitier, Max Henríquez Ureña, M. de Unamuno, F. García Marruz, J. Marinello, O. Bazil y G. Díaz-Plaja. Estudios sobre las ideas de Martí de Fernando de los Ríos, J. Mañach, Miguel Jorrín, M. Vitier, A. Iduarte y Humberto Piñera.)

Anuario Martiano, La Habana, Publicaciones Anuales de la Biblioteca Nacional José Martí (desde 1969). Se publicaron ocho números.

Anuario del Centro de Estudios Martianos, La Habana (desde 1977). Han aparecido 14 números.

Augier, Ángel, "Origen y significación del antiimperialismo martiano", *Santiago*, 69 (1988).

Bochet-Huré, Claude, "Las últimas notas del viaje de J. M. Algunas observaciones sobre su estilo", *Anuario Martiano*, 1, La Habana, Sala Martí de la Biblioteca Nacional de Cuba, 1969.

Fernández Retamar, Roberto, "Martí en su (tercer) mundo", Prólogo a J. M., *Páginas escogidas* (La Habana, Editora Universitaria, 1965). Recogido en *Ensayo de otro mundo*, Santiago de Chile, Editorial Universitaria, 1969.

— *Introducción a José Martí*, La Habana, Casa de las Américas, 1978.

— "Algunos problemas de una biografía ideológica de José Martí", en *Cuba: Les Etapes d'une libération: Hommage à Juan Marinello et Noel Salomon*, Toulouse, Universidad de Toulouse-Le Mirail, 1979-1980.

— "José Martí en los orígenes del antiimperialismo latinoamericano", *Casa de las Américas*, 25, 151 (1985).

— "En el centenario de 'Nuestra América', obra del caribeño José Martí", *Cuadernos Americanos*, 27 (1991).

— "A un siglo de cuando José Martí se solidarizó con los mártires obreros asesinados en Chicago", *Universidad de La Habana*, 232 (s/a).

Gallego Alfonso, Emilia, "Apuntes sobre la presencia de la magia en *La Edad de Oro*", *Universidad de La Habana*, 229 (1987).

García Cisneros, Florencio, *José Martí y la pintura española*, Madrid, Betania, 1987.

Geraldi, Robert, "José Martí and 'El terremoto de Charleston': Eyewitness or Plagiarist?", *Hispanófila*, 25, 75 (1982).

Ghiano, Juan Carlos, *José Martí*, Buenos Aires, Centro Editor de América Latina, 1967.

González, Aníbal, *La crónica modernista hispanoamericana*, Madrid, Porrúa Turanzas, 1983.

González, Manuel Pedro, *José Martí; Epic Chronicler of the United States in the Eighties*, Chapel Hill (USA), University of North Carolina Press, 1953.

— *José Martí en el octogésimo aniversario de la iniciación modernista*, Caracas, Ministerio de Educación, 1962.

— Prefacio a la edición de *Lucía Jerez (Amistad funesta)*, de José Martí, Madrid, Gredos, 1969.

— "Las formas sintéticas en el período de mayor madurez en la prosa martiana", *Estudios martianos*, Puerto Rico, Editorial Universitaria, 1974.

Gullón, Ricardo, "Martí, novelista", *Ínsula*, 37, 428-429 (1982).

Hernández Biosca, Roberto I., "*La Edad de Oro*, un contemporáneo", *Universidad de La Habana*, 235 (1989).

Hernández Miyares, Julio E., "José Martí y los cuentos de *La Edad de Oro*", *La Nuez: Revista de Arte*, 3, 8-9 (1991).

Jiménez, José Olivio, *José Martí, poesía y existencia*, México, Oasis, 1983.

—   *La raíz y el ala: Aproximaciones críticas a la obra literaria de José Martí*, Valencia, Editorial PreTextos, 1993.

Lagmanovich, David, "Lectura de un ensayo: 'Nuestra América' de José Martí", en Ivan A. Schulman (ed.), *Nuevos asedios al modernismo*, Madrid, Taurus, 1987.

Larrea, Elba M., "La prosa de J. M. en *La Edad de Oro*", *Cuadernos*, París, 61 (1962).

Le Riverend, Julio, "Los Estados Unidos: Martí, crítico del capitalismo financiero (1880-1889)", *Casa de las Américas*, 24, 140 (1983).

Lizaso, Félix, "Normas periodísticas de J. M.", *Revista Iberoamericana*, XXIX, 56, Pittsburgh, 1963.

—   "Nuestro Martí", *Política*, III, 34, Caracas, 1964.

López Baralt, Mercedes, "José Martí ¿novelista?: Modernismo y modernidad en *Lucía Jerez*", *Revista de Estudios Hispánicos*, 12 (1985).

Maldonado Denis, Manuel, "La América de Martí", *La Torre*, XIV, 53, Universidad de Puerto Rico, 1966.

Marbán, Jorge, "Evolución y formas en la prosa periodística de José Martí", *Revista Iberoamericana*, 55 (1989).

Marinello, Juan, *Once ensayos martianos*, La Habana, Comisión Nacional Cubana de la UNESCO, 1964.

Memoria del Congreso de Escritores Martianos, La Habana, Publicaciones de la Comisión Nacional del Centenario, 1953.

Meo Zilio, Giovanni, "José Martí (Tres estudios estilísticos)", *Anuario Martiano*, 2, La Habana, Biblioteca Nacional José Martí, 1970.

Mistral, Gabriela, *La lengua de Martí*, La Habana, Secretaría de Educación, 1943.

Molina de Galindo, Isis, "*El presidio político en Cuba*, de J. M. (1871). Intento de análisis estilístico", *Anuario Martiano*, 1, La Habana, Sala Martí de la Biblioteca Nacional de Cuba, 1969.

— "La modalidad impresionista en la obra de J. M.", *Anuario Martiano*, 4, La Habana, Biblioteca Nacional José Martí, 1972.

Morales, Carlos Javier, "Introducción" a su edición de *Lucía Jerez* de José Martí, Madrid, Cátedra, 1994.

— *La poética de José Martí y su contexto*, Madrid, Verbum, 1994.

Onís, Federico de, "Valoración de Martí", en *José Martí: Vida y obra,* Revista Hispánica Moderna, XVIII, 1-4, Nueva York, 1953.

— "Martí y el modernismo", en *Memoria del Congreso de Escritores Martianos*, La Habana, 1953. (También en *Antología crítica de J. M.*, vid. ficha correspondiente.)

Ortiz, Fernando, "Martí y las razas", La Habana, Publicaciones de la Comisión Nacional de Actos y Ediciones del Centenario, 1954.

Pérez Llanes, Josefa, "Algunos recursos expresivos de la oratoria martiana en «Madre América»", *Universidad de La Habana*, 231 (s/a).

Phillips, Allen W., "Sobre una prosa de J. M.: «El terremoto de Charleston»", en *Estudios y notas*, México, Cultura (1965).

Portuondo, José Antonio, "La voluntad de estilo en J. M.", en *Pensamiento y acción de José Martí*, Santiago de Cuba, Universidad de Oriente, 1953.

— *José Martí, crítico literario*, Washington, D. C., Unión Panamericana, 1953.

Pozo Campos, Esther, "La composición en tres cuentos de *La Edad de Oro*", en *Universidad de La Habana*, 235 (1989).

Quesada, Luis Manuel, "La única novela martiana (*Amistad funesta*)", *Revista de Estudios Hispánicos*, IV, 1, University of Alabama, 1970.

Rama, Ángel, "José Martí y la dialéctica de la modernidad", en *Estudios martianos*, Puerto Rico, Editorial Universitaria, 1974.

Ramos, Julio, "La escritura del corresponsal: Lecturas de las 'Escenas norteamericanas' de José Martí", *Escritura: Revista de Teoría y Crítica Literarias*, 6, 12 (1981).

—   *Desencuentros de la modernidad. Literatura y política*, México, Fondo de Cultura Económica, 1989.

Ripoll, Carlos, Sobre J. M., *Lucía Jerez* (ed. M. P. González), reseña, *Revista Iberoamericana*, 70, Pittsburgh University, 1970.

—   "Martí: Romanticismo e idioma", *Círculo: Revista de Cultura*, 9 (1980).

—   "Martí y el socialismo", en Elio Alba-Buffil (ed.), *José Martí ante la crítica actual (En el centenario del "Ismaelillo")*, Círculo de Cultura Panamericana, 1983.

—   "La falsificación de Martí en Cuba", segunda edición anotada, Nueva York, Unión de Cubanos en el Exilio, 1992 (edición fuera de comercio).

—   "Martí y su actual presidio político", *Diario de las Américas* (Miami), 15, 22 y 29 de mayo de 1993 (recogidos en opúsculo, edición no venal).

Rotker, Susana R., *Fundación de una nueva escritura: Las crónicas de José Martí*, La Habana, Casa de las Américas, 1992.

Sacoto, Antonio, "El indio en la obra literaria de Sarmiento y Martí", *Cuadernos Americanos*, CLVI, 1, México, 1968.

—   "El americanismo de Martí", *Cuadernos Americanos*, 258, 1 (1985).

Santí, Enrico Mario, "Martí y la revolución cubana", *Vuelta*, 121, México, 1986.

—   "José Martí y la libertad política", *Linden Lane Magazine*, IX, 4 (1990).

Schulman, Ivan A., *Símbolo y color en la obra de José Martí*, Madrid, Gredos, 1960, 2ª ed., 1970. [Contiene bibliografía.]

—   *Génesis del modernismo: Martí, Nájera, Silva, Casal*, México, El Colegio de México y Washington University Press, 1966, 2ª ed., 1968.

—   "J. M. y el *Sun* de Nueva York: nuevos escritos desconocidos", *Anales de la Universidad de Chile*, CXXIV, 139 (1966).

—   "Desde los Estados Unidos: Martí y las minorías étnicas y culturales", en *Los Ensayistas*, Series on Hispanic Thought, Athens, Georgia, 1981.

—   "*Terrible es, libertad, hablar de ti para el que no te tiene*: la visión histórica de Martí, Lazarus y Bartholdi", *Estudios de Ciencias y Letras* (Montevideo), 146-147, 1989.

Schulman, Ivan A., y Manuel Pedro González, *Martí, Darío y el modernismo*, Madrid, Gredos, 1969.

Tamargo, Maribel, "*Amistad funesta*: Una teoría del personaje novelesco", en *Explicación de Textos Literarios*, Sacramento, California, 1981.

Toledo Sande, Luis, "«Por la libertad verdadera»: Para una caracterización ideológica de José Martí", *Universidad de La Habana*, 228 (1986).

Unamuno, Miguel de, "Cartas de poeta", *Archivo José Martí*, II, La Habana, 1947.

Valdespino, Andrés, "Imagen de Martí en las letras cubanas", *Revista Cubana*, 2, Nueva York, 1968.

Vitier, Cintio, "Algunas reflexiones en torno a José Martí", *Granma* (La Habana), suplemento especial del 8 de abril de 1992.

Vitier, Cintio, y Fina García Marruz, *Temas martianos*, La Habana, Biblioteca Nacional José Martí, 1969, 2ª ed., San Juan de Puerto Rico, Ediciones Huracán, 1981. Referidos a la prosa de Martí contiene importantes estudios sobre sus discursos y trabajos críticos (Vitier); y sobre su prosa poemática, su obra narrativa y dramática, y sus cartas (García Marruz).

Weinberg, Liliana Irene, "Nuestro Martí", *Cuadernos Americanos*, 27 (1991).

Yoskowitz, Marcia, "El arte de síntesis e interpretación. Un estudio de «El terremoto de Charleston»", *Cuadernos Americanos*, CLXI (1968).

Repertorios bibliográficos

González, Manuel Pedro, *Fuentes para el estudio de José Martí*, La Habana, Publicaciones del Ministerio de Educación, 1950.

Peraza Sarausa, Fermín, *Bibliografía martiana*, La Habana, Comisión Nacional de Actos y Ediciones del Centenario, 1954.

Ripoll, Carlos, *Índice universal de la obra de José Martí*, Nueva York, Eliseo Torres & Sons, 1971. [De gran utilidad para la localización exacta de los textos conocidos de Martí.]

— *Archivo José Martí, Repertorio crítico; Medio siglo de estudios martianos*, Nueva York, Eliseo Torres & Sons, 1971.

— *Patria: El periódico de José Martí; Registro general, 1892-1895*, Nueva York, Eliseo Torres & Sons, 1971.

Cronologías

"Tabla cronológica de la vida de Martí", en José Martí, *Obras completas*, Editorial Nacional de Cuba, vol. 28, 1965.

Hidalgo Paz Ibrahim, *José Martí/Cronología/1853-1895*, La Habana, Centro de Estudios Martianos/Editorial de Ciencias Sociales, 1992.

Vitier, Cintio, "Cronología", en José Martí, *Nuestra América*, Caracas, Biblioteca Ayacucho, 1977.

ÍNDICE